優渥叢書

K

300張圖學會
線實戰

股票、期貨或匯率，都能用一張線圖賺波段！

【熱銷再版】　　龍飛◎著

第 **3** 章
看懂「跳空缺口」，
你得用雙根 K 線來判斷趨勢

第4章
賺「波段漲跌」，
你得知道的三根K線應用技巧

第5章
創新高、創新低時，
你得知道的多根K線應用技巧

第**6**章
如何從 K 線圖的型態，
看出股價漲跌趨勢？

6.1　K 線買入型態實戰案例

6.2　K 線賣出型態實戰案例

第**7**章

結合K線與成交量，
讓你的勝率接近100%！

第**8**章

結合K線和趨勢線，
你也能賺到3次波段價差！

第 **9** 章

結合 K 線和技術指標，
抓到進出場的漲跌訊號！

跟著最強操盤手，用 300 張圖學會 K 線實戰！

　　本書經由 9 章主題內容、300 多張清晰圖片，全方位介紹 K 線圖的各項使用方法和技巧。深入剖析單根 K 線、雙根 K 線、三根 K 線、多根 K 線，以及 K 線型態等買進與賣出的實戰技巧，並更新書中所有的圖片和案例，增強了實戰性。為了讓讀者能夠快速學會這些買賣方法，書中採用大量股市的實戰圖譜輔助說明。經由這些圖譜，投資者可以更清楚地瞭解，每個 K 線圖中買賣點的型態特徵及位置，從而對 K 線圖買賣型態有全面、深刻的認識。

❖ 最實用最詳細

【知識精簡、結構清晰】

　　本書精挑細選股票投資中，與 K 線圖相關的最實用方法和技術，進行重點講解，知識體系非常有系統，一招一式來自大量實戰，可以幫助讀者輕鬆讀懂 K 線圖。

【案例實用，全程圖解】

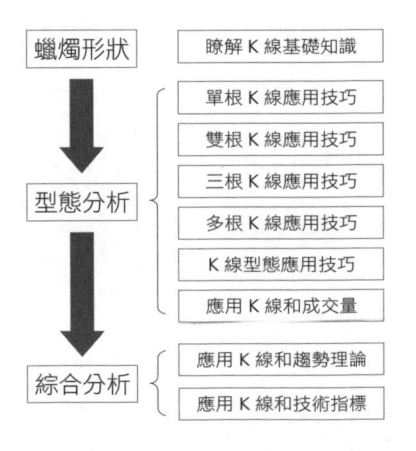

蠟燭形狀	瞭解 K 線基礎知識
型態分析	單根 K 線應用技巧
	雙根 K 線應用技巧
	三根 K 線應用技巧
	多根 K 線應用技巧
	K 線型態應用技巧
	應用 K 線和成交量
綜合分析	應用 K 線和趨勢理論
	應用 K 線和技術指標

在寫作上，本書運用豐富的圖例輔助說明理論知識，讀者若對理論知識感到枯燥，可以從圖例中體會到 K 線圖的神秘和樂趣，從而提高 K 線圖分析技術，進而獲得投資收益。

❖ 藉由本書靈活思考

股票投資的技巧和方法不計其數，本書羅列的技術和方法較全面，讀者不需要全部掌握，只要針對幾種技術深入學習並不斷總結，在實戰中綜合運用，即可達到很好的效果。

在閱讀中，還應結合實際情況靈活變通，舉一反三，養成勤思考的好習慣，形成良好的歸納總結能力。

最後，書中若有錯誤和疏漏之處，懇請廣大讀者給予批評與指教。

第 1 章
想「賺價差」，
你得懂的 K 線知識

1.1 什麼是 K 線？從認識結構開始

1.1.1 K 線的起源

K 線圖（Candlestick Charts）由於形狀像蠟燭，又稱蠟燭圖，也叫蠟燭曲線圖。英文「Candle」（蠟燭）與「Curve」（曲線）首字母都發「K」的音，因此簡稱為 K 線圖，如圖 1-1 所示。

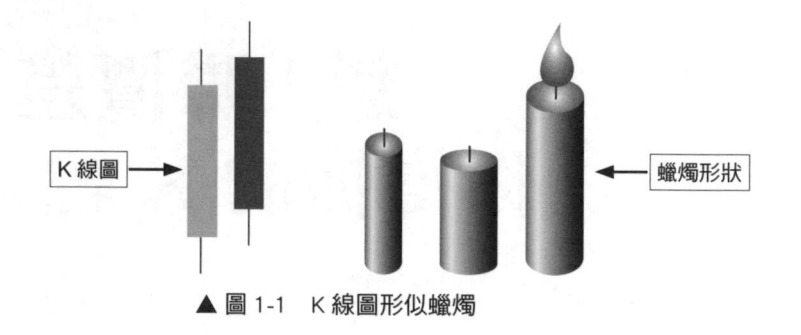

K 線圖 ← ← 蠟燭形狀

▲ 圖 1-1 K 線圖形似蠟燭

K 線起源於日本 18 世紀德川幕府時代（1603 ～ 1867 年）的米市交易，用來計算米價每天的漲跌。因其標記方法獨到，所以人們把它引入股票市場價格走勢的分析中，經過 300 多年的發展，已經廣泛應用於股票、期貨、黃金、外匯以及期權等證券市場，K 線圖的基本用途就是為了尋找「買賣點」。

1.1.2 K 線的結構

K 線是一條柱狀的線條，由影線和實體構成。影線在實體上方的部分叫上影線，下方的部分叫下影線；而實體則分為陽線和陰線兩種。其中，影線表示當天交易的最高價和最低價，實體表示當天的開盤價和收盤價。

通常，根據每支股票當日的開盤價、收盤價、最高價、最低價這 4 項數據，可以將股價走勢圖，畫成如圖 1-2 所示的 K 線圖。

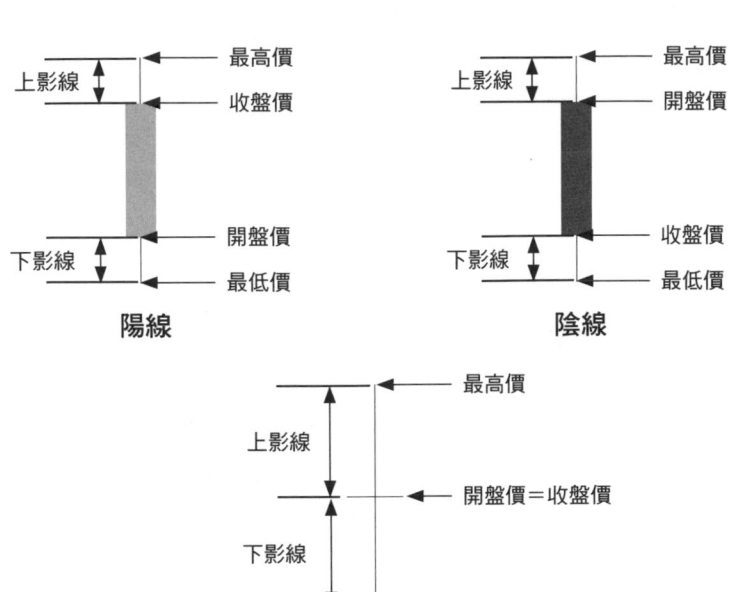

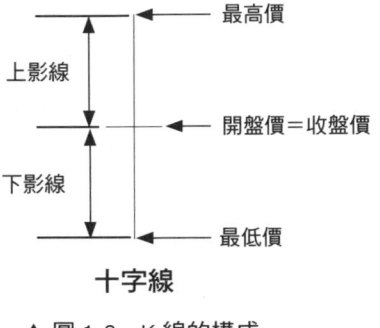

▲ 圖 1-2　K 線的構成

在 K 線圖中，陽線、陰線與十字線的主要特徵如表 1-1 所示。K 陽線的頂端為最高價，底端為最低價；上影線與矩形實體的連接點為陽線收盤價，下影線與矩形實體的連接點為陽線開盤價。K 陰線與 K 陽線完全相反，上影線連接的是陰線開盤價，下影線連接的是陰線收盤價。

表1-1　各種 K 線型態的特徵

陽線	陰線	十字線
常以紅色、白色實體柱或黑框空心表示	常以綠色、黑色或藍色實體柱表示	實體部分呈現為水平狀的直線
股價強	股價弱	多空不一
收盤價高於開盤價	收盤價低於開盤價	收盤價等於開盤價
最高價等於收盤價時，無上影線；最低價等於開盤價時，無下影線	最高價等於開盤價時，無上影線；最低價等於收盤價時，無下影線	最高價等於收盤價時，無上影線；最低價等於開盤價時，無下影線

K 線將開盤、收盤、最高及最低的價位包括在內，以其獨特的圖形方式，對當日的股價走勢做一目了然、簡單的說明，同時說明買賣雙方的力量對比。

(1) **開盤價**：開盤價就是每個交易日的最初成交價，也可以稱之為每個交易日的起始價。

(2) **收盤價**：收盤價就是每個交易日的最後成交價，也可以稱之為每個交易日的結束價。

(3) **最高價、最低價**：最高價是指當日的盤中最高成交價格；最低價則是指當日盤中成交的最低價格。

1.1.3. K 線週期怎麼看？

K 線用簡單的圖形，完整記錄每日的股市行情和股市買賣雙方的「戰鬥」情況。並把它們逐日按時間順序，把包括開盤、收盤、最高及最低價位在內的 K 線圖，展現在以價格和時間為軸的二度空間平面圖上，使人們能清楚地看到過去幾日、一週、一個月、一年和數年的股價歷史走勢，作為一種統計數據的圖形表示方法，提供給人們判斷股市未來走勢。根據 K 線的計算週期，可將其分為分 K 線、小時 K 線、日 K 線、週 K 線、月 K 線、年 K 線。可以調整的 K 線週期有以下幾種情況，如圖 1-3 所示。

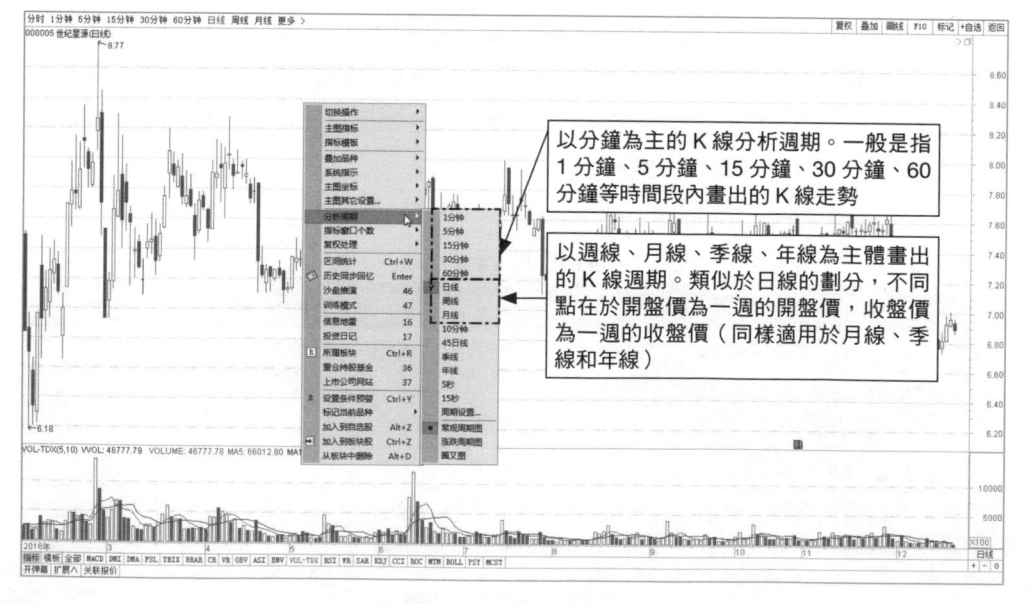

以分鐘為主的 K 線分析週期。一般是指 1 分鐘、5 分鐘、15 分鐘、30 分鐘、60 分鐘等時間段內畫出的 K 線走勢

以週線、月線、季線、年線為主體畫出的 K 線週期。類似於日線的劃分，不同點在於開盤價為一週的開盤價，收盤價為一週的收盤價（同樣適用於月線、季線和年線）

▲ 圖 1-3　選擇 K 線週期

　　一般情況下，市場上最主要的 K 線分析週期為日 K 線，而週 K 線、月 K 線常用於研判中期行情。週 K 線是指以週一的開盤價、週五的收盤價、全週最高價和全週最低價來畫的 K 線圖。月 K 線則是以一個月的第一個交易日的開盤價、最後一個交易日的收盤價、全月最高價與全月最低價來畫的 K 線圖。同理，可以推得年 K 線的定義。

　　對於短線操作者來說，眾多分析軟體提供的 5 分鐘 K 線、15 分鐘 K 線、30 分鐘 K 線、60 分鐘 K 線和 120 分鐘 K 線等，也具有重要的參考價值。

如何看懂 K 線的漲跌訊息？

1.2.1 看懂大盤與個股的分時圖

對於短線投資者而言，分時圖也是分析股票走勢的一個重要工具，利用它能即時把握多空力量轉化和市場變化的根本，常常用來配合 K 線圖。如果投資者要利用分時圖分析行情和預測走勢，需要對分時圖有全面而系統地瞭解。

在實戰研判過程中，分時圖有重要作用，它可以動態反映大盤和個股的即時走勢。分時圖分為「大盤指數即時分時圖」和「個股即時分時圖」，其中橫坐標代表時間，縱坐標的上半部分代表價格或指數，下半部分則顯示成交量。

1. 大盤指數即時分時圖

大盤指數即時分時圖由買盤比率、賣盤比率、加權指標和不加權指標，共 4 個部分組成，圖 1-4 所示為 2016 年 12 月 20 日 A 股指數的大盤分時圖。

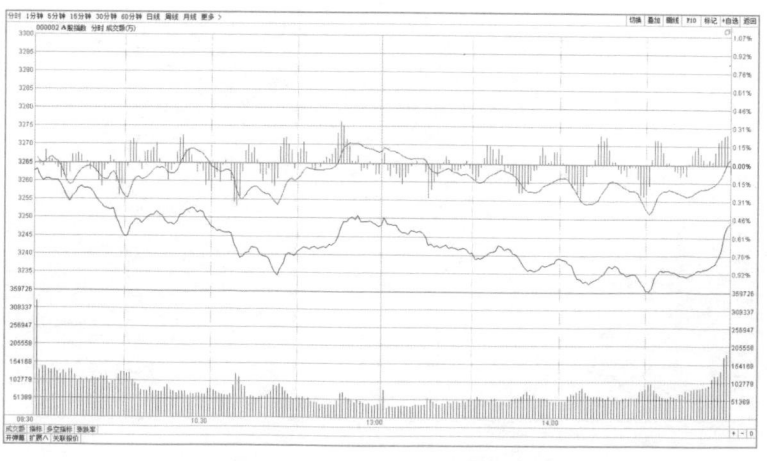

▲ 圖 1-4　上證指數的大盤分時圖

　**專家心法**

　　紅柱線和綠柱線是股票買盤和賣盤的比率。紅線柱增長，表示買盤大於賣盤，指數上漲量增加；紅線柱縮短，指數上漲量減少。綠線柱增長，指數下跌量增加；綠線柱縮短，指數下跌量減少。

2. 個股即時分時圖

　　個股即時分時圖分別由成交價曲線、平均價曲線和成交量柱線，共 3 部分組成，如圖 1-5 所示。分時走勢圖記錄了股價的全天走勢，不同的走勢形成不同種類的 K 線，而同一種 K 線卻因股價走勢不同，具有不同的含義。

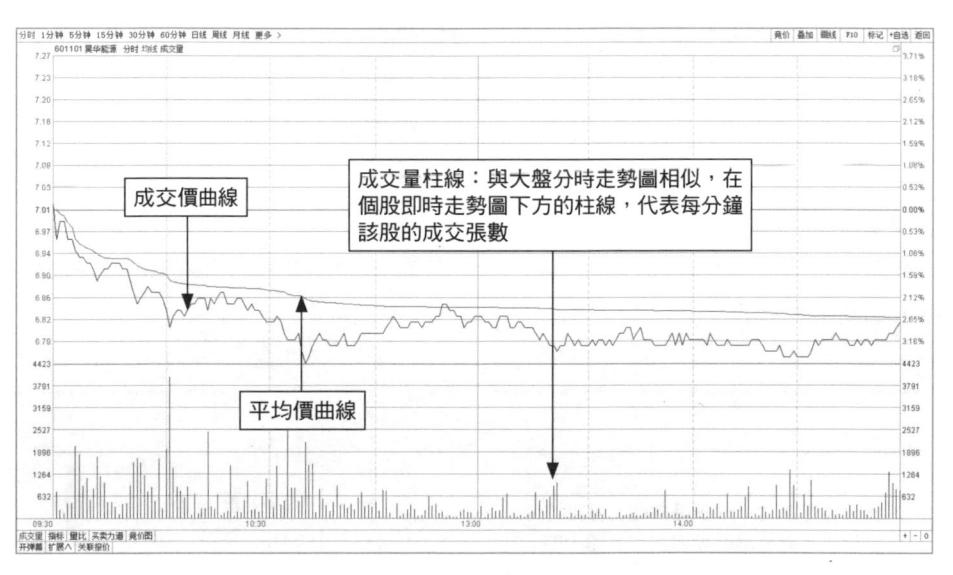

▲ 圖 1-5　個股分時圖

1.2.2　陰線、陽線代表什麼意義？

　　K 線圖所包含的豐富資訊、發出的買賣訊號，能夠幫助投資者看清股票走勢、正確投資。學會怎麼看 K 線圖，是每個股票投資者應掌握的基本技能。

1. 陰陽代表的意義

　　陰陽代表趨勢方向，其中，陽線表示將繼續上漲，陰線表示將繼續下跌，如圖 1-6 所示。

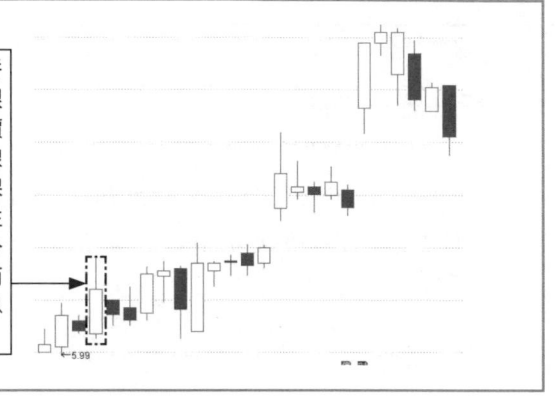

以陽線為例，在經過一段時間的多空拼搏，收盤高於開盤表示多頭佔據上風。根據牛頓力學定理，在沒有外力作用下，價格仍將按原有方向與速度運行，因此陽線預示下一階段仍將繼續上漲，最起碼能保證下一階段初期能慣性上衝。故陽線往往預示繼續上漲，這一點也極為符合技術分析中三大假設之一的股價沿趨勢波動，而這種順勢而為也是技術分析最核心的思想。同理可得，陰線表示將繼續下跌

▲ 圖 1-6　看陰陽線

2. 看實體大小

　　實體大小代表內在動力，實體越大，上漲或下跌的趨勢越明顯，反之則趨勢不明顯，如圖 1-7 所示。

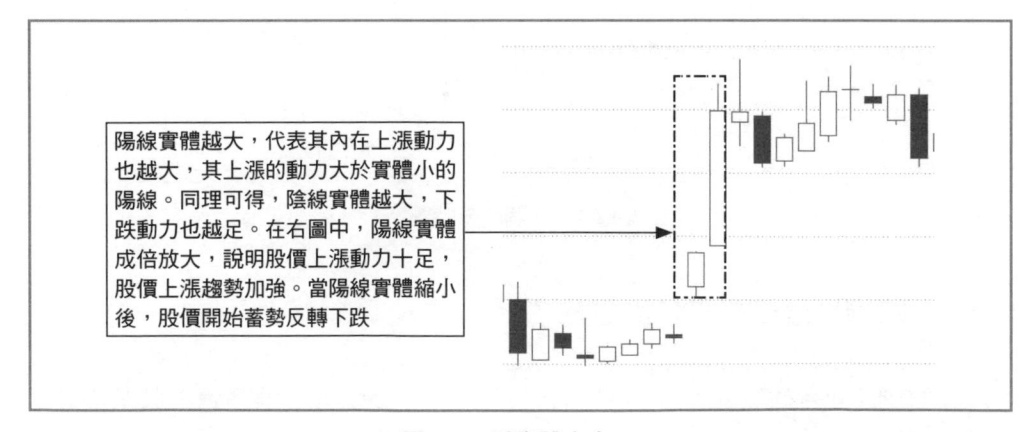

陽線實體越大，代表其內在上漲動力也越大，其上漲的動力大於實體小的陽線。同理可得，陰線實體越大，下跌動力也越足。在右圖中，陽線實體成倍放大，說明股價上漲動力十足，股價上漲趨勢加強。當陽線實體縮小後，股價開始蓄勢反轉下跌

▲ 圖 1-7　看實體大小

3. 看影線長短

　　K 線圖中的影線代表轉折訊號，向一個方向的影線越長，越不利於股價向這個方向變動。即上影線越長，越不利於股價上漲；下影線越長，越不利於股價下跌，如圖 1-8 所示。

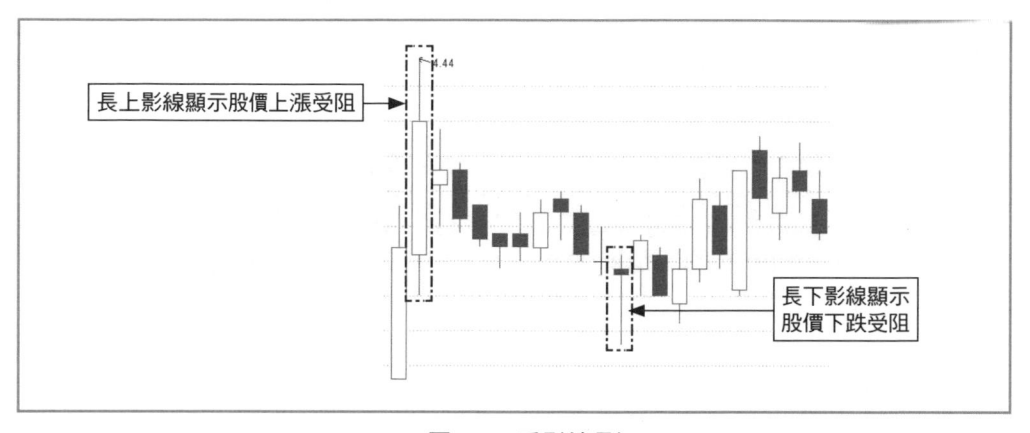

▲ 圖 1-8　看影線長短

1.3 K 線的功能是什麼？為什麼對投資者很重要？

　　經過前面的講解，相信讀者已經對 K 線有初步認識，也能夠利用 K 線圖讀懂價格走勢。那麼，K 線圖除了直觀地記錄價格走勢外，還有什麼作用呢？本節將簡單介紹一些使用 K 線時的注意要點，在後面的章節中，將會在結合實例的基礎上，詳細介紹這些內容。

1.3.1 能分析多空力量的轉變情況

　　K 線的表面特徵只是記錄價格走勢的一種工具，然而，它也是市場多空雙方力量對比轉變情況的外在體現，如圖 1-9 所示。

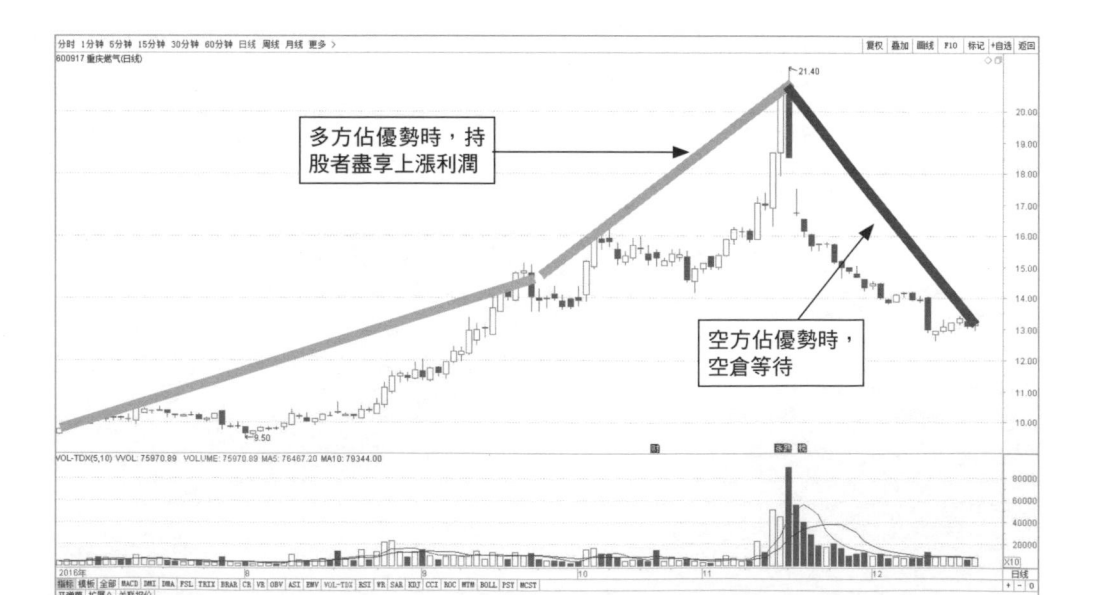

▲ 圖 1-9　經由 K 線圖分析多空雙方的優勢

投資操作的核心之一就是順勢交易：

- 當市場處於多方力量佔優勢時，股價在紅色多方帶之上運行，投資者應堅決持股待漲，進而享受上漲趨勢帶來的利潤。
- 當市場處於空方力量佔優勢時，股價在綠色空方帶之下運行戈投資者應堅決持幣等待，這樣做既能規避下跌的風險，又可冷靜地等待未來的投資機會。

1.3.2　用 K 線觀察價格走勢

如果說「透過 K 線來解讀多空雙方力量對比情況」這種說法比較抽象、難以落實的話，那麼，投資者不妨把注意力集中於具體的 K 線型態。

K 線圖和 K 線圖型態是不同的概念。前者泛指單根 K 線的形狀和意義，而後者則是指由兩根或兩根以上的 K 線組合所形成的某種型態，而該型態經由 K 線之間的對比，預示著某種價格的運動軌跡，因而上升到技術分析的層面。

因此，投資者在關注 K 線型態的同時，還應該結合價格的走勢情況，來輔助驗證這一型態所蘊涵的市場含義。只有當兩者相互驗證時，才能用這一型態的典型市場含義，來預測股票價格的後期走勢。

1.3.3　用 K 線圖分析成交量

美國著名的投資專家格蘭維爾曾經說過：「成交量是股票的元氣，而股價是成交量的反映，成交量的變化則是股價變化的前兆。」影響股票市場價格變化的因素是多方面的，但決定股價漲跌的主要力量，仍然是來自股票市場自身的買賣活動。股票買賣活動規模的大小，是由每日股票的成交量，和主力及跟莊者的持倉量來反映的。因此，研究股票市場量價的關係，實質上是在研究動力和方向。成交量和持倉量是動力，價格走勢是方向。

透過成交量的型態變化，投資者可以更好地驗證價格走勢，當價格的發展方向與成交量的變化型態明顯背道而馳時，往往意味著原有的趨勢即將結束，是投資者應提前做好買賣準備的訊號。

專家心法

　　在股價下跌後的低位區域，股價長時間處於橫向整理階段，若此時股價出現大陽線拉升，同時成交量放量，也會發出看漲買入訊號。在正常的情況下，股價的變化與成交量的變化成正比關係。這就是說，股價升高，成交量增加；股價下跌，成交量也會跟著下降。

1.3.4　用 K 線圖追蹤漲跌趨勢

　　陽線和陰線都是一個週期內價格的變化表現，因此 K 線與週期密切相關。這個週期是任意的，可以是一年，也可以是一個月、一個小時、一分鐘等。為了滿足各類投資者的需要，炒股軟體中設置了多個常用的時間週期選項，可以由投資者自由選擇。

　　例如，主力做一檔股票往往需要一年甚至兩年以上的時間，如果遇上大市低迷，潛伏時間就更長了。所以，在日 K 線圖上查找主力行蹤往往一葉障目，只能得到片面的結論。從週 K 線圖上去分析，可以清楚地看出主力建倉、洗盤、拉抬、出貨等過程，可謂一目了然。可以說，週 K 線圖是「黑馬」的放大鏡，令「黑馬」無所遁形。

第2章

想知道「買賣點」，
你得知道的
單根 K 線應用技巧

2.1 單根 K 線的基本型態分布

　　研究一根 K 線時，需要從 4 個方面去看：一是看陰陽，二是看實體的大小，三是看影線的長短，四是看 K 線所處的位置。本節將詳細介紹幾種基本 K 線圖，以及 K 線的主要形狀。

2.1.1　不同大小 K 線的應用法則

　　根據開盤價與收盤價的波動範圍，可將 K 線分為「小陰星、小陽星」「小陰線、小陽線」「中陰線、中陽線」和「大陰線、大陽線」等線型，一般的波動範圍如圖 2-1 所示。

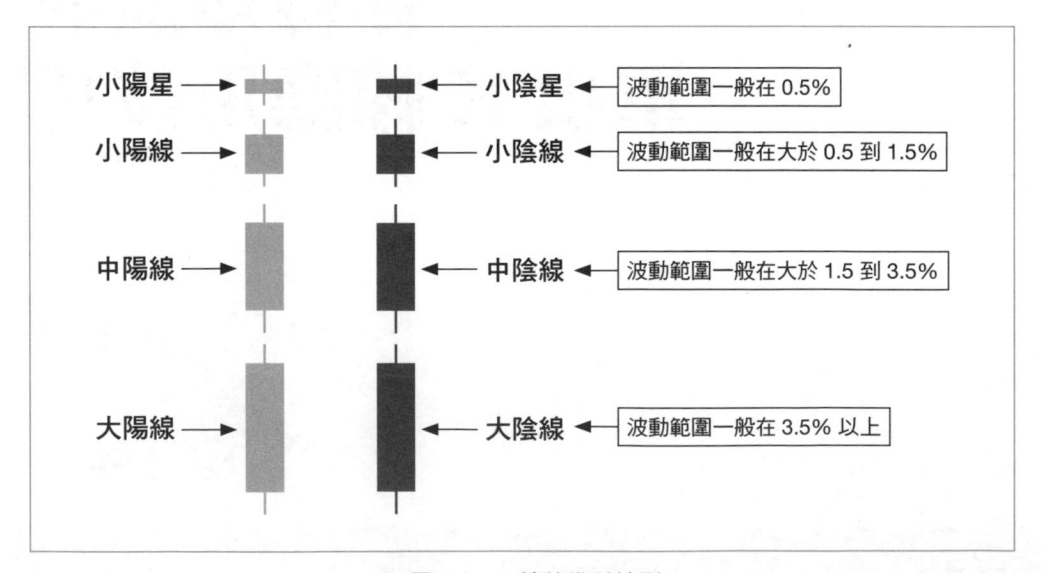

▲ 圖 2-1　K 線的幾種線型

1. 小陽星、小陰星

　　「小陽星」的表現為全日中股價波動很小，開盤價與收盤價極其接近，收盤價略高於開盤價，如圖 2-2 所示。「小陽星」的出現，表示行情正處於混亂不明的階段，無法預測後市的漲跌，此時要根據其前期 K 線組合的形狀，以及當時所處的價位區域綜合判斷。

專家心法

　　若「小陽星」出現在低位區，大部分情況下預示著股價有可能出現上漲的情況，投資者可以適當加碼。如果「小陽星」出現在高位區則可能下跌，建議離場觀望，不要貪心不足。

▲ 圖 2-2　小陽星

　　「小陰星」的分時走勢圖與「小陽星」相似，只是收盤價格略低於開盤價格，表明行情疲軟，發展方向不明，如圖 2-3 所示。

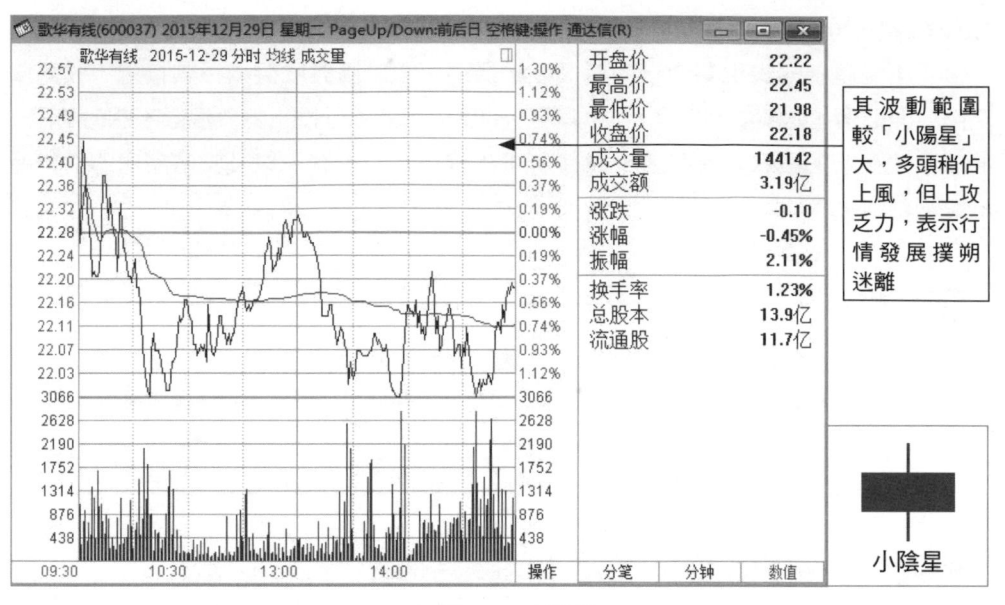

其波動範圍較「小陽星」大，多頭稍佔上風，但上攻乏力，表示行情發展撲朔迷離

▲ 圖 2-3　小陰星

2. 小陽線、小陰線

「小陽線」是陽線實體較短，帶有短上下影線的 K 線，如圖 2-4 所示。其上下影線可以有不同的變化，如上長下短、上短下長等，其出現表示多空兩方的小型對抗，消化獲利盤和解套盤，趨勢一般仍會持續，當連續出現或者次日出現成交量放大的陽線，即可以跟進買入股票，股價必將有一段上漲行情。

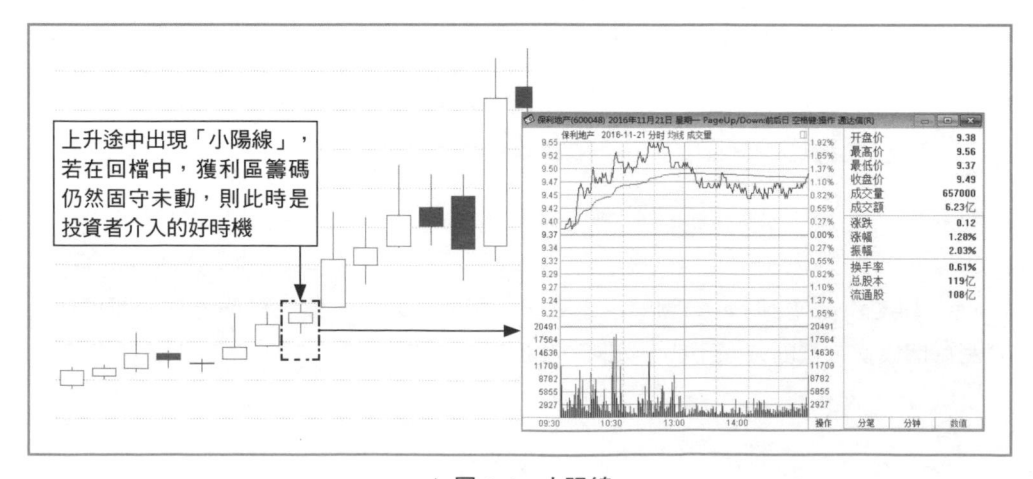

上升途中出現「小陽線」，若在回檔中，獲利區籌碼仍然固守未動，則此時是投資者介入的好時機

▲ 圖 2-4　小陽線

　　「小陰線」是帶有上下影線，陰線實體較短的 K 線，如圖 2-5 所示，這種 K 線預示不明。

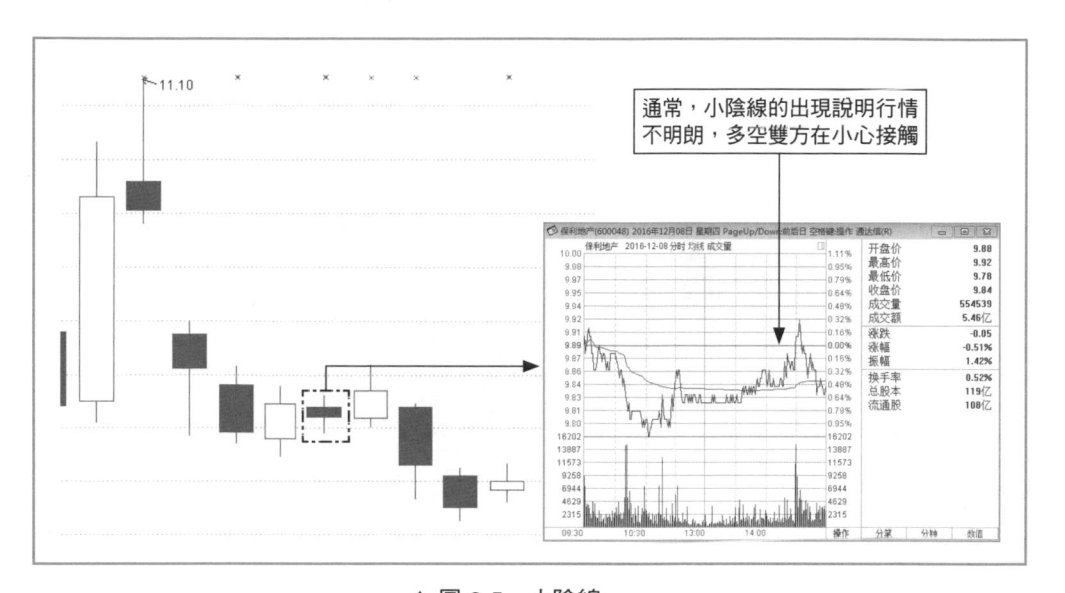

▲ 圖 2-5　小陰線

　　一般情況下，單根「小陰線」的研判意義不大，只是表明在多空的接觸中，空方略微佔據上風，但力度不大，趨向仍不明朗。對於投資者而言，需要結合其他圖形或技術指標來研判後市。

3. 大陽線、大陰線

　　「大陽線」是股價走勢圖中常見的 K 線，表示多頭戰勝空頭，獲得壓倒性優勢，後市繼續上漲的可能性很大，如圖 2-6 所示。其實，「大陽線」就是一根具有低開高收格局的陽線，這個名稱有向好的意味。「大陽線」俗稱「大紅燭」，象徵著股票閃閃發光，照耀著上升的道路。可以說股市中沒有人不喜歡「大陽線」，它也是投資者追進的訊號之一。

　　「大陽線」的基本 K 線型態是開盤價近於全日的最低價，隨後價格一路上揚至最高價處收盤，表示市場買方踴躍，漲勢未盡。一般情況下，「大陽線」意味著多頭勢如破竹，後市看漲。「大陽線」在實戰中的應用可以歸納為下面幾點。

● 如果股價剛開始上漲時出現「大陽線」，則表示股票有加速上揚的趨勢，投資者可買入。

- 如果「大陽線」出現在股價上漲途中，則表示股價可能繼續上漲，投資者可繼續做多。
- 如果「大陽線」出現在股價連續上漲過程中，則表明是股價見頂訊號，投資者此時應考慮出貨。

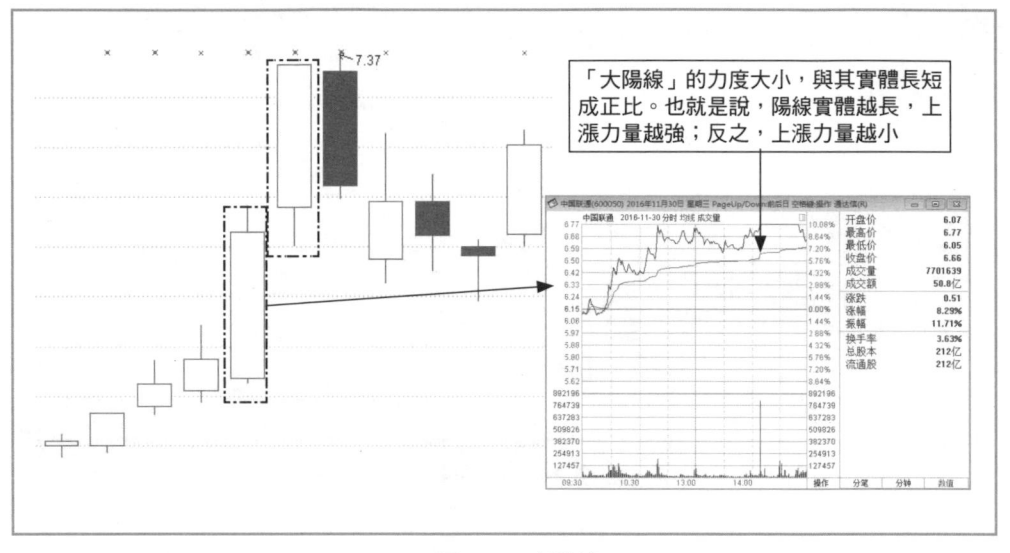

> 「大陽線」的力度大小，與其實體長短成正比。也就是說，陽線實體越長，上漲力量越強；反之，上漲力量越小

▲ 圖 2-6　大陽線

　　實際的投資過程中，投資者如果想準確識別大陽線是上漲訊號還是陷阱，需要注意以下 3 點。

1. 認清股價位置，準確識別大趨勢。
2. 分析成交量。通常「大陽線」的出現配合著成交量的放大，如果成交量縮減，那麼可能是主力刻意拉高，藉此誘惑投資者介入接盤。
3. 股價打回原形，意味著「大陽線」是陷阱的機率比較高，投資者需要及時停損，離場觀望；但如果後市股價站穩在「大陽線」的收盤價之上，則說明此處多頭勢力強大，形成較強支撐，投資者可放心持有。

　　「大陰線」又稱為長陰線，是指實體較長、影線較短的陰線型態，它可以出現在價格走勢的不同階段，其蘊涵的市場含義也不盡相同，如圖 2-7 所示。

步驟① 例如，圖 2-7 所示為保利地產（600048）2015 年 4 月至 2010 年 7 月期間的走勢圖。此股在下跌途中出現了較長時間的盤整走勢，隨後盤整區的向下跌破，出現了一個放量長陰線型態，這是空方力量開始發起攻擊的訊號，當日的成交量能明顯放大也說明空方賣壓沉重，這種型態預示著個股正在展開一波下跌走勢。

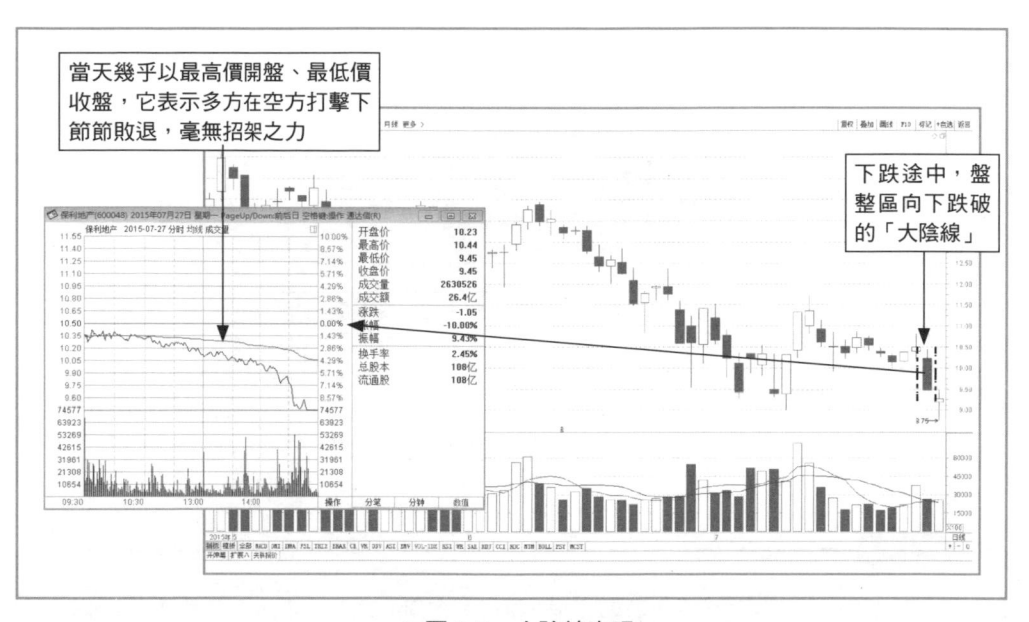

▲ 圖 2-7　大陰線出現

步驟② 下頁的圖 2-8，為此股在這一放量長陰線出現後的走勢情況。可以看到，空方隨後發起一波強有力的攻擊，而出現在盤整突破區向下跌破，出現放量長陰線，就是空方攻擊的最初訊號。

「大陰線」出現在漲勢之後，尤其是股價經歷了較大的漲幅之後，預示著股價將要回檔或者正在做頭部。如果股價就此由升轉跌，這根「大陰線」就是導火線，其強大的殺傷，將令多方不寒而慄，投資者此時最好的操作策略就是離場觀望。

另外，雖然「大陽線」是股價上漲的訊號，但並非預示股價後期就一定上漲，「大陽線」出現在不同的行情中，其後期走勢各不相同，投資者應結合具體情況分析。同理，「大陰線」雖然是股價下跌的訊號，但並非預示股價後期一定下跌，對於出現在不同行情中的「大陰線」，其後期趨勢也各不相同，投資者也需要結合具體情況做具體分析。

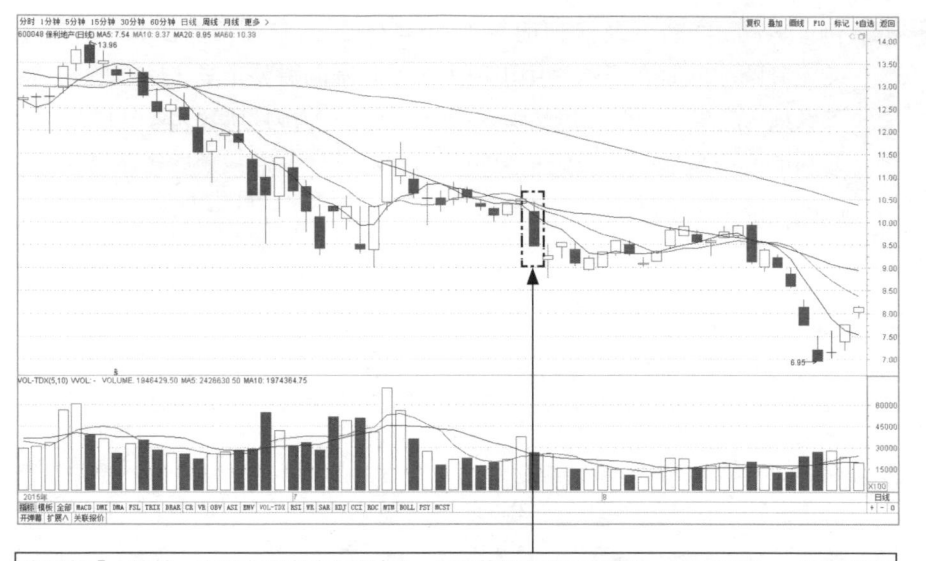

當頂部「大陰線」出現之後應該立即清倉，因為儘管主力出貨不是一蹴而就的，一路壓低出貨也是小機率事件，但投資者最好不要對所謂的「反彈」抱有幻想，因為它不一定會發生，是否發生完全取決於主力的意志。如果均線系統已經由多頭排列扭轉為空頭排列，甚至再出現一根「突破大陰線」，此時一定要堅決離場

▲ 圖 2-8　大陰線出現後的走勢圖

　　「中陽線」的規律與「大陽線」非常接近，不同的是，「中陽線」對於後市股價走勢產生的力度不及「大陽線」。「中陰線」的規律與「大陰線」非常接近，但「中陰線」對於後市股價走勢產生的力度不及「大陰線」。

2.1.2　光禿型 K 線的應用法則

　　光禿型 K 線包括光頭光腳陽線、光頭光腳陰線、光頭陽線、光頭陰線、光腳陽線、光腳陰線等類型，下面介紹具體的應用法則。

1. 光頭光腳陽線、光頭光腳陰線

　　「光頭光腳」的 K 線只有實體，沒有上下影線。「光頭光腳」意味著在報價變化的過程中，多空兩邊並沒有掙扎和抵擋，在規定的交易時間內，報價的漲勢或跌勢都出現「一邊倒」的局勢。

　　圖 2-9 所示為「光頭光腳陽線」的走勢圖，從圖中的報價走勢能看出，股價開盤後的整個交易時間裡，報價都出現單一的上漲走勢。

> 「光頭光腳陽線」通常可以成為牛市的繼續或熊市反轉的一部分。一般情況下，出現「光頭光腳陽線」這種 K 線，第二天的行情大多會有一個慣性衝高的過程

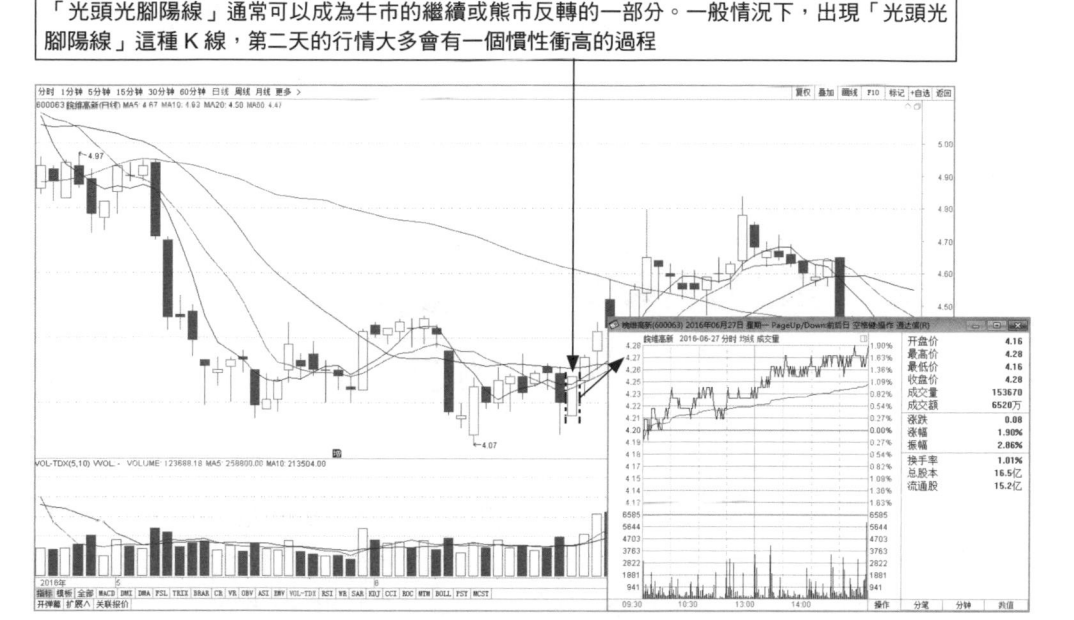

▲ 圖 2-9　光頭光腳陽線

　　下頁圖 2-10 所示為「光頭光腳陰線」的走勢圖，從圖中能夠看到，股價在開盤後的整個交易時間裡，出現單一的跌落趨勢。

　　一般來說，實體有些較小的「光頭光腳」K 線，所形成的影響比較小，反之則大。若是實體較小的「光頭光腳」K 線，接連出現在一個頂部或底部區域，則很容易引發接連性的上漲或跌落行情。若是實體較大的「光頭光腳」K 線，接連出現在頂部或底部區域，表示多空之間的戰鬥現已十分明顯，投資者能夠採取相應的行動。

專家心法

　　在實際操作中，「光頭光腳陰線」的出現，表示空方在一日交戰中最終佔據主導優勢，多方已經無力抵抗，股價的跌勢強烈，次日低開的可能性較大。如果在股價的高位區出現此圖形，投資者最好在最短時間內將手中持有的股票賣光，盡可能先迴避風險。

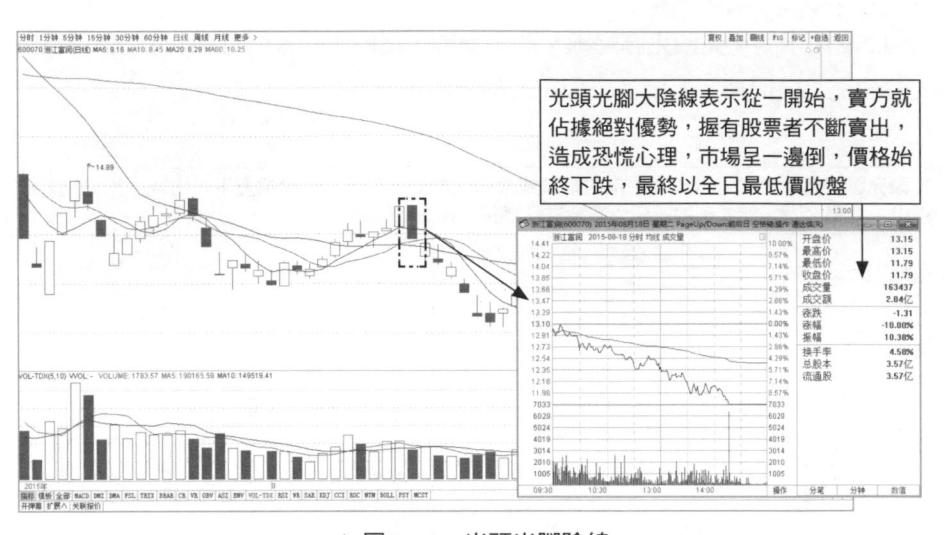

▲ 圖 2-10　光頭光腳陰線

2. 光頭陽線、光頭陰線

　　「光頭陽線」指在實體上方沒有影線的陽線，「光腳陰線」指在實體下方沒有影線的陰線。

　　「光頭陽線」是指當天以最高價收盤的一種上漲 K 線型態，即最高價與收盤價相同，如圖 2-11 所示。開盤後賣氣較足，價格下跌，但在低價位上得到買方的支撐，賣方受挫，價格向上推過開盤價，一路上揚直至收盤，而且收在最高價上。

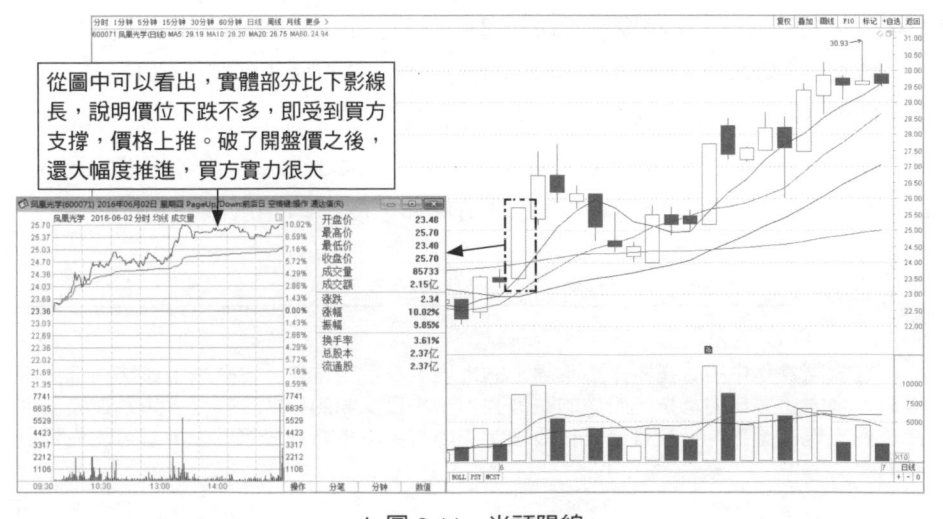

▲ 圖 2-11　光頭陽線

正常情況下，「光頭陽線」有很多種，例如「光頭小陽線」、「光頭大陽線」以及「長下影線光頭陽線」等。事實上，「光頭陽線」的重點不在於大陽線還是小陽線，重點在於「光頭」，也就是說，重點在於它是以當日最高價收盤的。

 **專家心法**

> 在實戰操作中，「光頭陽線」若出現在低價位區域，在分時走勢圖上表現為股價探底後逐漸走高且成交量同時放大，預示一輪上升行情的開始；「光頭陽線」如果出現在上升行情途中，表示後市繼續看好。

「光頭陰線」是一種帶下影線的陰實體，具體表現為開盤價即最高價，如圖 2-12 所示。一開盤賣方力量特別大，價位不斷下跌，但在低價位上遇到雙方的支撐，後市可能會反彈。

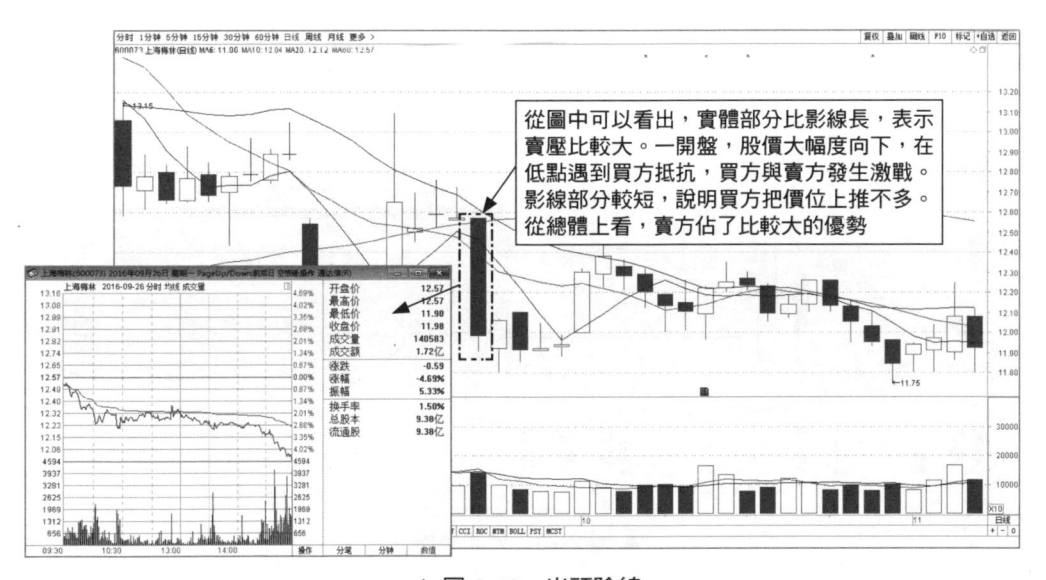

▲ 圖 2-12　光頭陰線

在實際操作中，投資者需要根據「光頭陰線」出現的位置做進一步分析。

● 如果「光頭陰線」出現在下跌趨勢的中途和盤整末期跌勢的開始，均表示後市繼續下跌的可能性較大，操作上以儘早賣出為佳。

● 如果「光頭陰線」出現在上升趨勢中，要看短期多方的反攻力度，特別是在長期上

漲之後的高價區,要提防股價趨勢的逆轉。

● 如果「光頭陰線」出現於低價位區,說明抄底盤的介入使股價有反彈跡象,雖然短期內不會立即出現大幅上漲,但由於有買盤在低價位區介入,後市會有一定的上漲機會。

3. 光腳陽線、光腳陰線

「光腳陽線」是指全天的最低價與開盤價相同,沒有下影線但可以帶有上影線的一種陽 K 線,如圖 2-13 所示。具體表現為,開盤價即成為全日最低價,開盤後買方佔據明顯優勢,股票價格不斷盤升,表示上升勢頭很強。「光腳陽線」表示在高價位處多空雙方有分歧,股價下跌,但最終仍以陽線報收,投資者持倉需要謹慎。

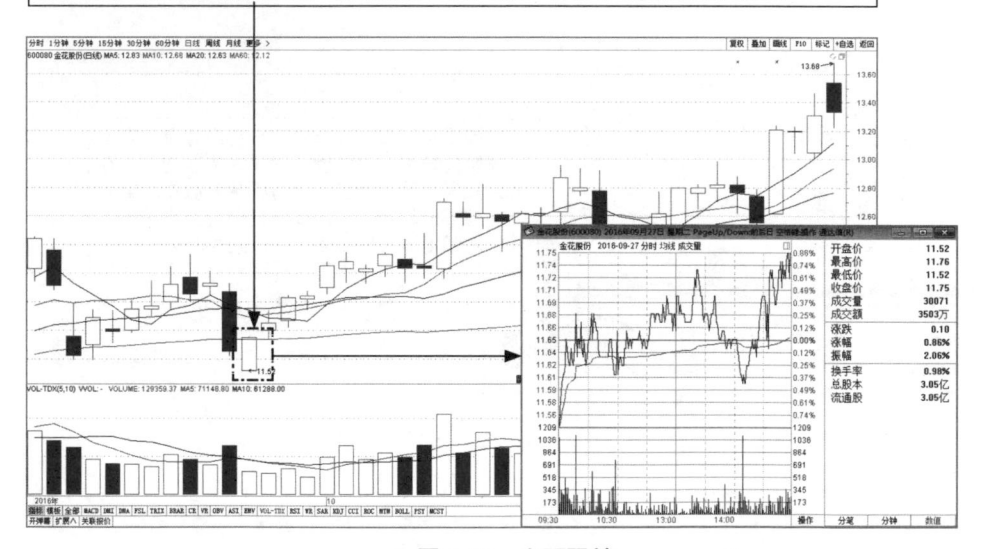

▲ 圖 2-13 光頭陽線

「光腳陰線」是一種帶上影線的陰實體,收盤價即成為全日最低價,如圖 2-14所示。具體表現為,開盤後買方稍佔據優勢,股票價格出現一定漲幅,但上檔賣壓沉重,空方趁勢打壓,使股價最終以陰線報收。

　　在實戰操作中遇到「光腳陰線」時，投資者應謹慎從事，不可盲目操作，要仔細分析陽線與陰線的實體部分，綜合研究多空雙方力量對比。

1. 若是實體等於上影線的「光腳陰線」，說明多空經過交戰，空方佔據著主動地位。
2. 若是實體短於上影線的「光腳陰線」，說明空方雖然略佔優勢，但多方也蘊藏著反撲的力量，當然這還要看 K 線所處的位置而定。

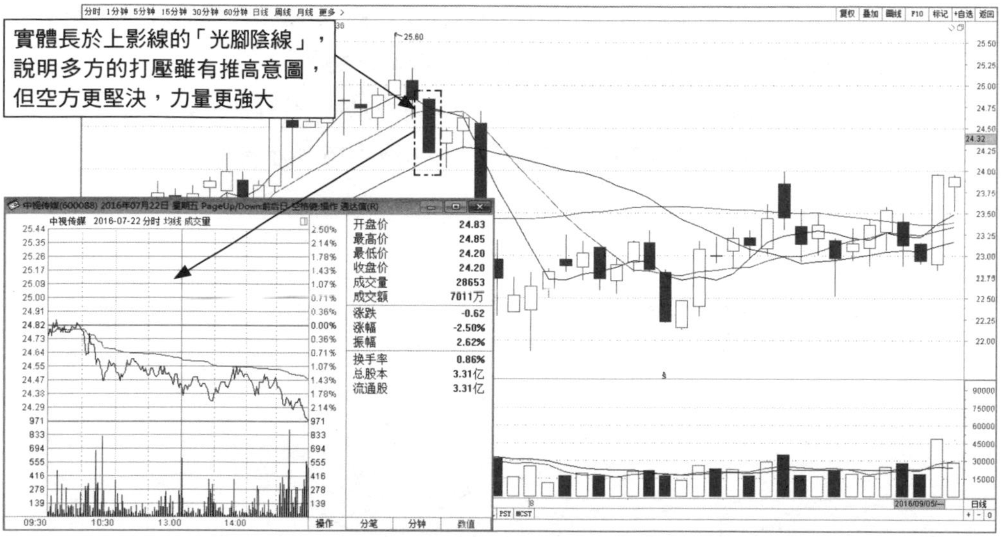

實體長於上影線的「光腳陰線」，說明多方的打壓雖有推高意圖，但空方更堅決，力量更強大

▲ 圖 2-14　光腳陰線

2.1.3　長影型 K 線的應用法則

　　長影型 K 線，主要是指上影線或下影線較長的 K 線，包括陽線和陰線等類型。

1. 長上影線 K 線

　　在長上影線 K 線型態中，上影線的長度通常要比實體長，而且一般沒有下影線或者下影線極短，如下頁圖 2-15 所示。長上影線 K 線說明多方當天曾努力提升股價，但結果無功而返，通常出現在一波上漲行情的末期，是空方賣壓開始快速增強，而多方已經無力再向上抬升股價的表現。

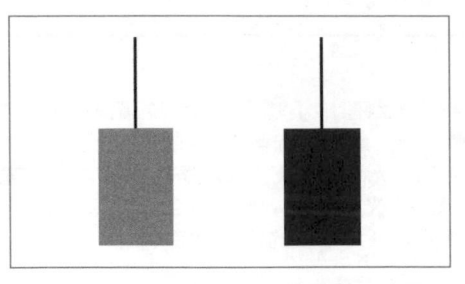

▲ 圖 2-15　長上影線 K 線型態示意圖

　　在實際的操作過程中，投資者可以經由對比上影線與 K 線實體的長度，來分析當天多空雙方的實力對比情況，以及預測後市的股價走勢。

　　(1) 上影線比實體略長：這種型態說明多方攻擊力量比較猛烈，如果是在底部或上漲行情剛開始的時候，投資者可以持股待漲，如圖 2-16 所示。

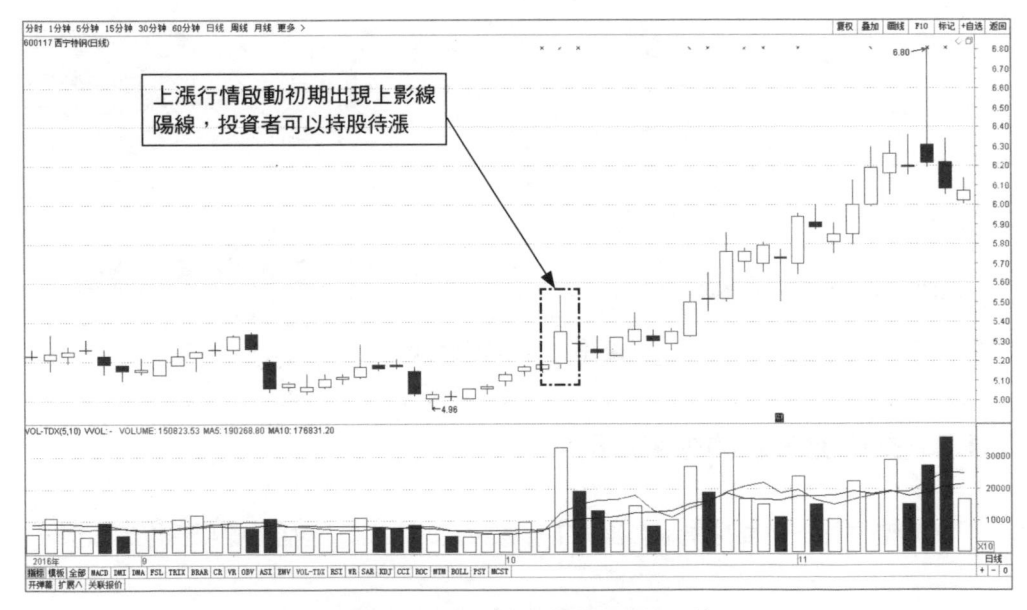

▲ 圖 2-16　上影線比實體略長的 K 線

　　(2) 上影線遠長於實體：這種型態說明市場中的賣壓已經非常嚴重，如果該型態出現在行情末期或者一波漲勢的高點，則隨後將會出現短期下跌回檔，如圖 2-17 所示。

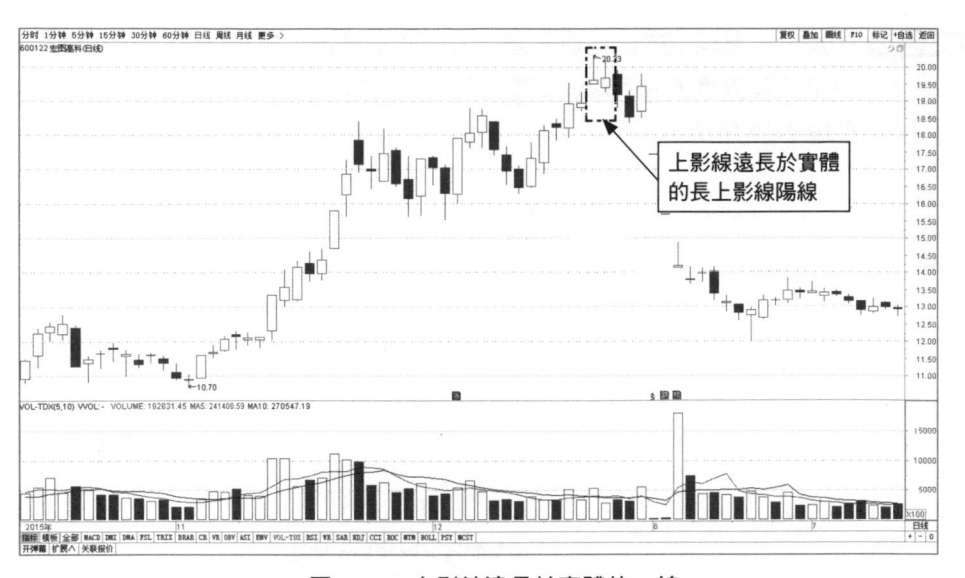

▲ 圖 2-17　上影線遠長於實體的 K 線

　　下面舉例分析長上影線 K 線的盤面行情。

步驟 ① 圖 2-18 所示為鐵龍物流（600125）2016 年 9 月至 11 月期間的 K 線走勢圖。從圖中可以看到，該股在短期一波快速上漲後，於階段性高點出現一個明顯的長上影陽線型態。

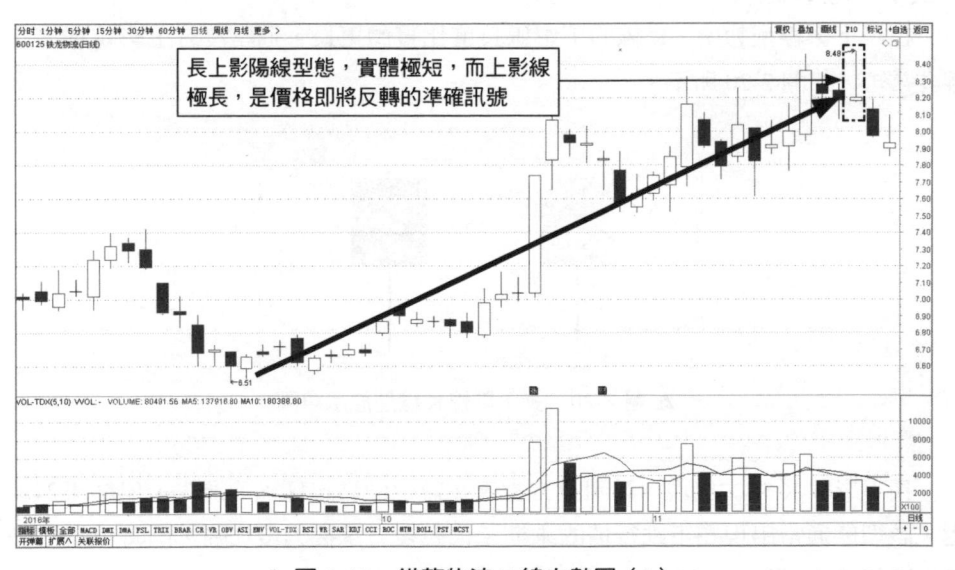

▲ 圖 2-18　鐵龍物流 K 線走勢圖（1）

步驟 ② 該長上影陽線型態出現在一波快速上漲走勢後，是市場賣壓沉重的表示，預示著股價將步入下跌或回檔行情，短線投資者可以在此位置高賣個股，如圖 2-19 所示。

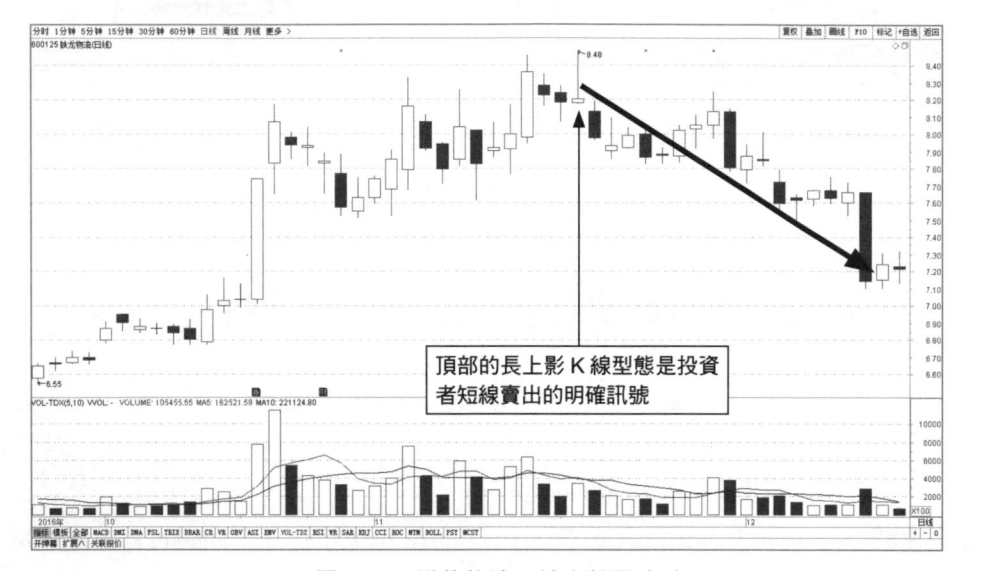

頂部的長上影 K 線型態是投資者短線賣出的明確訊號

▲ 圖 2-19　鐵龍物流 K 線走勢圖（2）

2. 長下影線 K 線

在長下影線型態中，K 線的下影線長度比實體更長，通常沒有上影線或者上影線非常短，如圖 2-20 所示。

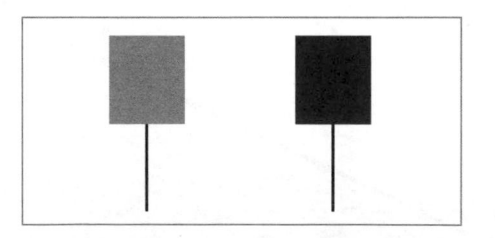

▲ 圖 2-20　長下影線 K 線型態示意圖

長下影線 K 線的出現，說明空方當天在盤中曾發起猛烈的進攻，但結果無功而返，該型態通常出現在下跌行情的末期，代表多方承接力度加強，同時也是一波反彈上漲行情的預兆，如圖 2-21 所示。

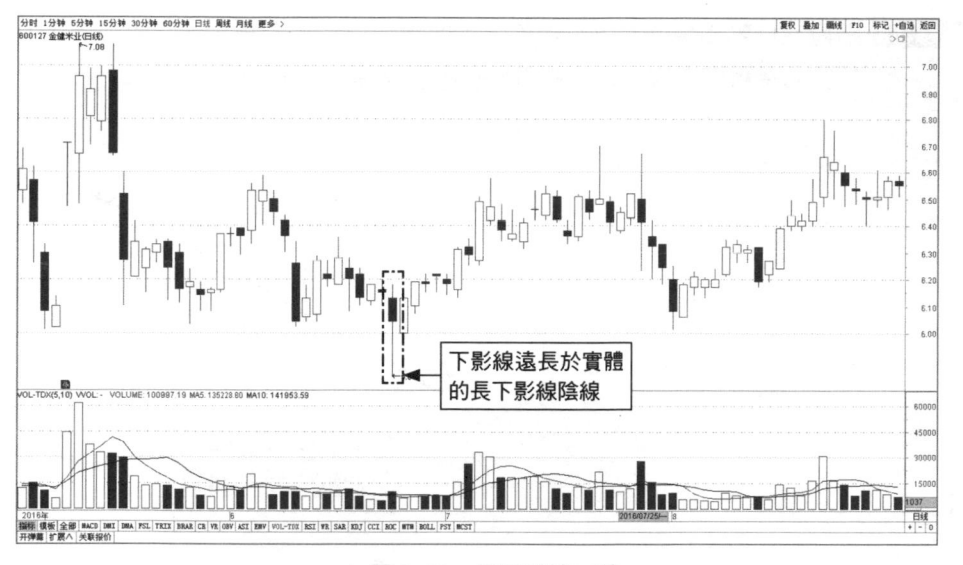

▲ 圖 2-21　長下影線 K 線

下面舉例分析長下影線 K 線的盤面行情。

步驟 1 圖 2-22 所示為弘業股份（600128）2016 年 8 月至 9 月期間的 K 線走勢圖。從圖中可以看到，該股在上升途中出現盤整震盪，在盤整震盪過程中的相對低點，出現兩個長下影陽線型態。

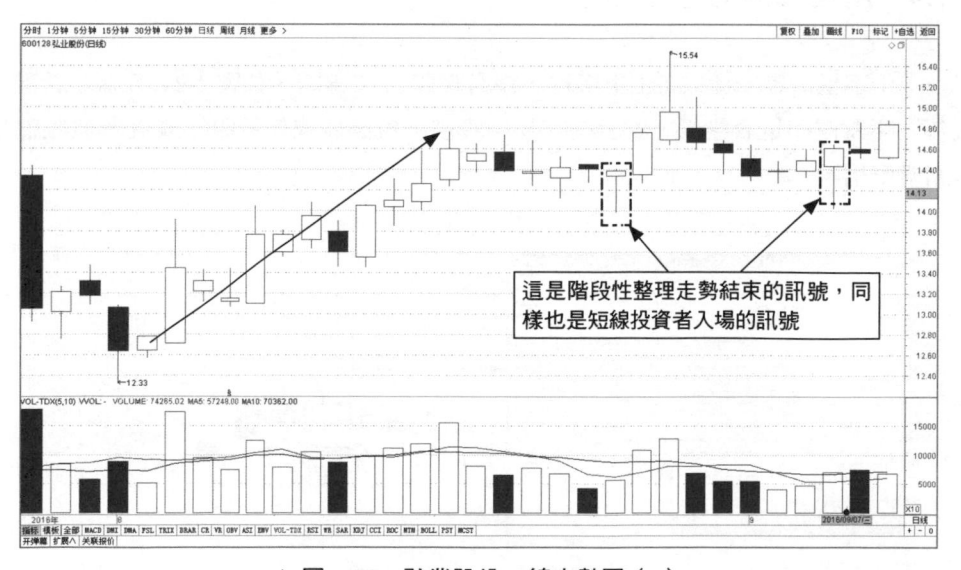

▲ 圖 2-22　弘業股份 K 線走勢圖（1）

步驟 ② 階段性低點出現的長下影陽線,說明空方已經無力再打壓股價,多方正在 集結力量再度進攻,預示著隨後將出現反彈上漲走勢,如圖 2-23 所示。

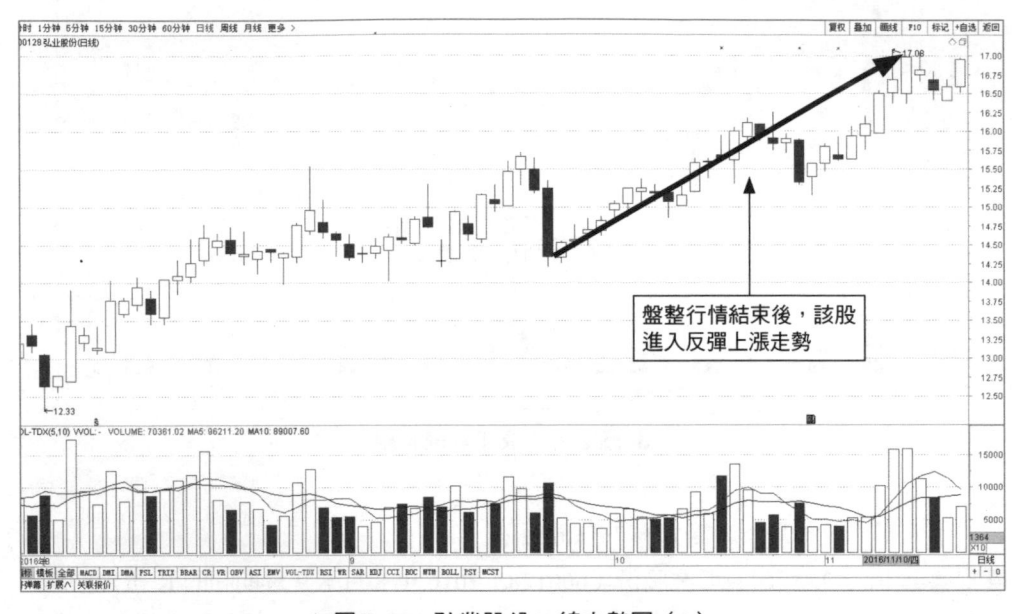

▲ 圖 2-23 弘業股份 K 線走勢圖(2)

2.1.4 星型 K 線的應用法則

「十字星」是一種只有上下影線,沒有實體的 K 線圖,如圖 2-24 所示。具體表現為,開盤價即是收盤價,表示在交易中股價出現高於或低於開盤成交,但收盤價與開盤價相等。

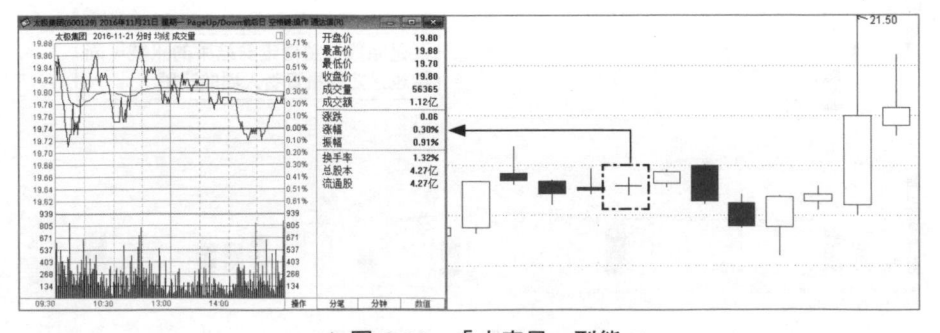

▲ 圖 2-24 「十字星」型態

就「十字星」的表現型態而言，上影線越長，表示賣壓越重；下影線越長，表示買盤旺盤。

在連續上升或下跌過程中出現的「十字星」，一般被稱為上升中繼和下跌中繼，它們並不影響趨勢的發展。通常在股價高位或低位出現的十字星，可稱為轉機線，意味著出現反轉。

在實際操作中，「十字星」一般理解為多空雙方能量暫時較為平衡，一方未能壓倒另一方，所以未做方向選擇收陽線或收陰線。另外，在實際的股市操作中，投資者遇到「十字星」的機率不低，但「十字星」在個股不同的階段，其意義不同。

(1)「**十字星」出現在上漲初期**。在漲勢的初期，如遇到跳空式的「十字星」，投資者應特別注意是否將迎來主升段上漲。如果確認是主升段上漲，中小投資者可在後期逢低積極介入。確認時還需注意兩個情況：判斷跳空缺口是否會被回補；看後期是否是放量上漲、縮量整理。

(2)「**十字星」出現在上漲中期**。上漲中期的個股，第一天收陽線，第二天收「十字星」，是主力資金震盪洗盤的手法，故意做出上漲無力的樣子。實際上，上漲中期出現的「十字星」都是行情的中繼，是暫時的整理，原有上升趨勢未改，後市繼續看漲。

(3)「**十字星」出現在上漲末期**。個股在上漲末期如果收「十字星」，一般有見頂嫌疑。因為一檔股票長期大幅上漲後，參與的資金獲利都較豐厚。收「十字星」就是代表漲不動，而漲不動就意味著下跌的開始，所以不要小看此時期「十字星」的風險。

(4)「**十字星」出現在盤中**。個股箱體震盪時，常有「十字星」出現，此時的意義不大，只是主力資金在震盪洗盤。不過經由洗盤後，若能放量拉升，投資者可以積極參與。

「長影十字星」是指有長長的上影線或下影線，且有一個小突體的「十字星」，是一種特別重要的「十字星」型態，如下頁圖 2-25 所示。「長上影十字星」如果出現在持續上漲之後的高價區，股價轉向下跌的可能性較大，但若出現在上漲趨勢中途，次日股價又創新高的話，說明買盤依舊強勁，股價將繼續上升。

但是，趨勢見頂或見底過程中「十字星」往往反覆出現。「十字星」本身所處的位置很重要，研判各種型態的「十字星」所包含的意義，要建立區間的概念，而不是點位的測算。

首先，投資者要確定是在頂部區間還是底部區間，大致知道頂部或底部區間的時空區間位置，那麼是上漲的過程還是下跌的過程也就基本上可確定，這樣一來就

不易誤判出現的「十字星」的含義。

例如，通常「長下影線十字星」位於市場底部時，表露出市場向上的心理狀態。如果當日的開盤價和收盤價正好處於全日價格範圍的中點，那麼這種 K 線就稱為「黃包車夫線」，是見底訊號。

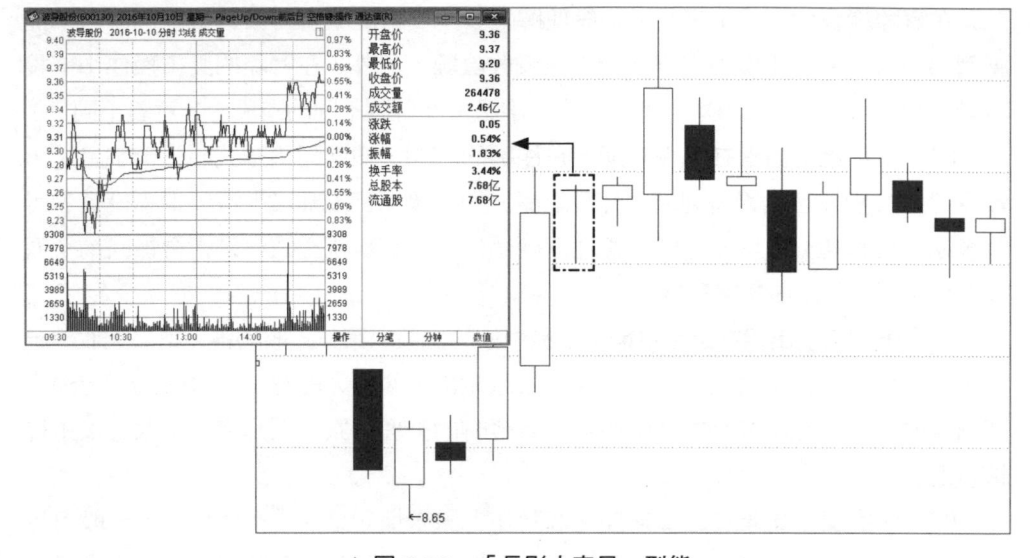

▲ 圖 2-25 「長影十字星」型態

专家心法

　　如果「長影十字星」的上下影線差別較大，就屬於「風高浪大線」，這種型態雖然沒有「黃包車夫線」重要，但如果連續出現幾根「風高浪大線」，也一樣要特別關注。

2.2 買進點的單根 K 線實戰案例

投資者對 K 線進行分析時，首先應從單根 K 線開始，本節將介紹單根買入 K 線的實戰技巧。

2.2.1　第 1 日戰記
我用底部大陽線抓住上漲趨勢

大陽線的出現，說明股價在開盤後多方積極進攻，中間可能出現多空雙方的鬥爭，但多方發揮最大力量，一直到收盤。當天多方始終佔優勢，使價格一路上揚，直至收盤。

在行情底部出現大陽線，通常是強烈漲勢的盤面表現，說明股市中的買方情緒高漲，瘋狂湧進，而持有股票投資者則看到行情大好，不願拋售，形成一種供不應求的局面，如圖 2-26 所示。

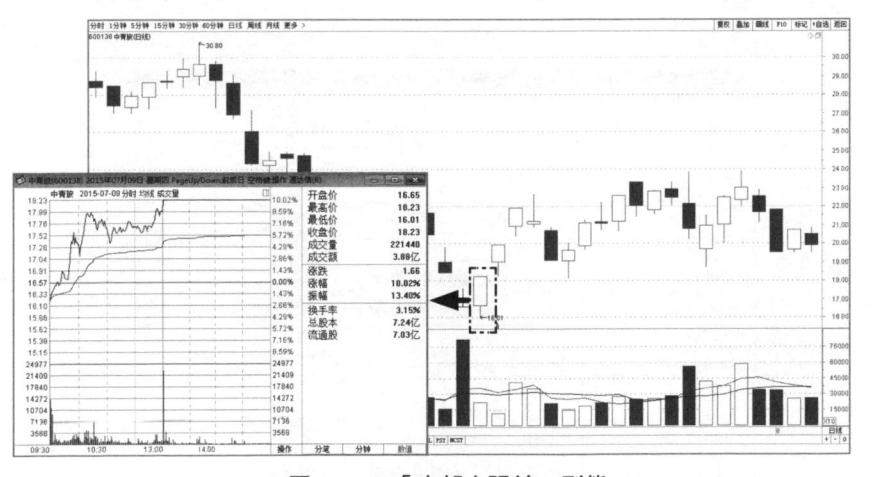

▲ 圖 2-26　「底部大陽線」型態

　　下面舉例分析底部大陽線的盤面行情。

步驟 1 圖 2-27 所示為商贏環球（600146）2016 年 3 月至 5 月期間的 K 線走勢圖。從圖中可以看到，該股前期經歷了一波震盪下跌的行情，並於階段性底部後的 5 月 23 日收出一根大陽線。

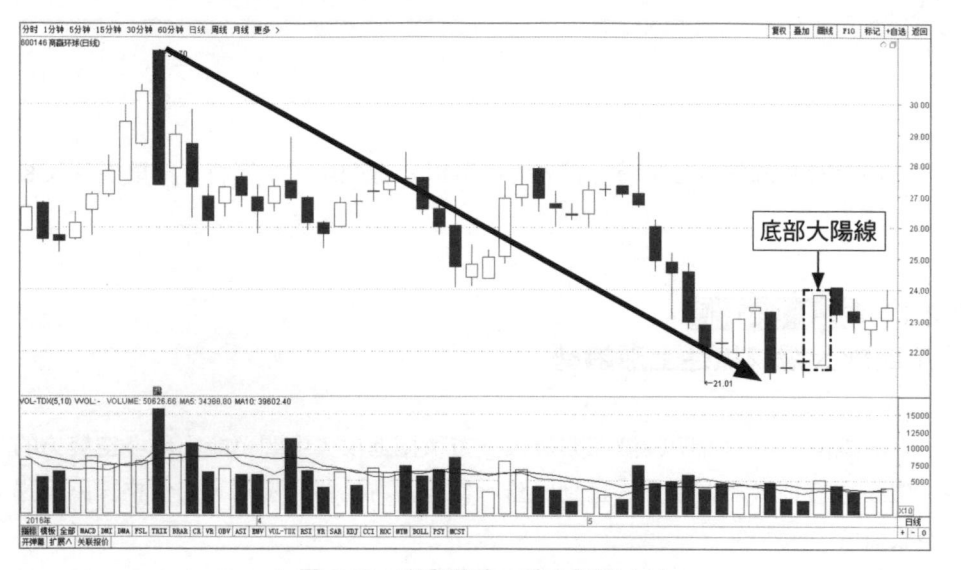

▲ 圖 2-27　商贏環球 K 線走勢圖（1）

步驟 2 圖 2-28 所示為商贏環球（600146）2016 年 5 月 23 日的分時圖，可以看到出現了尾盤放量拉升的盤面，漲幅達到 10.01%，說明買方力量強大。

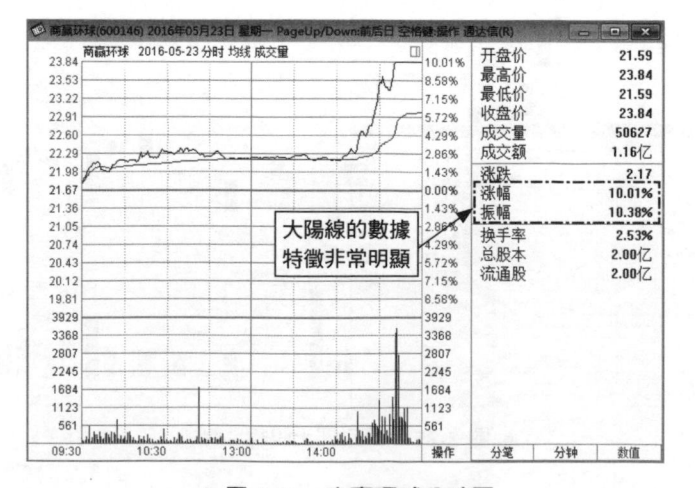

▲ 圖 2-28　商贏環球分時圖

步驟 3 底部大陽線的出現，是多方開始強烈反攻的訊號，股價隨後出現明顯的反彈上漲走勢，是投資者可進行短線買進的訊號，如圖 2-29 所示。

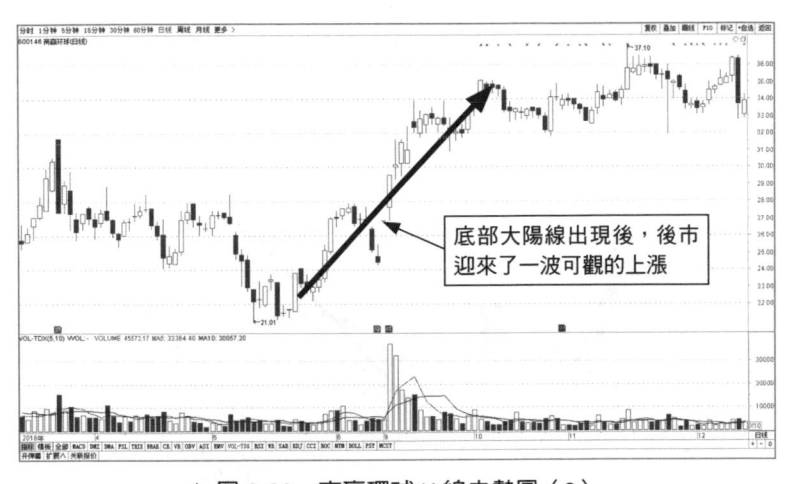

底部大陽線出現後，後市迎來了一波可觀的上漲

▲ 圖 2-29　商贏環球 K 線走勢圖（2）

2.2.2　第 2 日戰記
我用突破前高的大陽線，看準短線買點

股價處於上漲行情初期或底部震盪時，出現的第一根突破前期高點的大陽線，同樣是比較重要的買入訊號，如圖 2-30 所示。

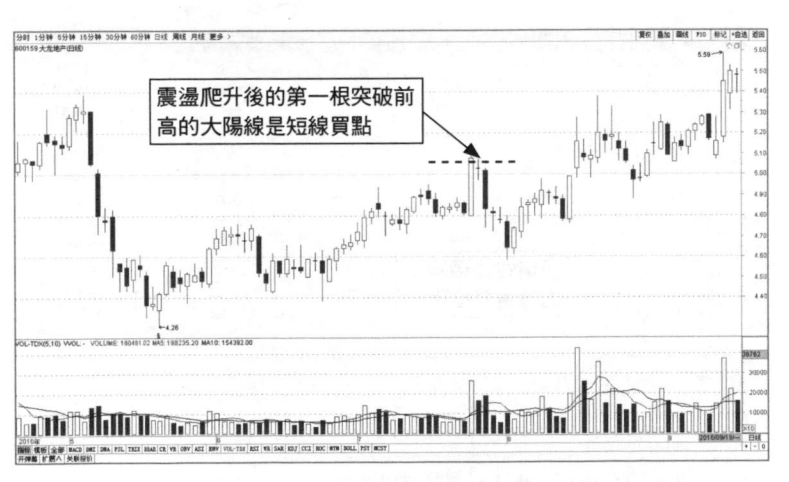

震盪爬升後的第一根突破前高的大陽線是短線買點

▲ 圖 2-30　「突破前高的大陽線」型態

下面舉例分析突破前高的大陽線買入訊號。

步驟 ① 圖 2-31 所示為黃河旋風（600172）2016 年 4 月至 6 月期間的 K 線走勢圖。從圖中可以看到，前期累計的漲幅不大，而且在上漲過程中出現一波小幅回檔的走勢，隨後收出一根大陽線，且突破前期高點。

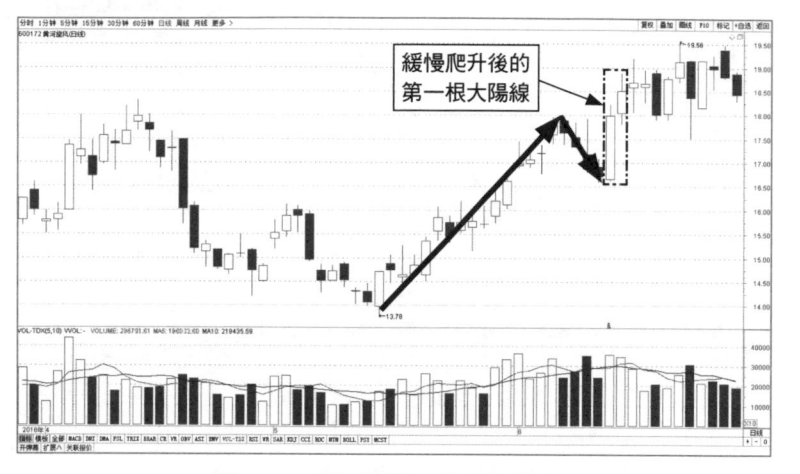

▲ 圖 2-31　黃河旋風 K 線走勢圖（1）

步驟 ② 圖 2-32 所示為黃河旋風（600172）2016 年 5 月 23 日的分時圖，即出現大陽線當天的盤面，股價開低走高，全天都運行在均價線之上，說明買方拉升股價的動力非常強勁，後市看好。

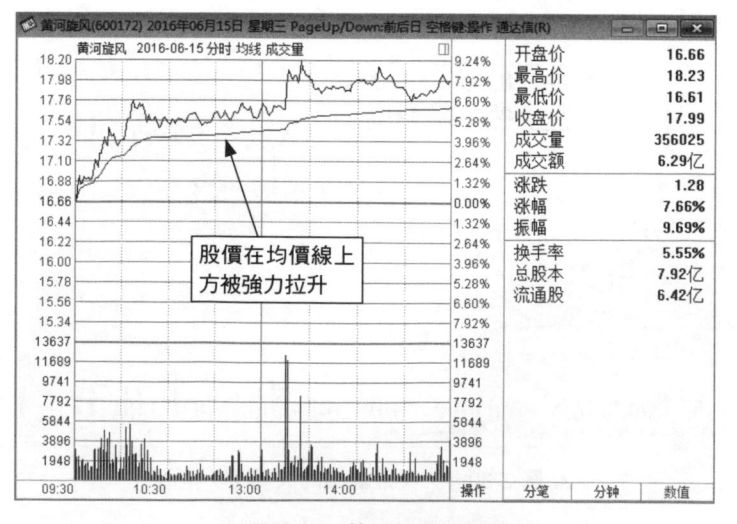

▲ 圖 2-32　黃河旋風分時圖

步驟 ③ 此後，股價繼續之前的上漲走勢，投資者可以適度介入，持股待漲，如圖
2-33 所示。

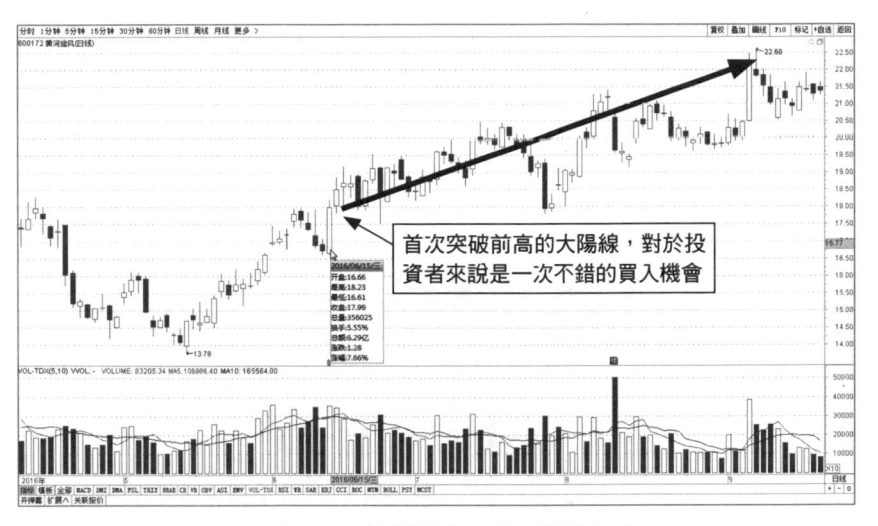

▲ 圖 2-33　黃河旋風 K 線走勢圖（2）

2.2.3　第 3 日戰記
我用仙人指路，探出上升訊號

「仙人指路」型態，是一根帶有較長上影線的 K 線，但其位置主要出現在個股
上升途中，是一種十分明顯的上升中繼訊號，如圖 2-34 所示。一般在漲幅尚小、未
經連續上漲主升時出現，第二天一般收陽至少收平。這根 K 線既可以是一根陽線，
也可以是一根陰線。

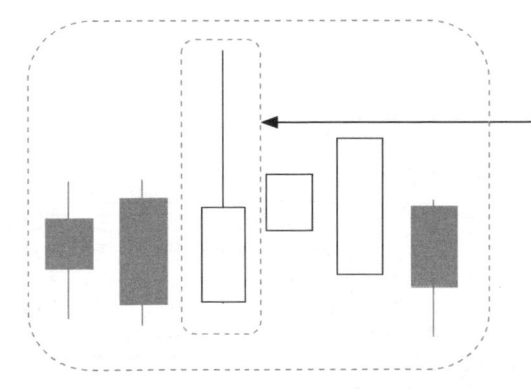

股價長期下跌後主力開始建倉進入某股，
隨著該股成交量的逐步放大，均線系統多
頭排列，籌碼的收集成本越來越高。此時
主力會拉出一根帶長上影的 K 線，其後股
價回落整理，等到被「仙人指路」套牢的
籌碼都洗掉後，股價會持續拉升越過「仙
人指路」，一路向上。此上影線猶如仙人
的手指一樣，指到哪裡，股價就會漲到哪
裡，故名「仙人指路」

▲ 圖 2-34　「仙人指路」型態

步驟① 圖 2-35 所示為東安動力（600178）2016 年 5 月至 8 月期間的 K 線圖。可以看到，股價衝高到一定的價位後，於 7 月 11 日收出一根帶長上影線的 K 線，形成「仙人指路」型態。

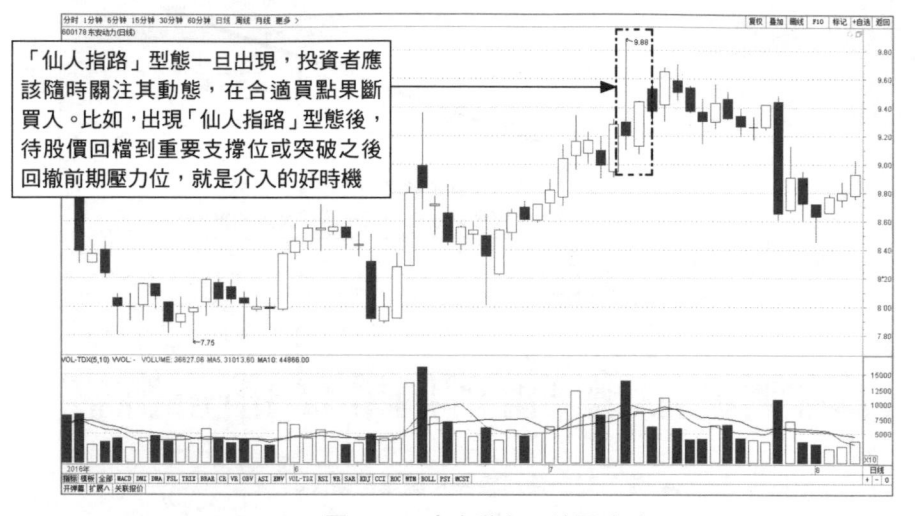

「仙人指路」型態一旦出現，投資者應該隨時關注其動態，在合適買點果斷買入。比如，出現「仙人指路」型態後，待股價回檔到重要支撐位或突破之後回撤前期壓力位，就是介入的好時機

▲ 圖 2-35　東安動力 K 線圖（1）

步驟② 隨後股價經歷一波回落行情，但僅僅持續不到一個多月的時間，行情就發生反轉，並一直上漲到「仙人指路」上影線的位置，如圖 2-36 所示，且後市繼續上漲，投資者應該及時跟進。

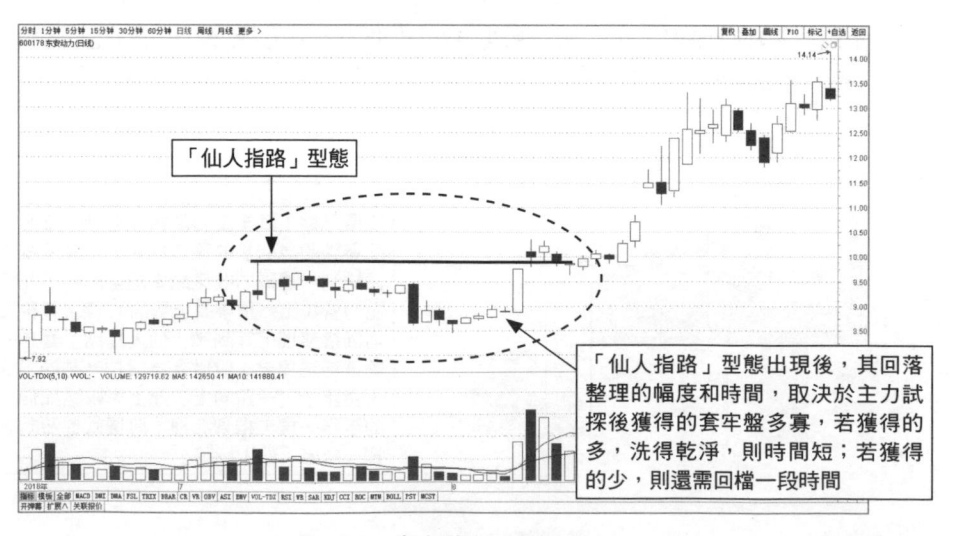

「仙人指路」型態

「仙人指路」型態出現後，其回落整理的幅度和時間，取決於主力試探後獲得的套牢盤多寡，若獲得的多，洗得乾淨，則時間短；若獲得的少，則還需回檔一段時間

▲ 圖 2-36　東安動力 K 線圖（2）

「仙人指路」型態是 K 線的一種特殊型態，有其運用條件和特徵，實盤操作時一定要判斷其處於什麼時期、什麼階段。

(1)「仙人指路」出現在階段性的中期底部。這是主力展開向上攻擊性試盤的動作，意在測試盤面籌碼的穩定度，同時發出進一步加大建倉力度的操盤訊號指令。如果當天反覆盤跌的即時圖形中，出現典型的衝擊波型結構，則是主力打壓建倉的重要特徵。

(2)「仙人指路」出現在拉升階段的初期。這是主力展開向上攻擊性試盤的動作，主要目的是測試盤面籌碼的穩定度和上檔壓力，同時暗中發出進一步攻擊指令。股價在經過短期調整後，再度展開總攻的時間已經十分逼近了。因此，在當天反覆盤跌的過程中，主力經由打壓洗盤，為即將到來的正式拉升做好充分的蓄勢準備。

(3)「仙人指路」出現在拉升波段的中期。這是主力在盤中展開強勢洗盤的操盤動作，屬於極強勢的操盤特徵，洗盤完成後，通常還會出現更大、更猛烈的漲幅。

2.2.4　第 4 日戰記
我用金針探底，預測反轉走高

「金針探底」型態通常出現在一波跌勢的末期，或盤整震盪過程中的相對低點，這是階段性整理走勢結束的訊號，同樣也可以作為投資者短期買股的訊號，如圖 2-37 所示。

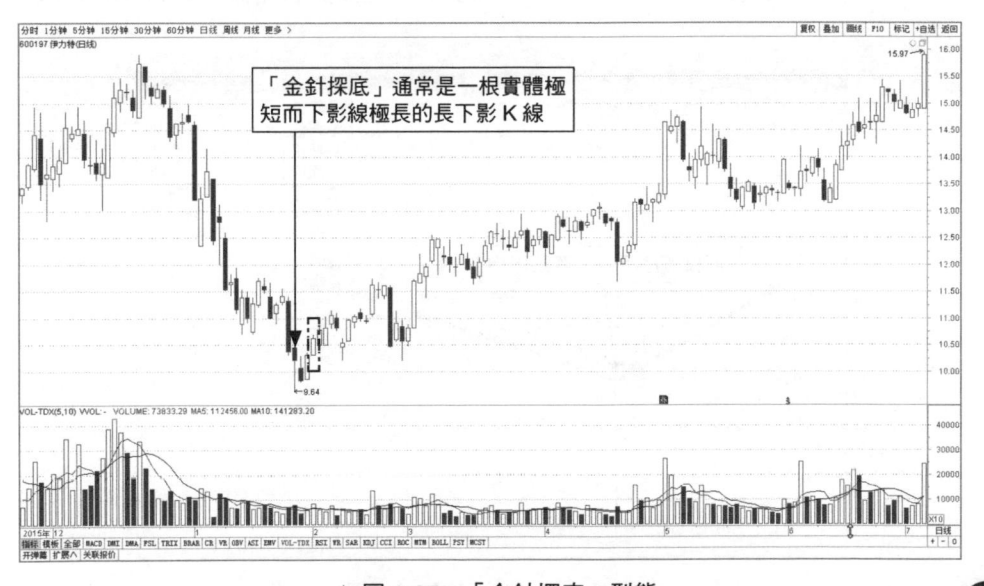

▲ 圖 2-37　「金針探底」型態

下面舉例分析「金針探底」型態買入訊號。

步驟 ① 圖 2-38 所示為中再資環（600217）2016 年 2 月至 5 月期間的 K 線走勢圖。從圖中可以看到，股價深幅下跌後在 5 月 18 日出現「金針探底」型態，股價運行到階段性底部。

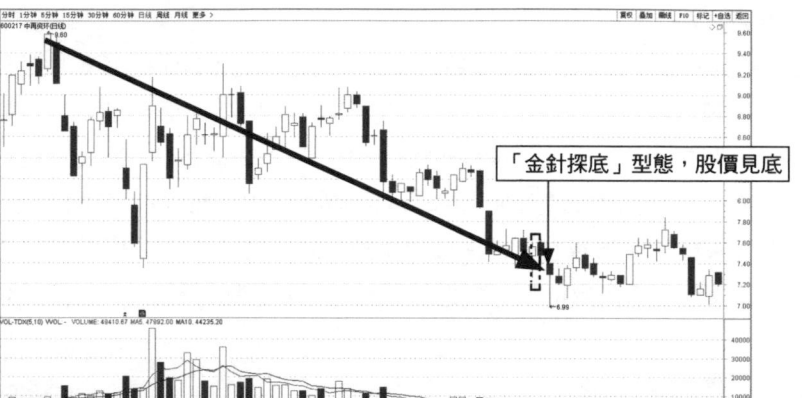

「金針探底」型態，股價見底

▲ 圖 2-38　中再資環 K 線走勢圖（1）

步驟 ② 圖 2-39 所示為中再資環（600217）2016 年 5 月 18 日的分時圖，股價開低走低，但在觸底時得到成交量放量的支撐，股價有所反彈，之後緩慢回升，預示著階段性的反彈上漲走勢即將展開，是投資者短線低吸個股的時機。

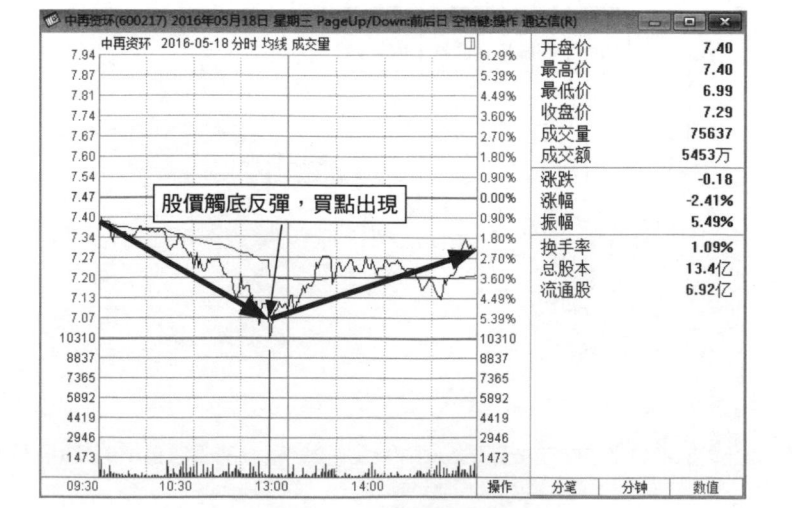

股價觸底反彈，買點出現

▲ 圖 2-39　中再資環分時圖

步驟 ③ 果然，隨後股價穩步向上攀升，後市走出一波可觀的上漲行情，如圖 2-40 所示。

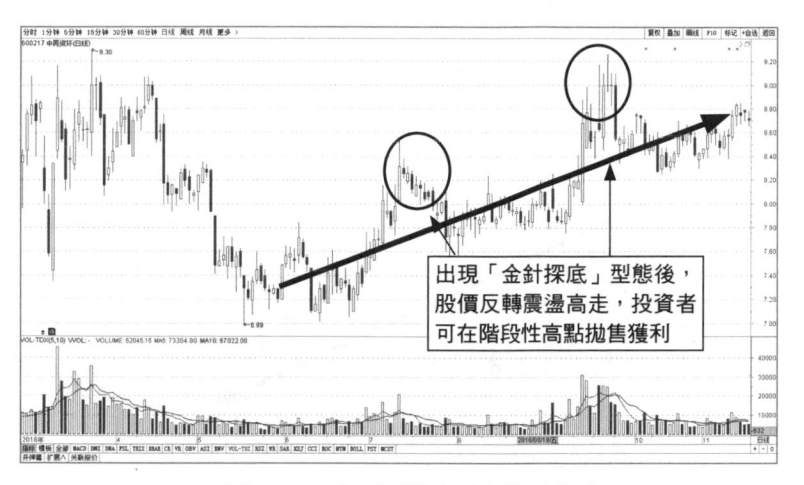

出現「金針探底」型態後，股價反轉震盪高走，投資者可在階段性高點拋售獲利

▲ 圖 2-40　中再資環 K 線走勢圖（2）

2.2.5　第 5 日戰記
我用長腳十字，預測買入訊號

「長腳十字」又稱為「長腳十字星」，擁有較長的上下影線，如圖 2-41 所示。「長腳十字」型態與普通「十字星」型態非常相似，都是多空雙方在盤面中勢均力敵的表現。

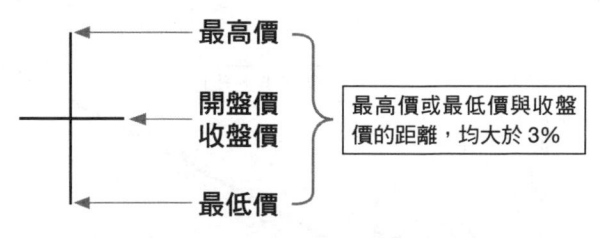

最高價

開盤價
收盤價

最低價

最高價或最低價與收盤價的距離，均大於 3%

▲ 圖 2-41　「長腳十字」K 線型態示意圖

需要注意的是，「長腳十字」型態的振幅通常比較大，這是市場格局將發生改變的盤面表現。尤其要關注股價頂部或底部的「長腳十字」型態，該型態的出現是股價反轉的重要訊號。

下面舉例分析「長腳十字」型態的買入訊號。

步驟 ① 圖 2-42 所示為亞通股份（600692）2015 年 6 月至 9 月期間的 K 線走勢圖。從圖中可以看到，股價深幅下跌後在 9 月 7 日見底，隨後突然出現一個「長腳十字」型態，說明市底動搖，多空廝殺即將有結果。

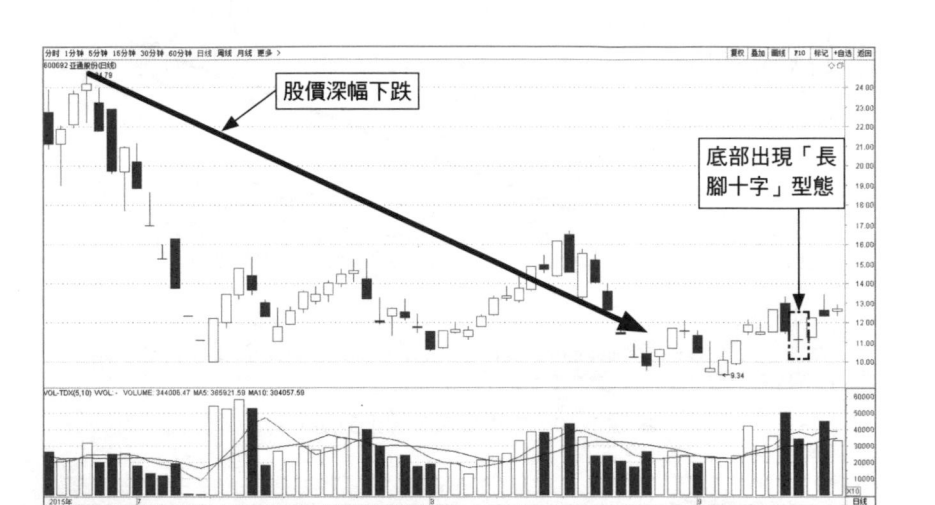

▲ 圖 2-42　亞通股份K線走勢圖（1）

步驟 ② 出現「長腳十字」型態的第二天出現一根大陽線，證實了股價轉向，隨著成交量放大，後市進入一輪上漲行情，如圖 2-43 所示。

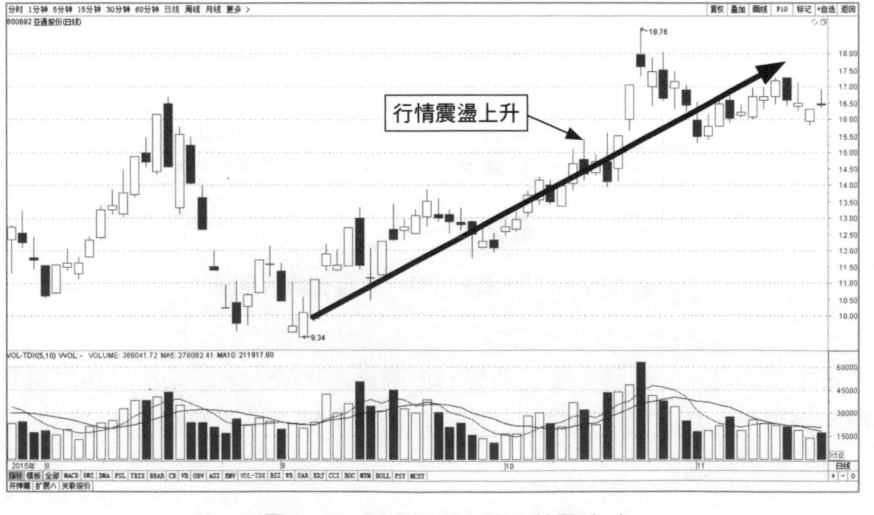

▲ 圖 2-43　亞通股份K線走勢圖（2）

2.2.6　第 6 日戰記
用深幅下跌後的出水芙蓉，才有利買入

　　「出水芙蓉」型態通常出現在深幅下跌後的反轉走勢中，也可以是相對低位區較長的盤整走勢後，此時出現一根放量大陽線 K 線型態，並上穿 5 日、10 日、20 日3 根均線，將股價抬升到這 3 根均線上方，讓股價出現明顯的漲勢，如圖 2-44 所示。「出水芙蓉」型態是一個可靠的買入訊號，出現後往往能展開一波可觀的行情。

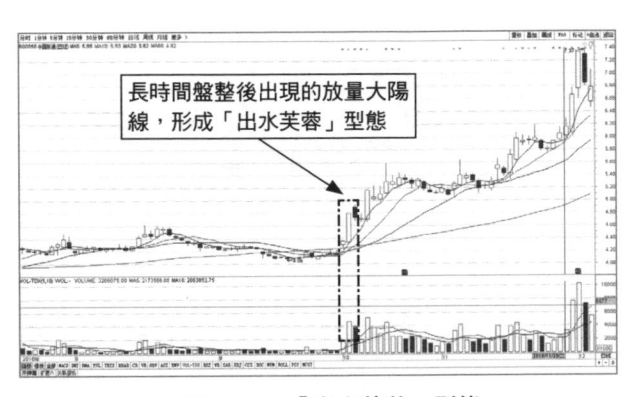

▲ 圖 2-44　「出水芙蓉」型態

　　使用「出水芙蓉」型態判斷股價走勢時，一定要注意該型態出現的位置，只有深幅下跌的反轉走勢，或者低位盤整走勢之後出現該型態，才是短線追漲買入的可靠訊號。對於出現於高位的「出水芙蓉」型態，有可能是主力在拉高出貨，投資者一定要注意區分，如圖 2-45 所示。

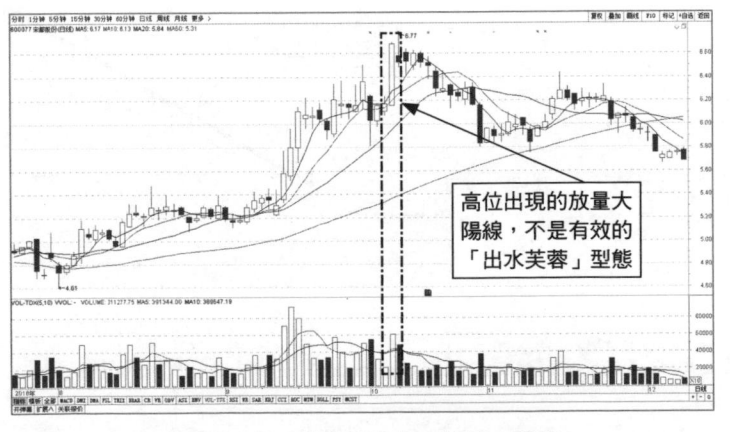

▲ 圖 2-45　錯誤的「出水芙蓉」型態

下面舉例分析「出水芙蓉」型態的買入訊號。

步驟 ❶ 圖 2-46 所示為哈高科（600095）2016 年 7 月至 9 月期間的 K 線走勢圖。從圖中可以看到，該股在較長時間的震盪盤整走勢中出現「出水芙蓉」型態，當天的大陽線依次穿越 4 根均線，是投資者短線追漲買股的訊號。

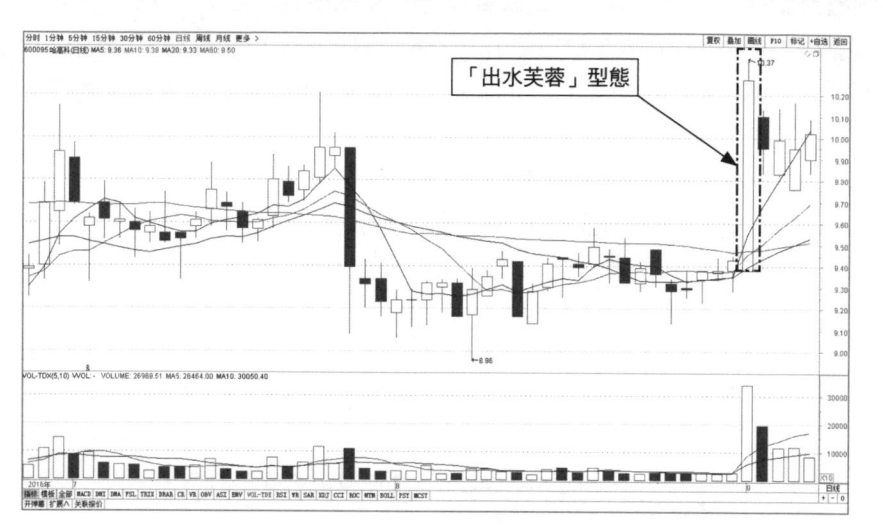

▲ 圖 2-46　哈高科 K 線走勢圖（1）

步驟 ❷ 「出水芙蓉」型態的出現，說明主力資金做多意願非常強烈，是個股將突破上行的訊號，果然後市出現一波可靠的上漲行情，如圖 2-47 所示。

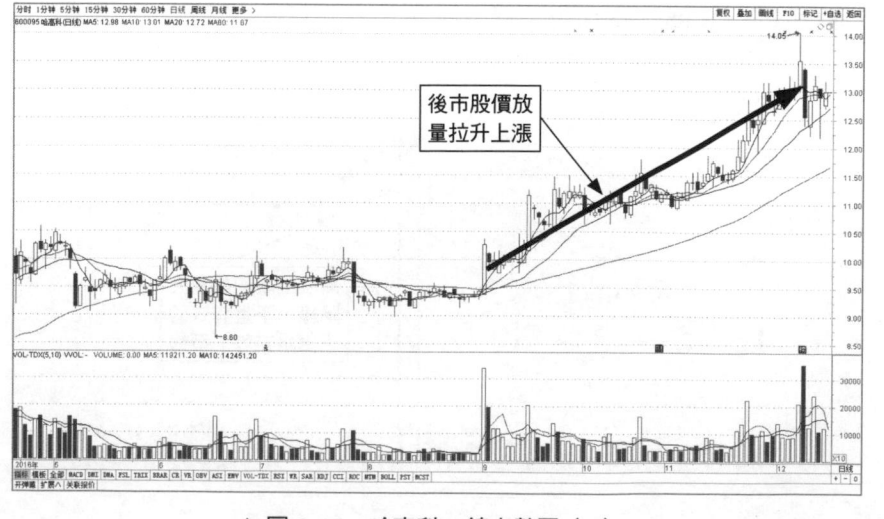

▲ 圖 2-47　哈高科 K 線走勢圖（2）

2.2.7　第 7 日戰記
低位倒錘頭出現後，下個交易日的開盤很重要

　　「低位倒錘頭」型態通常擁有比較長的上影線，實體部分則很短，如圖 2-48 所示。「低位倒錘頭」型態與「倒 T 字線」型態，其意義基本上相似。

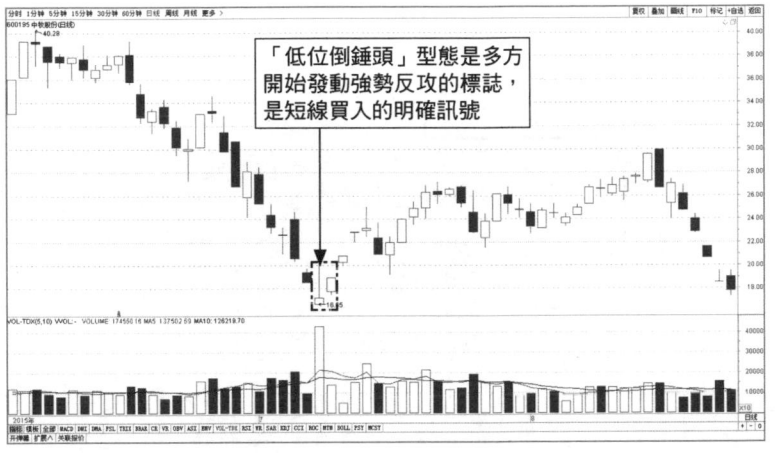

▲ 圖 2-48　低位倒錘頭型態

　　在實際操作中，投資者需要關注以下幾點。

● 出現在下降趨勢之後的「低位倒錘頭」型態，則構成一個看漲的 K 線圖形狀，如圖 2-49 所示。

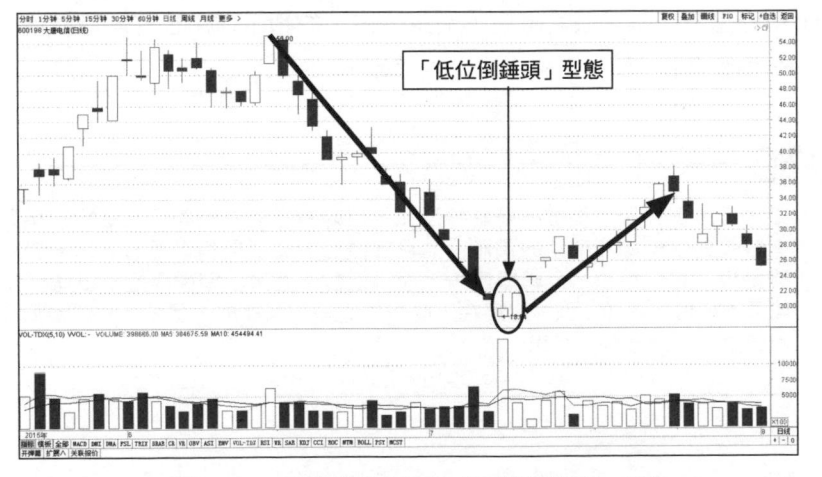

▲ 圖 2-49　下降趨勢之後的「低位倒錘頭」型態

當「低位倒錘頭」型態出現後,必須等待下一個時間單位的看漲訊號對它加以驗證。「低位倒錘頭」型態能否引起趨勢反轉,後一個交易日的開盤是判斷的重要準則,如果後一個交易日的開盤高於「低位倒錘頭」的實體,則反轉機率較大,如圖 2-50 所示。

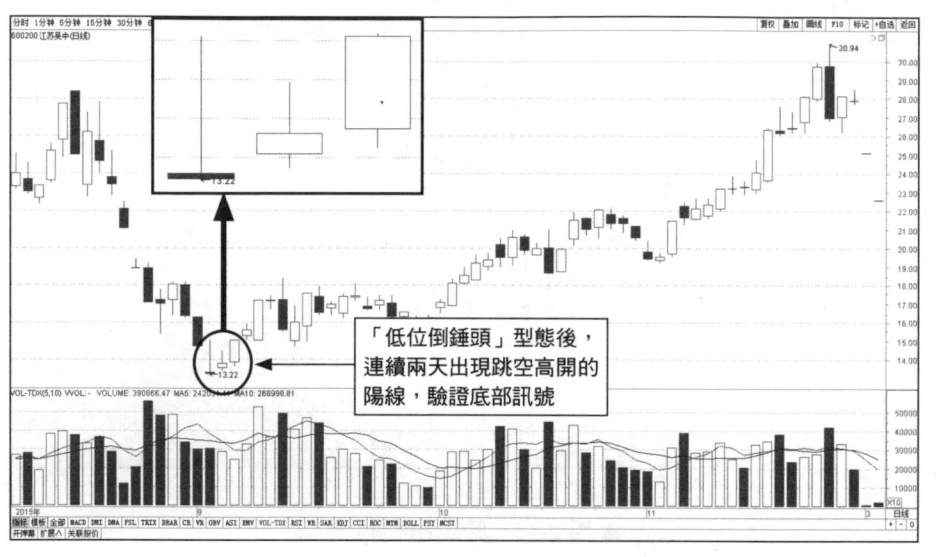

▲ 圖 2-50 「低位倒錘頭」型態得到驗證

- 當「倒錘子線」出現在低價區時,通常被認為是一種強勢 K 線,是股價見底的較強烈訊號。如果「倒錘子線」的下影線下穿越了原有的低位線,則見底訊號更加可靠。

- 與其他 K 線型態一樣,成交量對「倒錘子線」的預示作用也有參考價值,底部的放量一般也會強化「倒錘子線」的見底意義。

 專家心法

　　雖然「低位倒錘頭」型態不屬星線型態,但因為它的外形與「流星線」相似,所以也具有較長的上影線和較小的實體,並且實體居於整個價格範圍的下端。但不同的是,「流星線」是一根頂部反轉蠟燭線,而「低位倒錘頭」型態卻是一根底部反轉蠟燭線。如果「低位倒錘頭」型態出現在下降趨勢之後,則構成一個看漲的蠟燭圖型態,這一點與普通的「錘子線」如出一轍。

2.2.8　第 8 日戰記
出現底部螺旋槳＋出水芙蓉時可買進

　　K 線實體較短，上方和下方均有較長上下影線的小陰小陽線，這種 K 線形狀就像飛機的螺旋槳，因此被稱為「螺旋槳」。「底部螺旋槳」的主要圖形特徵，如圖 2-51 所示。

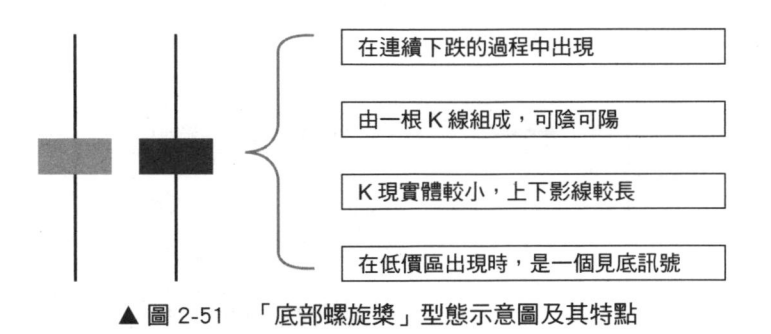

在連續下跌的過程中出現

由一根 K 線組成，可陰可陽

K 現實體較小，上下影線較長

在低價區出現時，是一個見底訊號

▲ 圖 2-51　「底部螺旋槳」型態示意圖及其特點

　　「螺旋槳」K 線長長的上下影線反映出多空雙方進行著激烈的爭奪，但由於 K 線實體較小，開盤價與收盤價之間差距不大，表示經過爭奪之後，雙方力量基本相當，誰也沒能佔絕對的優勢，誰也不敢輕舉妄動發起攻擊。

　　當「底部螺旋槳」型態出現後，通常需要複合見底 K 線型態的配合，以及成交量的放大等加以驗證，才能獲得更高的買入成功機率，如圖 2-52 所示。

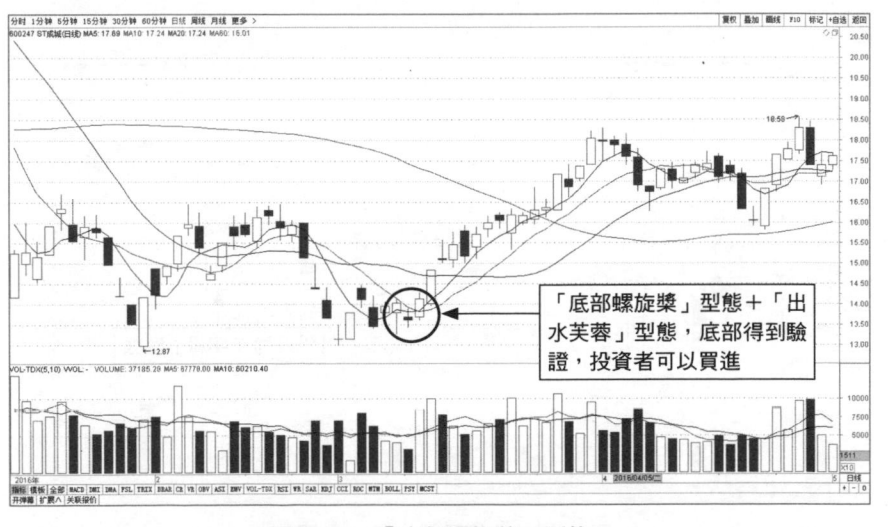

「底部螺旋槳」型態＋「出水芙蓉」型態，底部得到驗證，投資者可以買進

▲ 圖 2-52　「底部螺旋槳」型態

2.2.9　第 9 日戰記
我用升途 T 字線，抓住買股訊號

　　「T 字線」又叫蜻蜓線，一般出現在低價區、上升途中、高價區，出現於不同位置代表的含義不同，該 K 線也叫「主力線」。

　　「升途 T 字線」是指在股價上升途中出現的「T 字線」，當天開盤後空方有過強的打壓，股價曾經遠遠低於開盤價，收盤前多方發力上攻收復失地，在收盤時將股價推高到開盤價處，如圖 2-53 所示。

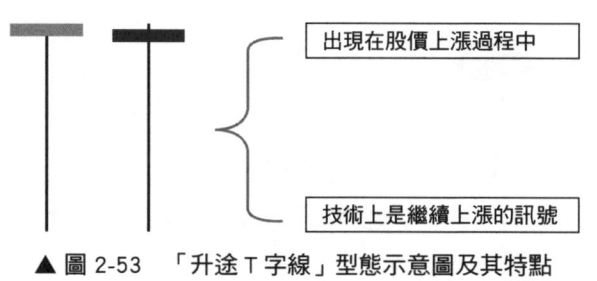

▲ 圖 2-53　「升途 T 字線」型態示意圖及其特點

　　下面舉例分析「升途 T 字線」型態的買入訊號。

步驟 ① 圖 2-54 所示為南鋼股份（600282）2016 年 9 月至 11 月期間的 K 線走勢圖。從圖中可以看到，該股震盪上升途中出現一個「升途 T 字線」型態，說明空方已經無力再打壓股價，是股價階段性整理走勢結束的標誌，可以作為短線買股的訊號。

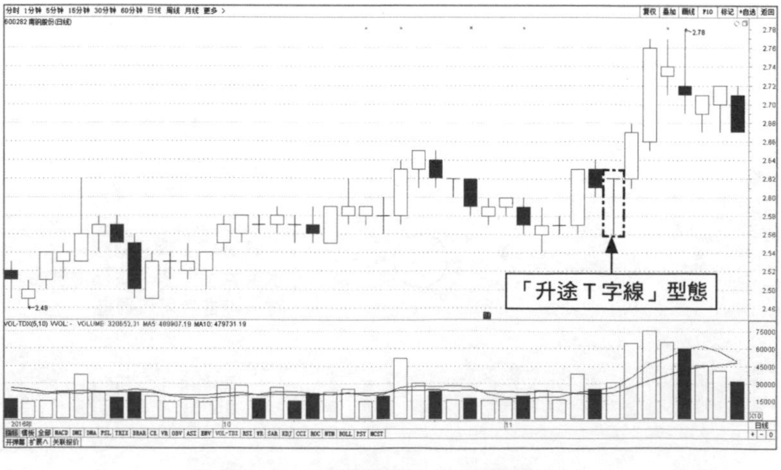

▲ 圖 2-54　南鋼股份 K 線走勢圖（1）

步驟 ② 事實上，出現「升途 T 字線」型態後，該股繼續之前的上升走勢，如圖 2-55 所示。

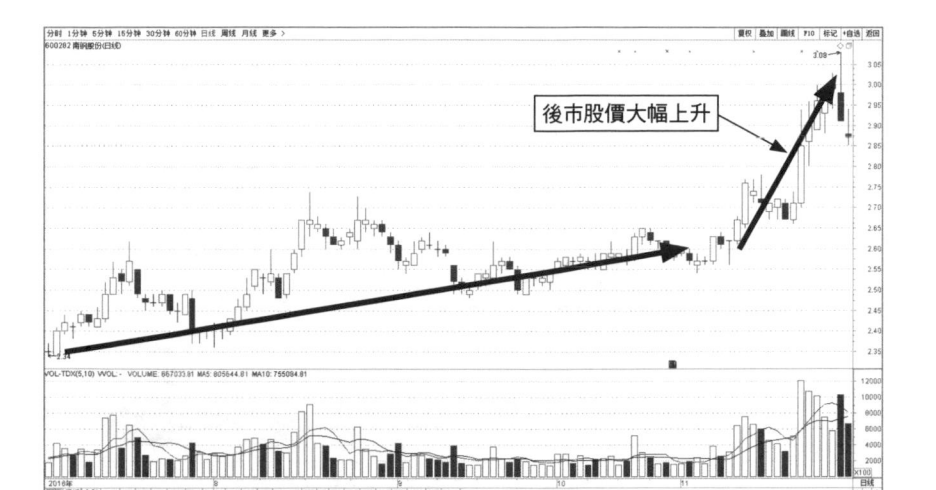

▲ 圖 2-55　南鋼股份 K 線走勢圖（1）

2.2.10　第 10 日戰記
我用一字漲停，看出主力拉升

「一字漲停」型態是指開盤即漲停一直持續到收盤為止的 K 線型態，其分時圖如圖 2-56 所示。

▲ 圖 2-56　「一字漲停」型態分時圖

　　圖 2-57 所示為「一字漲停」型態的 K 線圖,其型態類似於漢字的「一」,因此得名。

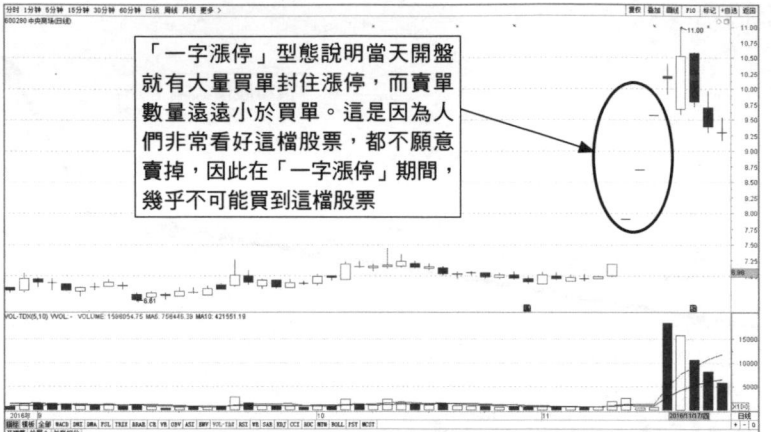

　　「一字漲停」型態說明當天開盤就有大量買單封住漲停,而賣單數量遠遠小於買單。這是因為人們非常看好這檔股票,都不願意賣掉,因此在「一字漲停」期間,幾乎不可能買到這檔股票

▲ 圖2-57　「一字漲停」型態

　　下面舉例分析「一字漲停」型態的買入訊號。

　　圖 2-58 所示為 *ST 商城(600306)2016 年 6 月至 11 月期間的 K 線走勢圖。從圖中可以看到,該股在結束橫盤後連續出現 3 個「一字漲停」型態,說明主力拉升意圖非常明顯,投資者可以在接下來的交易日買入股票,待拉升後賣出,快進快出獲取利益。

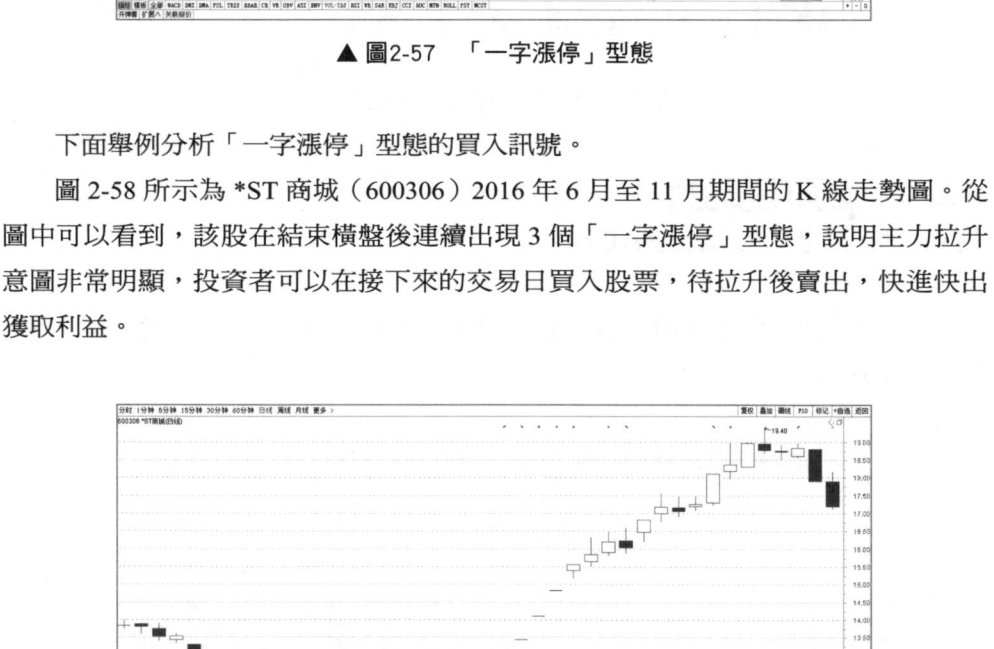

▲ 圖 2-58　*ST 商城 K 線圖

2.3 賣出點的單根 K 線實戰案例

任何 K 線組合排列型態，不管它有多麼複雜，都可以用其第一個 K 線開盤價和最後一個 K 線收盤價，以及其中的最低價、最高價將它們還原為單根 K 線，則多空含義一目了然，使投資者可以快速發現其中的賣出訊號。

2.3.1　第 11 日戰記

我用射擊之星，分析下跌前兆

「射擊之星」型態，是指實體極短而上影線極長的長上影 K 線，通常出現在一波快速上漲走勢後期，說明市場賣壓沉重，是股價將出現階段性下跌或回檔走勢的預兆，也是短線投資者高賣個股的訊號，如圖 2-59 所示。

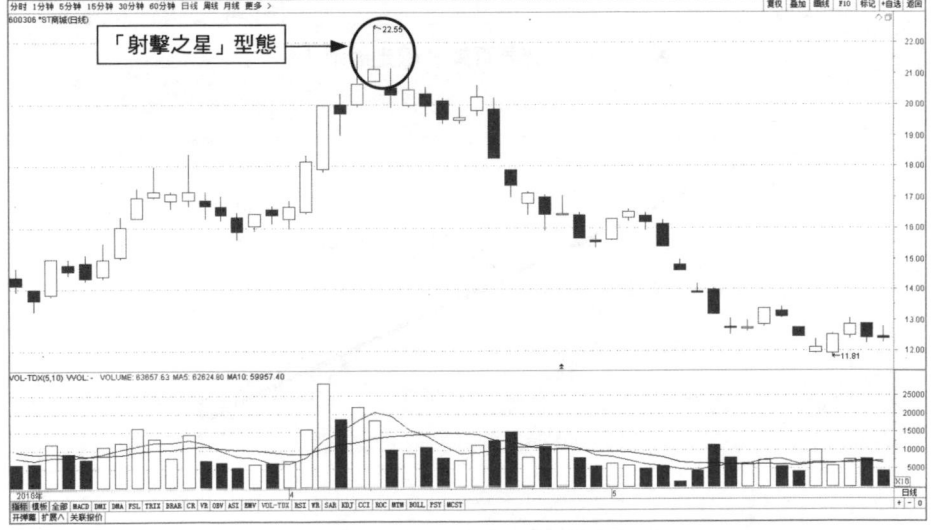

▲ 圖 2-59　「射擊之星」型態

「射擊之星」型態就像是一把槍的準頭，因此而得名。「射擊之星」型態可以是陰線或陽線，只要出現在個股的走勢頂部，通常是比較明顯的見頂訊號。

下面舉例分析「射擊之星」型態的賣出訊號。

步驟 1 圖 2-60 所示為榮華實業（600311）2016 年 5 月至 7 月期間的 K 線走勢圖。從圖中可以看到，該股在短期的一波快速上漲後，於階段性高位出現一根明顯的「射擊之星」型態，是價格走勢即將出現反轉的準確訊號。

步驟 2 「射擊之星」型態的出現說明當天開盤價比較低，多頭組織力量向上攻，一度急升，但尾市賣壓加強，收市價又回落至開盤價附近，是下跌行情來臨的前兆，如圖 2-61 所示。

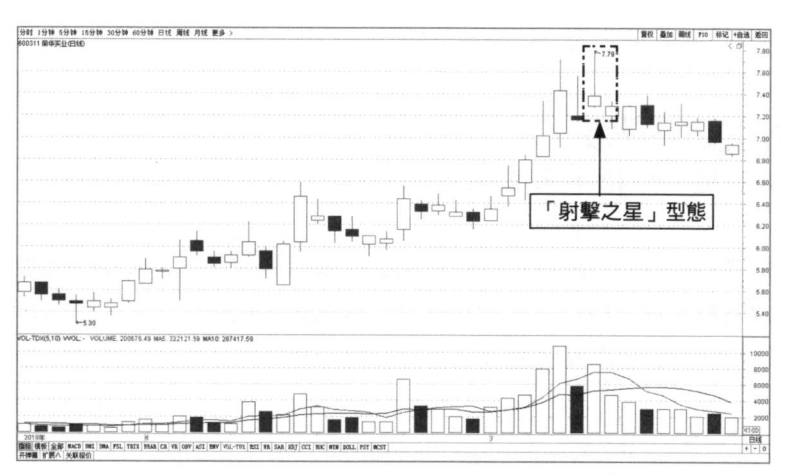

▲ 圖 2-60　榮華實業 K 線走勢圖（1）

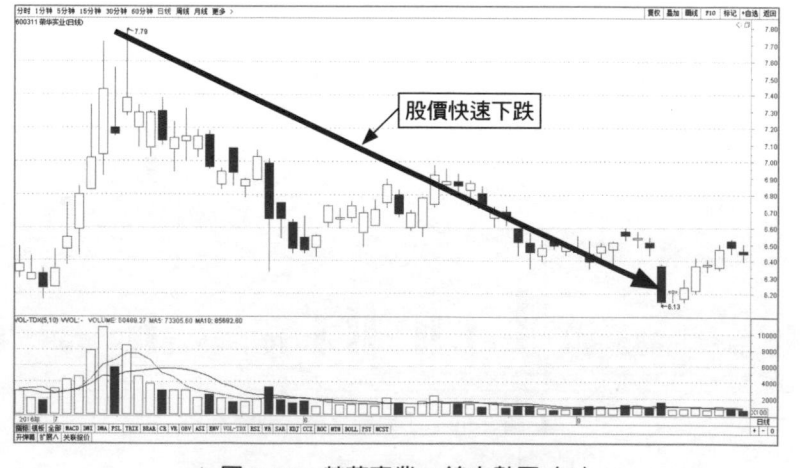

▲ 圖 2-61　榮華實業 K 線走勢圖（2）

2.3.2 第 12 日戰記
我用頂部吊頸線，看出主力即將逃脫

「頂部吊頸線」的主要圖形特徵如圖 2-62 所示。

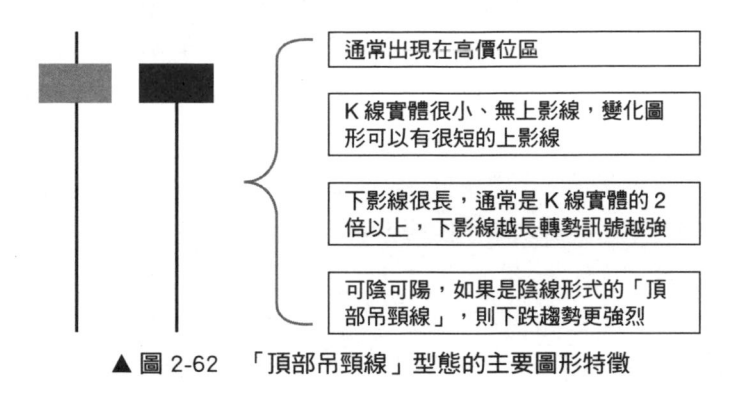

通常出現在高價位區

K 線實體很小、無上影線，變化圖形可以有很短的上影線

下影線很長，通常是 K 線實體的 2 倍以上，下影線越長轉勢訊號越強

可陰可陽，如果是陰線形式的「頂部吊頸線」，則下跌趨勢更強烈

▲ 圖 2-62 「頂部吊頸線」型態的主要圖形特徵

下面舉例分析「頂部吊頸線」型態的賣出訊號。圖 2-63 所示為特力 A（000025）2015 年 8 月至 11 月期間的走勢圖，該股在多個交易日上漲收陽線之後，報收一根「頂部吊頸線」。

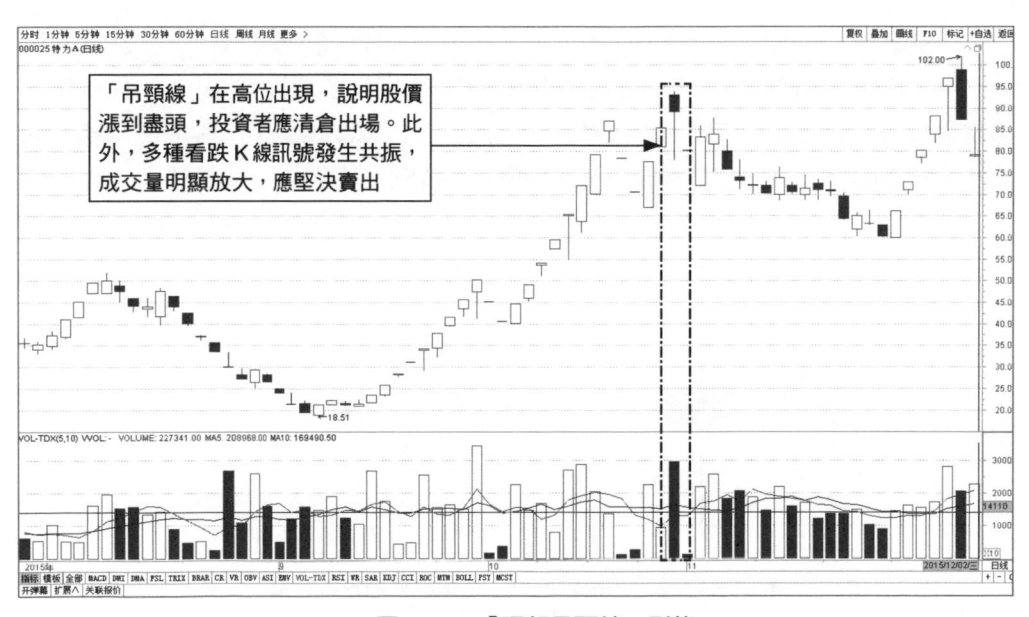

「吊頸線」在高位出現，說明股價漲到盡頭，投資者應清倉出場。此外，多種看跌 K 線訊號發生共振，成交量明顯放大，應堅決賣出

▲ 圖 2-63 「頂部吊頸線」型態

「頂部吊頸線」的形成過程為：開盤不久遇到賣壓→下降→獲得支撐→上升→收盤前股價又回升到開盤價附近。全過程由兩部分組成──先賣後買，絕大多數散戶不會在短時間內完成先賣後買這一套過程，明顯是有計劃有預謀的大資金所為。

「頂部吊頸線」一般出現在一波大幅上漲行情之後，股價持續攀升了一段時間，由於總體升幅太大，多方力不從心，同時獲利了結的欲望開始增強。此時，主力為了成功套現，也加大出貨的力度，於是盤中賣盤遞增，買盤遞減，股價一路走低，吸引場外觀望的投資者「逢低吸納」。主力也順勢拉高，卻只是為了掩護第二天出貨，並非想要真正繼續推升股價。

因此，第二天多半是向下跳空低開，開盤之後便開始逐步走低。這時，主力為了順利出貨，會利用一切騙人的手段將 K 線做得十分完美，但無論如何都掩蓋不了主力出逃這個事實。

2.3.3　第 13 日戰記
我用頂部螺旋槳，預測繼續下跌的可能性

無論是大盤或個股，股價大幅上漲後出現「頂部螺旋槳」K 線，且隨後幾根 K 線在其下影線部位運行，那麼頭部就基本上形成了，繼續下跌的可能性會非常大，應果斷停損。

「螺旋槳」體現出多空雙方的爭奪，表示市場不傾向於某一方，一旦這樣的 K 線出現，往往預示盤面即將發生變化。如果市場一直處於多頭行情之中，「螺旋槳」出現後很可能會變盤，使股價由漲轉跌，因此就有「頂部螺旋槳，落地把你綁」的說法。圖 2-64 所示為「頂部螺旋槳」的型態及其特點。

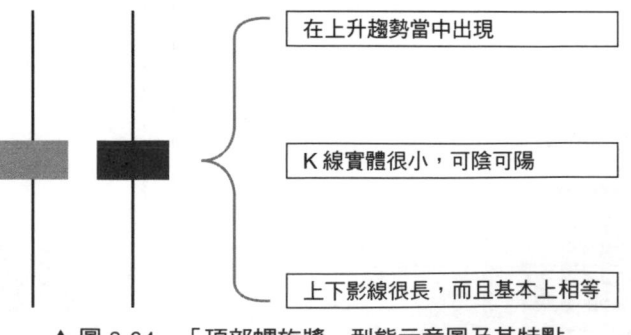

在上升趨勢當中出現

K 線實體很小，可陰可陽

上下影線很長，而且基本上相等

▲ 圖 2-64　「頂部螺旋槳」型態示意圖及其特點

下面舉例分析「頂部螺旋槳」型態的賣出訊號。

步驟 ① 圖 2-65 所示為中信海直（000099）2016 年 6 月至 7 月期間的 K 線走勢圖。從圖中可以看到，該股在階段性見頂後，連續收出一陰一陽兩根「頂部螺旋槳」，說明頂部成立，是短線賣出訊號。

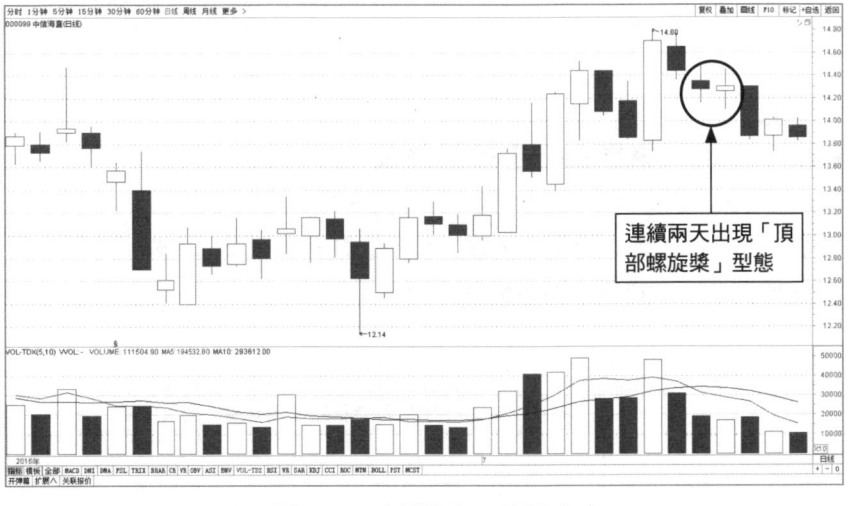

▲ 圖 2-65　中信海直 K 線圖（1）

步驟 ② 在出現「頂部螺旋槳」後，該股由上漲行情轉入階段性下跌行情，如圖 2-66 所示。

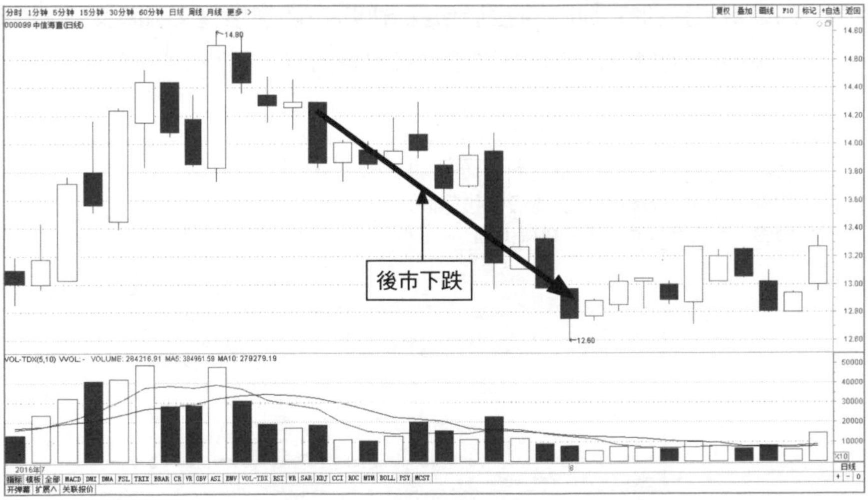

▲ 圖 2-66　中信海直 K 線圖（2）

 專家心法

　　當股價經過一段時間下跌後，出現螺旋槳 K 線，意味著股價很可能即將見底，這是一個看漲的訊號，投資者遇到此種 K 線可以適當買入，待漲勢形成就可以繼續追加投入，如底部螺旋槳圖所示。同樣，跟「上升螺旋槳」對應的，在股價下跌過程中，也會出現「下降螺旋槳」的 K 線，該 K 線的上下影線同樣比較短，此種 K 線出現後，一般股價不會出現轉勢，還會繼續下跌，道理跟「上升螺旋槳」是一樣的。

2.3.4　第 14 日戰記
我用頂部 T 字線，警惕自己應落袋為安

　　當個股在高價區出現「頂部 T 字線」時，投資者應該提高警惕，落袋為安。「頂部 T 字線」的主要圖形特徵如圖 2-67 所示。

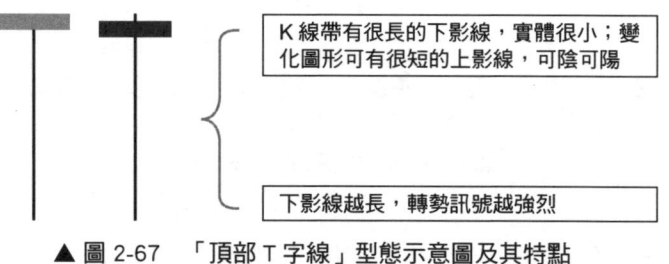

K 線帶有很長的下影線，實體很小；變化圖形可有很短的上影線，可陰可陽

下影線越長，轉勢訊號越強烈

▲ 圖 2-67　「頂部 T 字線」型態示意圖及其特點

　　一般情況下，個股已經有較長時間的漲勢和較大漲幅，累積了不少中線和長線的獲利盤，如果當天獲利盤回吐，那麼股價就會回落，隨後尾盤又明顯反彈，形成「頂部 T 字線」，說明主力維持高位是為了第二天繼續出貨，如圖 2-68 所示。

經過一段時間的上漲，長期獲利盤較大，主力盤中出貨，收盤前再次將股價拉回開盤價處，成交量放大，主力藉機出逃

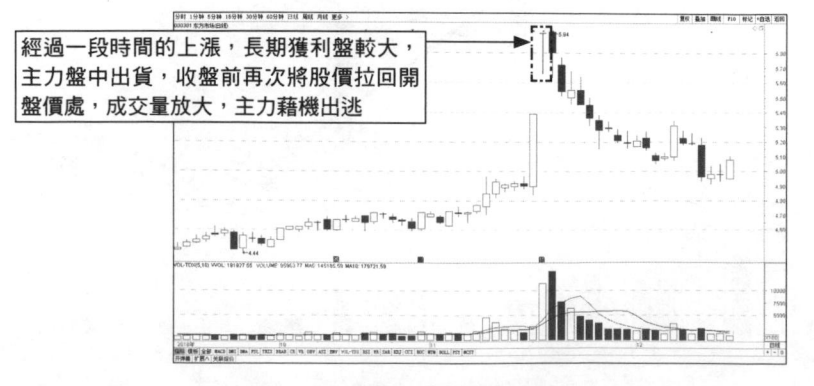

▲ 圖 2-68　漸進式「頂部 T 字線」

　　漸進式上升過程的「頂部 T 字線」特點是：跳空高開的幅度不大卜上升並非強勁有力，短期獲利盤小，但中期獲利盤較大。按照對稱原理，這一類「頂部 T 字線」的下跌速度也是漸進的，直到跌破 60 日均線後，才可能出現恐慌性下跌。

> **專家心法**
>
> 　　出現「T 字線」後，如果第二天開高走低，收出一根「中陰線」或者「大陰線」，形成「頂部穿頭破腳」型態，並且成交量急劇放大，則見頂訊號十分明確。

　　另外，還有一種激進式的「頂部 T 字線」，即主力在指數條件較好的情況下，把股價快速拉高吸引散戶追高，一旦有大量買單出現，主力反手做空，收盤前再用少量籌碼將股價拉回去報收「T 字線」。

　　例如，圖 2-69 所示為金路集團（000510）2016 年 10 月至 12 月的走勢圖，圖中有一根激進式上升過程中形成的「頂部 T 字線」。

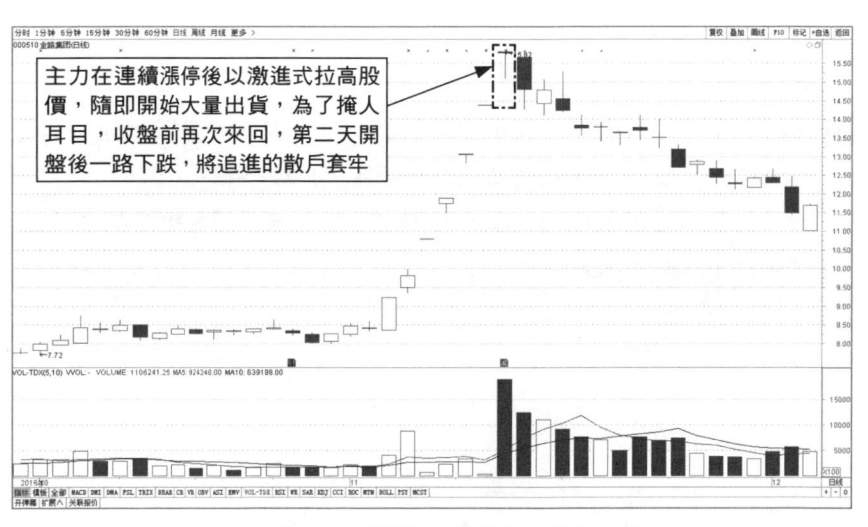

▲ 圖 2-69　激進式「頂部 T 字線」

> **專家心法**
>
> 　　在激進式「頂部 T 字線」處買入的投資者，短期內將損失慘重。激進式主力比採用漸進式上升手法的主力更兇狠，股價下跌速度也更快。

2.3.5　第 15 日戰記
我用下跌轉折線，看到轉漲為跌的訊號

　　「下跌轉折線」呈倒 T 型，以全日最低價開盤，盤中價格先漲後跌，收盤回到開市附近，說明股價衝高無望，一般是一個轉漲為跌的訊號，後市回檔非短期可以結束。「下跌轉折線」的主要圖形特徵如圖 2-70 所示。

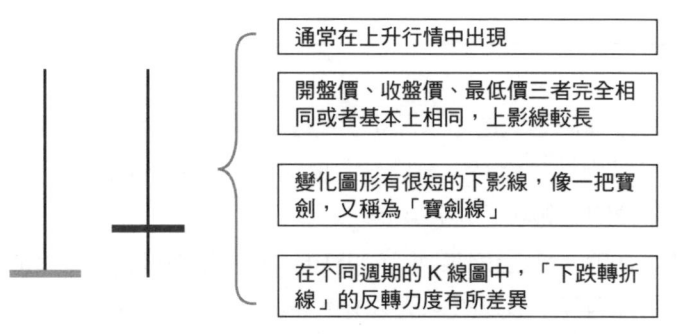

通常在上升行情中出現

開盤價、收盤價、最低價三者完全相同或者基本上相同，上影線較長

變化圖形有很短的下影線，像一把寶劍，又稱為「寶劍線」

在不同週期的 K 線圖中，「下跌轉折線」的反轉力度有所差異

▲ 圖 2-70　「下跌轉折線」型態示意圖及其特點

　　下面舉例分析「下跌轉折線」型態的賣出訊號。

步驟 ① 圖 2-71 所示為榮安地產（000517）2016 年 5 月至 9 月期間的 K 線走勢圖。從圖中可以看到，該股在階段性見頂後，形成一根比較明顯的「下跌轉折線」型態，之後又出現一根「射擊之星」K 線，這種複合型態的出現是股價短期下跌的明顯訊號。

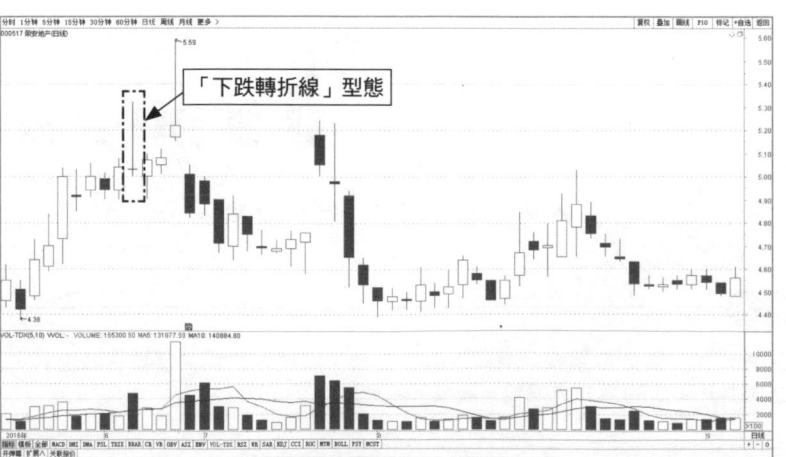

▲ 圖 2-71　榮安地產 K 線圖

步驟 ② 圖 2-72 所示為榮安地產（000517）2016 年 6 月 3 日的分時走勢圖。從圖中可以看到，該股在出現「下跌轉折線」型態這天，開盤價、收盤價、最低價幾乎相同，中間有主力拉高出貨的嫌疑，短線投資者應及時離場。

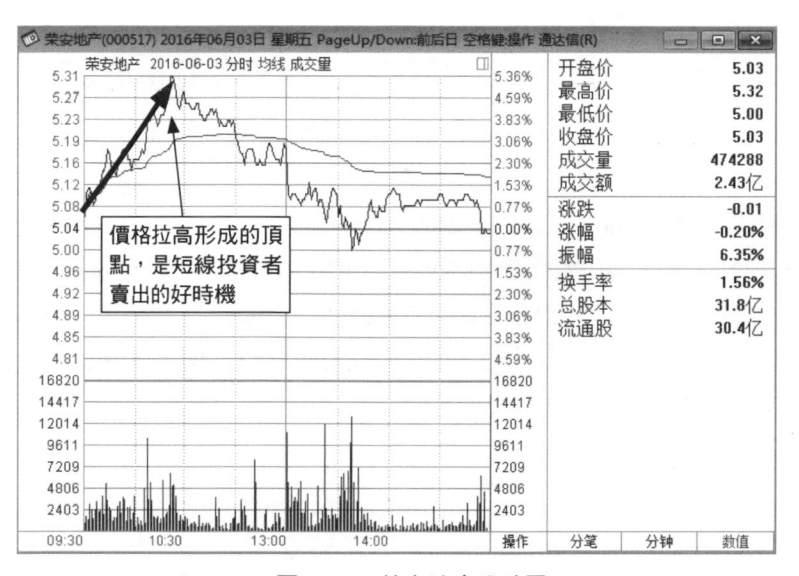

▲ 圖 2-72 榮安地產分時圖

專家心法

頂部的「下跌轉折線」殺傷力與形成時間長短有關，其中「月下跌轉折線」的下跌時間最長，當投資者在月 K 線圖見到「下跌轉折線」時，千萬要注意。此時，多方早已無還手之力，熊途漫漫，升勢遙遙無期。

2.3.6 第 16 日戰記
頂部十字長＋看跌 K 線時，必須離場

「長十字星」的見頂準確率，要比一般的「十字星」見頂準確率高，上下影線長是多空雙方激戰的結果，特別是股價有較大漲幅後出現的十字星，做空動能較強，高價區出現應該出場為宜，迴避風險，靜觀其變。特別是有其他看跌 K 線組合一起出現時，如果伴隨著成交量放大必須離場，否則將是殘酷的套牢。「頂部十字長」的主要圖形特徵如圖 2-73 所示。

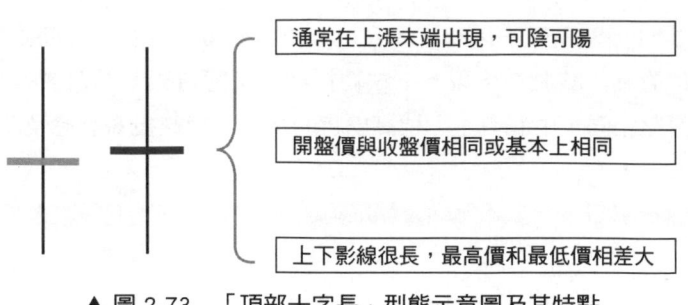

通常在上漲末端出現，可陰可陽

開盤價與收盤價相同或基本上相同

上下影線很長，最高價和最低價相差大

▲ 圖 2-73 「頂部十字長」型態示意圖及其特點

　　下面舉例分析「頂部十字長」型態的賣出訊號。

步驟 ❶ 圖 2-74 所示為江南紅箭（000519）2016 年 4 月至 7 月期間的 K 線走勢圖。從圖中可以看到，股價經過近 3 個多月的漲勢後，最終主力與散戶的力量取得暫時平衡，2016 年 7 月 12 日當天收盤時，呈現在投資者前面的 K 線便是一根「頂部十字長」。

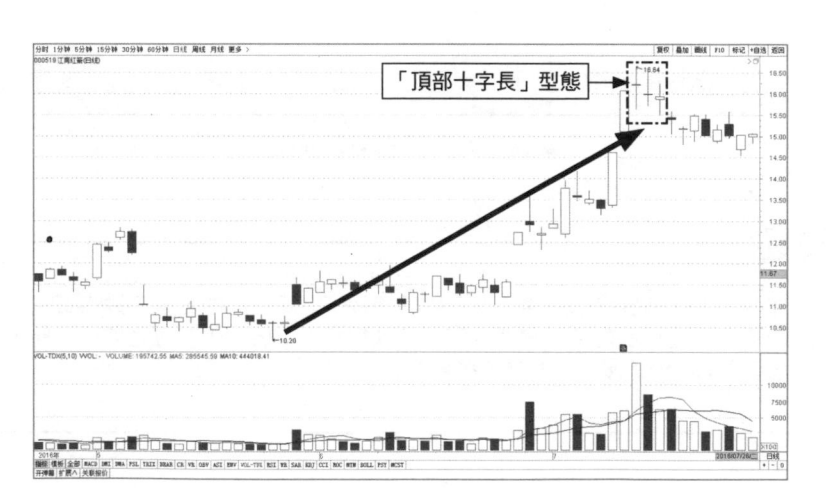

▲ 圖 2-74 江南紅箭 K 線圖（1）

步驟 ❷ 該股在階段性見頂後，連續兩天都出現「頂部十字長」K 線型態，說明上漲行情即將結束，後市看跌。「頂部十字長」就像選擇方向的十字路口，第二天又出現一個陰線「頂部十字長」型態，說明行情選擇了向下發展，頂部也得到確認。此後，主力手中高度集中的籌碼開始悄悄向散戶出貨，當主力手中的籌碼套現到一定程度時，主力就會明目張膽地賣出剩餘籌碼，市場立即由強勢轉為弱勢，股價開始一路走低，如圖 2-75 所示。

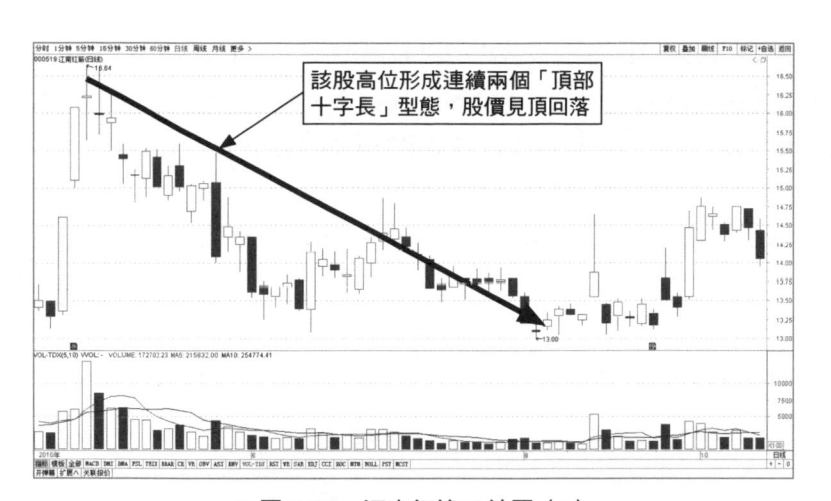

▲ 圖 2-75　江南紅箭 K 線圖（2）

　　當股價大幅上漲接近高價區時，如果出現「十字星」K 線型態，投資者要警惕有形成頭部的危險。

2.3.7　第 17 日戰記
高位放量大陰線出現，是主力資金開始出逃的典型

　　高位放量大陰線型態是一種市場賣壓沉重，主力資金開始出逃的典型型態，也是投資者應第一時間賣股離場的明確訊號，如圖 2-76 所示。

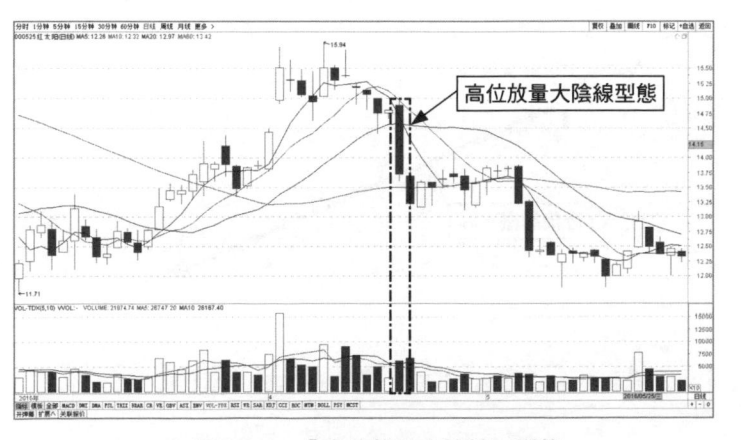

▲ 圖 2-76　「高位放量大陰線」型態

　　在上升行情後的反轉走勢或者高位橫盤過程中，如果出現一根大陰線型態，且此陰線下穿 5 日、10 日、20 日 3 根均線，將股價拉到這 3 根均線下方，說明股價即將進入下跌行情，投資者可以根據該型態操作短線賣出。

　　下面舉例分析高位放量大陰線型態的賣出訊號。

步驟 ① 圖 2-77 所示為柳工（600528）2015 年 9 月至 12 月期間的 K 線走勢圖。從圖中可以看到，該股在高位區出現震盪盤整走勢，並於隨後出現一根高位放量大陰線型態，當天的大陰線穿越了 4 根均線，使得股價開始站於 4 根均線下方，是一輪下跌行情即將展開的訊號，也是投資者短線賣股的訊號。

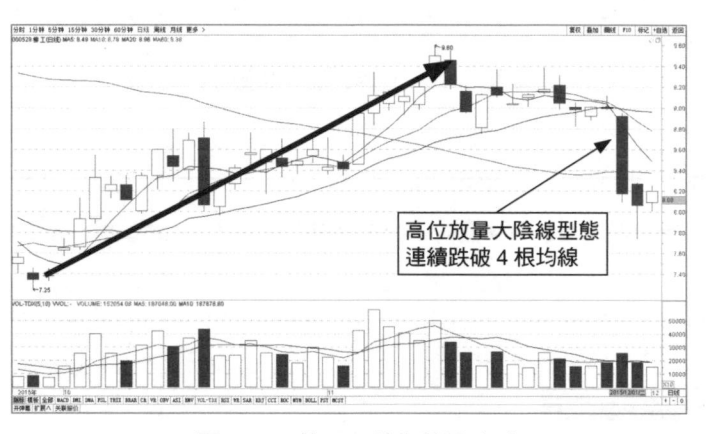

▲ 圖 2-77　柳工 K 線走勢圖（1）

步驟 ② 此後，該股重心開始下移，空方力量明顯強於多方，個股開始破位下行，如圖 2-78 所示。

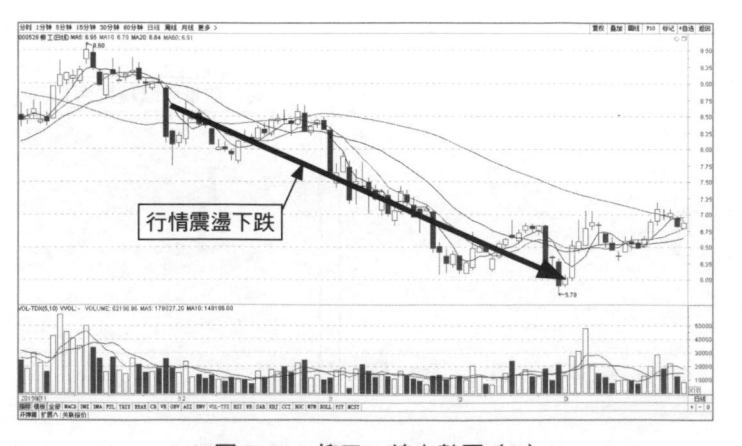

▲ 圖 2-78　柳工 K 線走勢圖（2）

2.3.8 　第 18 日戰記

墓碑線出現時，代表市場已經疲軟

　　「墓碑線」又叫「石塔線」，通常是個股因利多在上升過程中，出現開高走低實體較長的陰線。雖然行情上漲，但是 K 線圖上的一根大陰線和成交量放量型態，看上去就好像是一塊高聳的墓碑，代表「死亡」之意，如圖 2-79 所示。

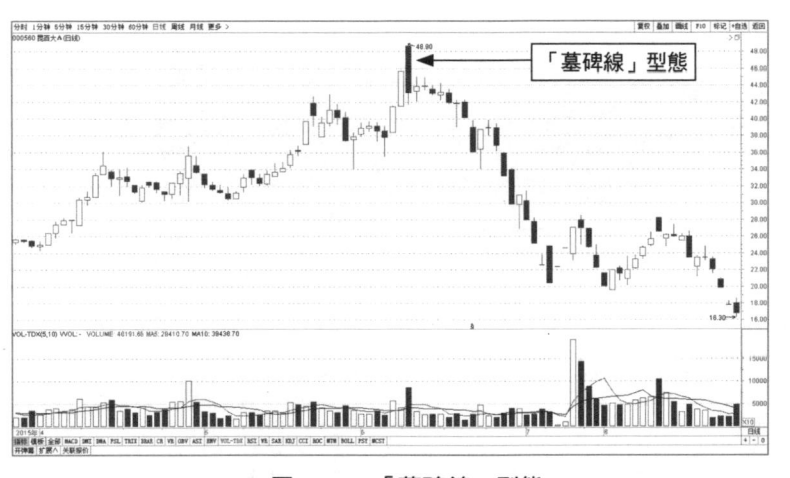

▲ 圖 2-79　「墓碑線」型態

　　「墓碑線」還有一種變異型態，即「墓碑十字線」，最突出的高處昭示著市場頂部，如圖 2-80 所示。

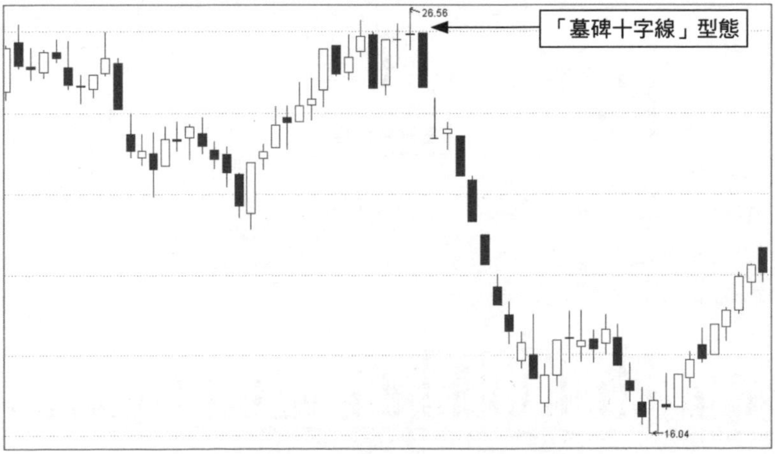

▲ 圖 2-80　「墓碑十字線」型態

在上漲行情之後出現的「墓碑線」，說明市場已經開始疲軟，如圖 2-81 所示，在「墓碑線」的分時圖中可以看出，當日開盤後多方全力向上提升股價，此時多頭力量強大。但這種現象並沒有持續多久，空方立即給予沉重的打擊，當天就將股價打回到開盤價以下的低位，是個股即將展開一波跌勢的訊號，也是投資者短線操作中應及時賣股離場的明確訊號。

▲ 圖 2-81 「墓碑線」分時圖分析

2.3.9　第 19 日戰記
我用高位十字星，預測後勢看跌

「高位十字星」型態的出現，說明個股短期見頂，後勢看跌，如圖 2-82 所示。

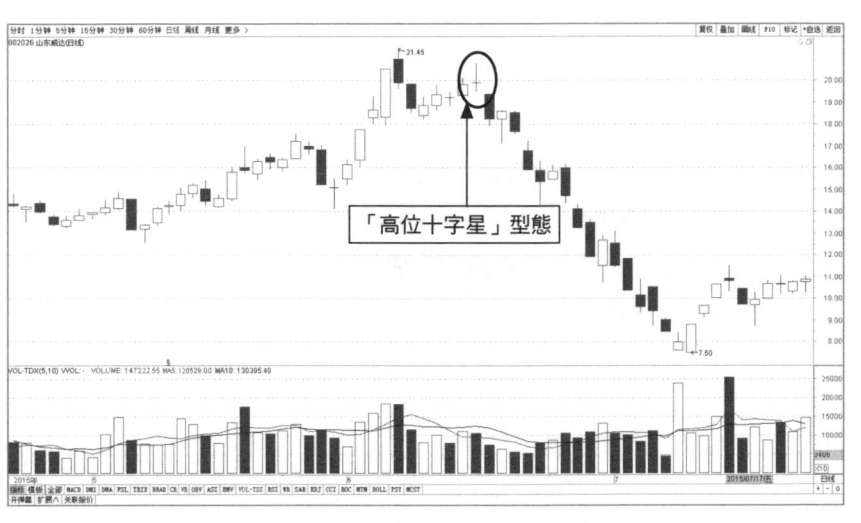

▲ 圖 2-82　「高位十字星」型態

圖 2-83 所示為「高位十字星」型態的分時圖，可以看到當日股價圍繞均價線上下震盪，其漲跌幅度都不大，收盤價與開盤價基本上相當。

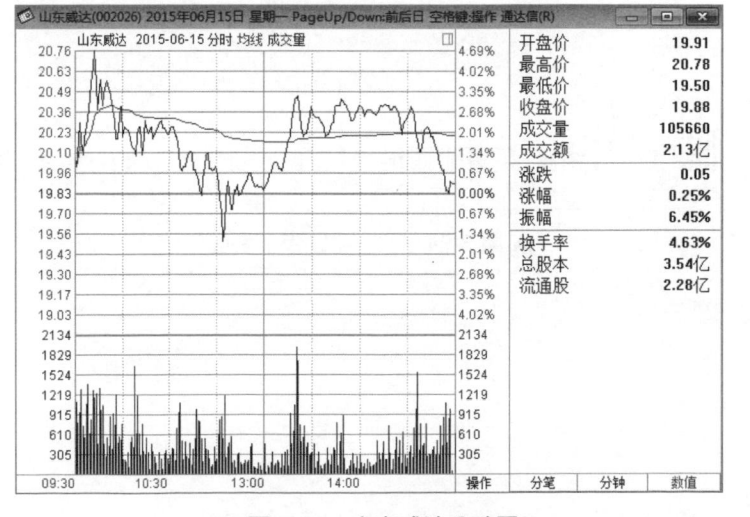

▲ 圖 2-83　山東威達分時圖

在判斷「高位十字星」型態時，下一個交易日的走向非常重要。如果是陰線，說明「高位十字星」型態選擇下跌，股價開始構築頭部，這個「高位十字星」就是空方賣壓開始增強的標誌，預示著階段性上漲走勢的結束，和隨後下跌回檔走勢即將展開，是投資者短線賣股的訊號。

2.3.10　第 20 日戰記
一字跌停出現時，趕緊抓住機會出逃

「一字跌停」型態是指個股開盤就封於跌停，投資者不要輕易抄底。通常，個股由於出現重大的利空消息，或者長時間停牌後的補跌，以及上市公司由於經營不善出現資金鏈斷裂的情況，都會在 K 線圖中形成「一字跌停」型態，如圖 2-84 所示，投資者一定要抓住機會出逃。

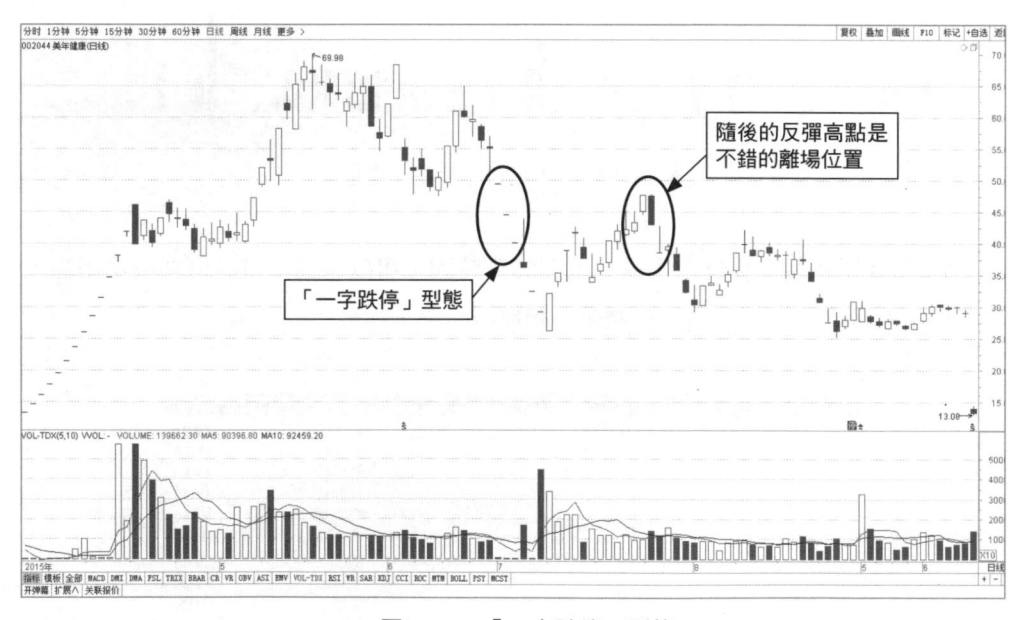

▲ 圖 2-84　「一字跌停」型態

第 **3** 章

看懂「跳空缺口」，
你得用雙根 K 線來判斷趨勢

對於股票投資者而言，透過雙根 K 線組合型態顯示出的起漲訊號，可以大概分析買入時機。本節將介紹幾種常見的雙根買入 K 線型態。

3.1.1　第 21 日戰記
我用雙針探底，預測拉升行情

「雙針探底」型態是指兩根連續（或相隔不遠）的 K 線，都帶有較長的下影線，而且這兩根 K 線的最低價位置一致或者非常接近，如圖 3-1 所示。

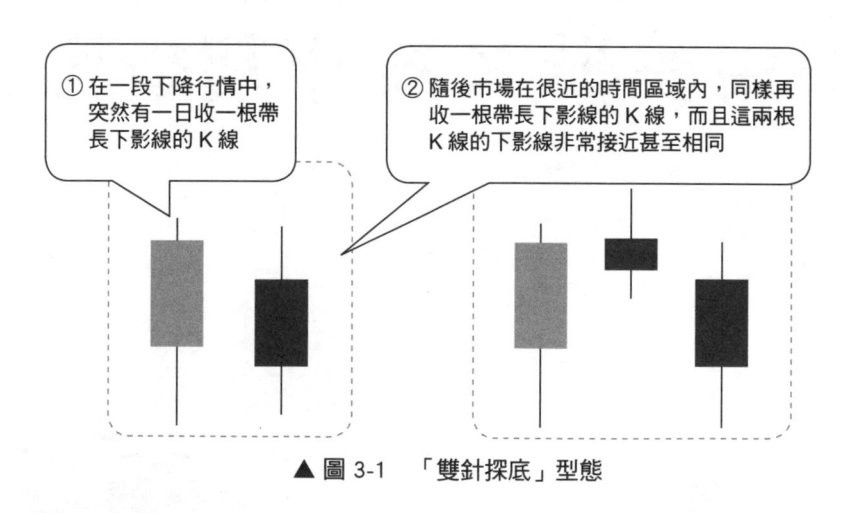

① 在一段下降行情中，突然有一日收一根帶長下影線的 K 線

② 隨後市場在很近的時間區域內，同樣再收一根帶長下影線的 K 線，而且這兩根 K 線的下影線非常接近甚至相同

▲ 圖 3-1　「雙針探底」型態

當「雙針探底」型態出現在階段性低點位時，是比較常見的底部反轉型態，說明股價已經兩次探底，在底部受到較強的支撐力，是多方力量開始轉強的訊號，預示著一波反彈上漲走勢即將出現。下面舉例分析「雙針探底」型態的買入訊號。

步驟 ① 圖 3-2 所示為威爾泰（002058）2015 年 10 月至 2016 年 2 月期間的 K 線走勢圖。從圖中可以看到，該股前期經歷一波上漲行情，在後期的深幅下跌走勢後的低點，有一天出現一根帶長下影線的 K 線，向下試探市場支撐的力度。第一天試探市場支撐力度後，第二天又收出同樣帶一長下影線的 K 線，形成「雙針探底」型態，表明市場空頭喪失抵抗力，多頭已經逐漸掌握了市場主動權，將展開一定級別的拉升行情。

步驟 ② 然而空方並沒有就此放棄，而是繼續打壓股價，因此「雙針探底」型態後拉升的幅度並不大就出現了一波回檔。但在觸碰到前期構築的支撐位時又出現新的反彈，預示著空頭力竭，底部基本上確認，市場可能即將轉勢，多頭將展開反攻，如圖 3-3 所示。

▲ 圖 3-2　威爾泰 K 線圖（1）

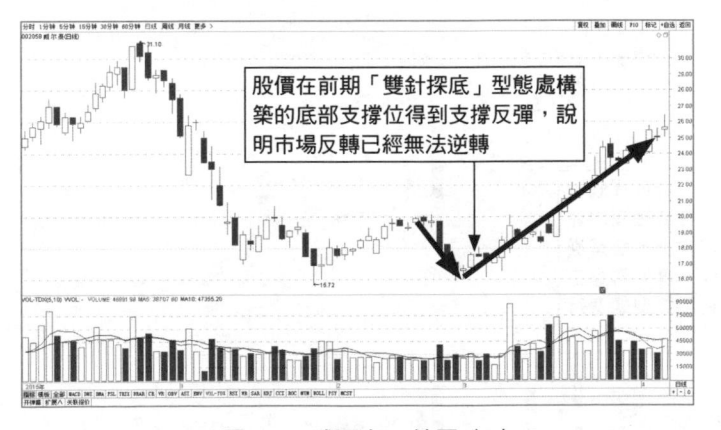

▲ 圖 3-3　威爾泰 K 線圖（2）

步驟 ③ 再次觸底反彈後，股價迎來一波大幅上漲行情，如圖 3-4 所示。

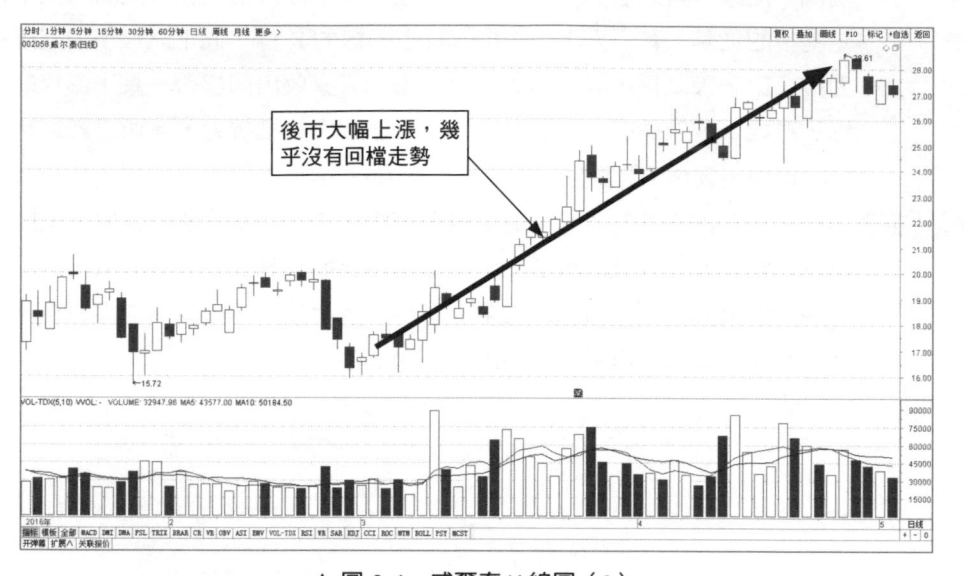

後市大幅上漲，幾
乎沒有回檔走勢

▲ 圖 3-4　威爾泰 K 線圖（3）

　　需要注意的是，如果「雙針探底」型態後多方沒有繼續反攻，股價反而出現震盪下行的趨勢，則說明「雙針探底」型態失敗，如圖 3-5 所示。此時，投資者需要保持冷靜，細心觀察 K 線走勢，並結合當時個股的基本面等資訊，再決定是否入場，一旦時機判斷出錯應馬上離場。

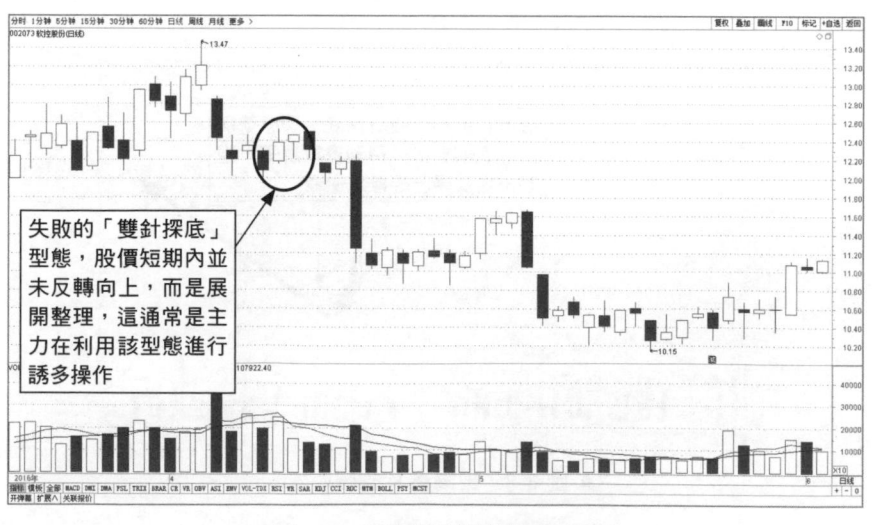

失敗的「雙針探底」
型態，股價短期內並
未反轉向上，而是展
開整理，這通常是主
力在利用該型態進行
誘多操作

▲ 圖 3-5　失敗的「雙針探底」型態

3.1.2　第 22 日戰記
我用曙光初現配合指標，分析回升訊號

　　「曙光初現」型態是由兩支不同顏色的「陰陽燭」組成，意味著市況由淡轉好，通常在一個下跌市況後出現，其型態如圖 3-6 所示。「曙光初現」型態一般出現在連續下跌的行情末期，該 K 線組合說明多方開始強勢反擊，後市繼續上漲可能性大。

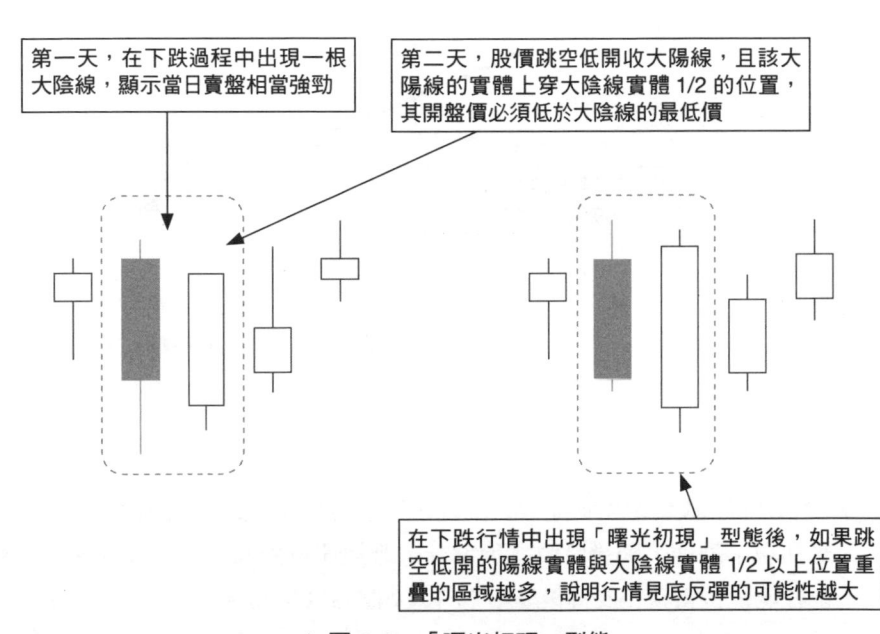

第一天，在下跌過程中出現一根大陰線，顯示當日賣盤相當強勁

第二天，股價跳空低開收大陽線，且該大陽線的實體上穿大陰線實體 1/2 的位置，其開盤價必須低於大陰線的最低價

在下跌行情中出現「曙光初現」型態後，如果跳空低開的陽線實體與大陰線實體 1/2 以上位置重疊的區域越多，說明行情見底反彈的可能性越大

▲ 圖 3-6　「曙光初現」型態

專家心法

　　應用「曙光初現」型態的注意事項如下：
1. 如果伴隨 K 線組合型態同時出現縮量，表示股價已經築底成功。
2. 股價所處的環境位置很重要，如果個股漲幅過大時，出現「曙光初現」K 線組合型態，則有騙線的可能性。
3. 出現「曙光初現」K 線組合型態後，如果股價立即展開上升行情，則力度往往不大。相反地，出現「曙光初現」後，股價有一個短暫的蓄勢整理過程的，往往會爆發強勁的個股行情。
　　在股市中，主力為了達到某種目的，往往會在下跌行情中利用一些經典的買入組合型態，設計技術陷阱，讓不懂技術分析的投資者上當。因此，在實戰分析過中，投資者一定要配合其他指標，如成交量、MACD 指標、移動平均線指標等，進行綜合分析，才能提高「曙光初現」型態的見底回升訊號的準確性。

下面舉例分析「曙光初現」型態的買入訊號。

步驟 ① 圖 3-7 所示為國軒高科（002074）2015 年 11 月至 2016 年 2 月的 K 線圖，1 月 28 日，股價以 24.51 元（本書所有金額皆指人民幣）跳空低開收大陰線。

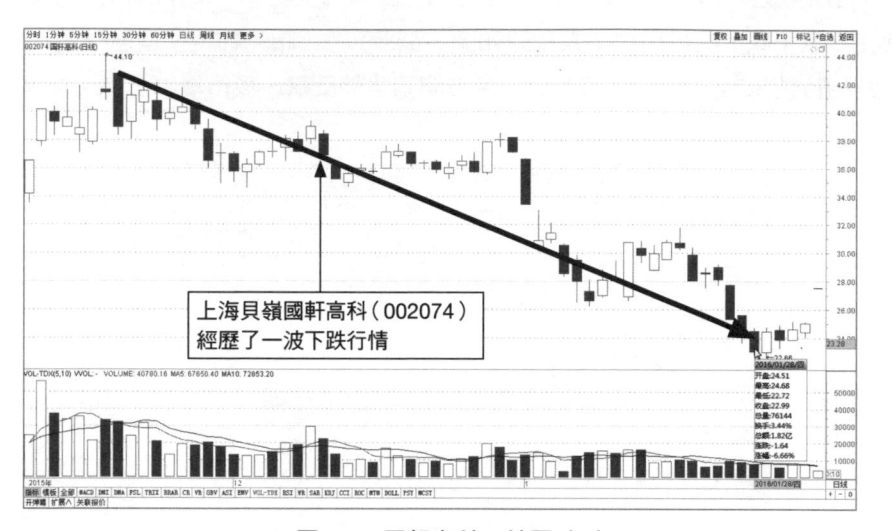

上海貝嶺國軒高科（002074）經歷了一波下跌行情

▲ 圖 3-7 國軒高科 K 線圖（1）

步驟 ② 1 月 29 日，股價跳空低開收大陽線，其收盤價高於 28 日實體的 1/2 形成「曙光初現」型態。隨後股價逐步攀升，雖然運行到某個高位後回落，但最終都在均線位置獲得支撐後繼續攀升，如圖 3-8 所示。

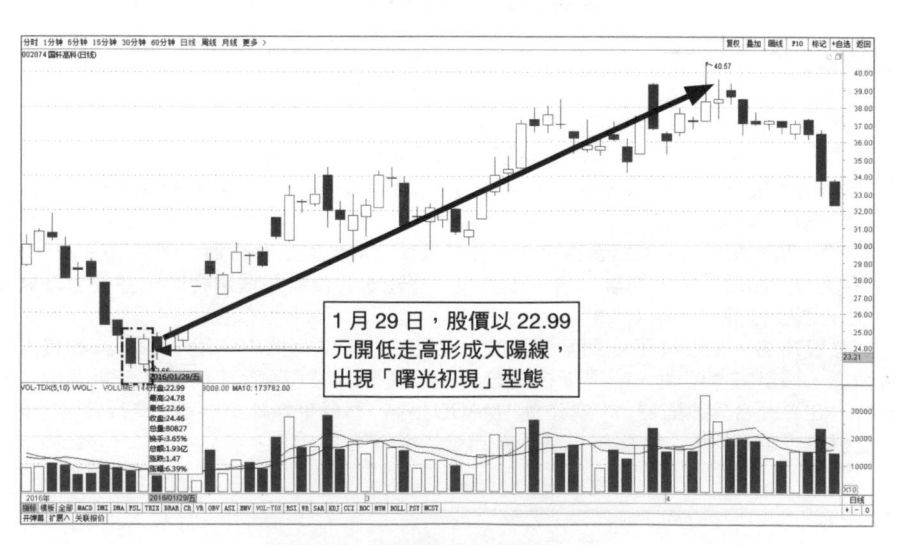

1 月 29 日，股價以 22.99 元開低走高形成大陽線，出現「曙光初現」型態

▲ 圖 3-8 國軒高科 K 線圖（2）

在熊市中應用「曙光初現」型態時，要加上一個附加條件，那就是「曙光初現」第二根陽線的最低價，必須是 13 個交易日以來的最低價，這主要是用於避免投資者在熊市中貿然追高，防止增大操作風險。但是，如果市場趨勢向好，股市運行在牛市行情中時，投資者則不必過於拘泥這條規則。

3.1.3　第 23 日戰記
跳空型態出現，可短線操作快進快出

如圖 3-9 所示，該股在上漲過程中突然出現一個跳空缺口，一舉突破前期平台高點趨勢壓力，這就是「向上跳空」型態，是行情啟動向上進攻的訊號，投資者可以在下一個交易日價格回檔時買入。

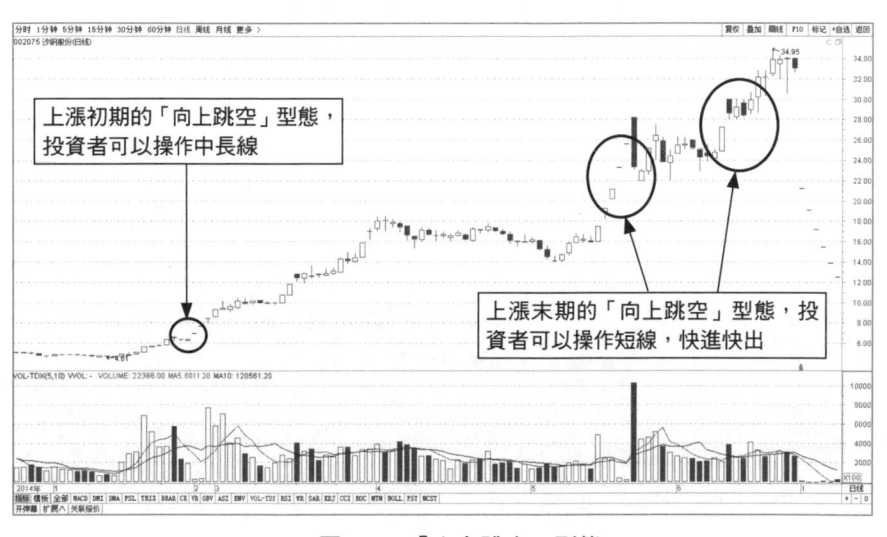

▲ 圖 3-9　「向上跳空」型態

利用「向上跳空」型態進行短線買賣通常比較容易，投資者也可以根據該股的基本面確定是否操作中線，如果確認該股是中線牛股，則後期利潤更大。

　**專家心法**

如果個股上漲過程中的當日沒有被回補，說明行情上行的欲望非常強烈，投資者可以積極做多。

3.1.4 　第 24 日戰記

旭日東昇出現，表示到了下跌末期

　　「旭日東昇」原意是早上太陽從東方升起，形容朝氣蓬勃的氣象，也比喻艱苦的歲月已過去，美好的日子剛剛來到。

　　在股市中，「旭日東昇」型態一般出現在股價下跌行情末期，由兩根 K 線組成，且前後兩根 K 線實體長度近乎相等，是一種市場反轉訊號，如圖 3-10 所示。

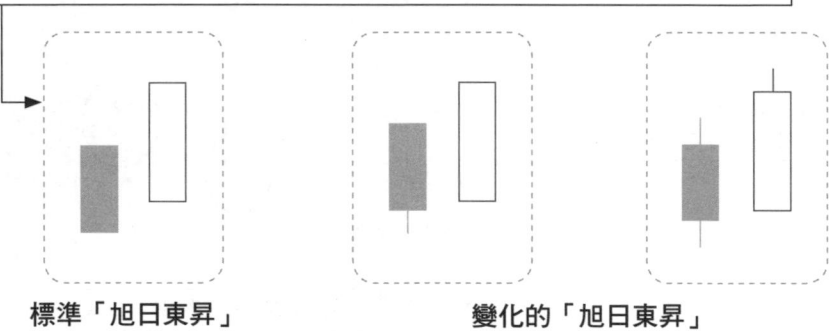

> 「旭日東昇」型態由兩根 K 線組成，第一根為中大陰線，第二根陽 K 線是一根開高走高的中大陽線，且該陽線的收盤價超過前一根大陰線的開盤價。操作上一旦突破上一根陰線的開盤價，就可以積極進場，K 線組合的特徵伴隨成交量放大會更可靠。一般短線可以全倉買入。該 K 線組合出現在連續下跌過程中，形成短期底部和階段性底部的可能性大。往往第二陽線實體越長，成交量越大，後市反轉的力度就越強

標準「旭日東昇」　　　變化的「旭日東昇」

▲ 圖 3-10「旭日東昇」型態

　　「旭日東昇」型態的實戰運用技巧如下：

● 見底訊號強於「曙光初現」型態。

● 陽線實體高出陰線實體部分越多，轉勢訊號越強。

● 陰線最高價是支撐。

 專家心法

　　實戰中有三種情況都可稱為「旭日東昇」：當股價長期在年線之下滑跌，有一天突然放量衝過年線並能收盤守在年線之上，這一根陽線稱為「旭日東昇」。當股價長期在年線之下橫向震盪，有一天突然放量衝過年線並在收盤守在年線之上，這一根陽線也稱為「旭日東昇」。有時股價分幾次上衝年線，其中有一根陽線最終能衝穩在年線之上，這根陽線也稱為「旭日東昇」。

下面舉例分析「旭日東昇」型態的買入訊號。

步驟 ❶ 圖 3-11 所示為孚日股份（002083）2015 年 5 月至 9 月期間的 K 線圖。可以看到，股價經歷一波震盪下跌行情產生見底訊號，並於 9 月 15 日收出一根大陽線。

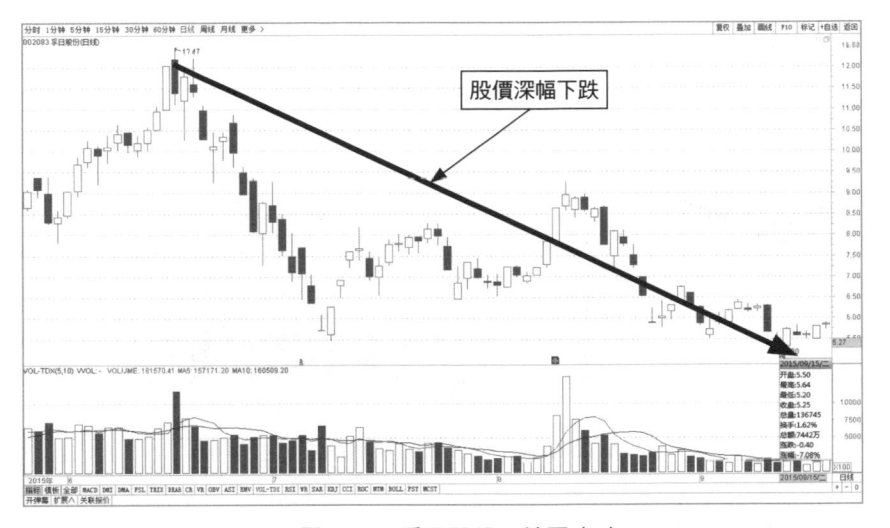

▲ 圖 3-11　孚日股份 K 線圖（1）

步驟 ❷ 9 月 16 日股價開高走高收一根大陽線，其收盤價高於前一天的開盤價，形成「旭日東昇」型態，如圖 3-12 所示。此時底部已經確認，上漲行情已經展開，投資者應該及時跟進。

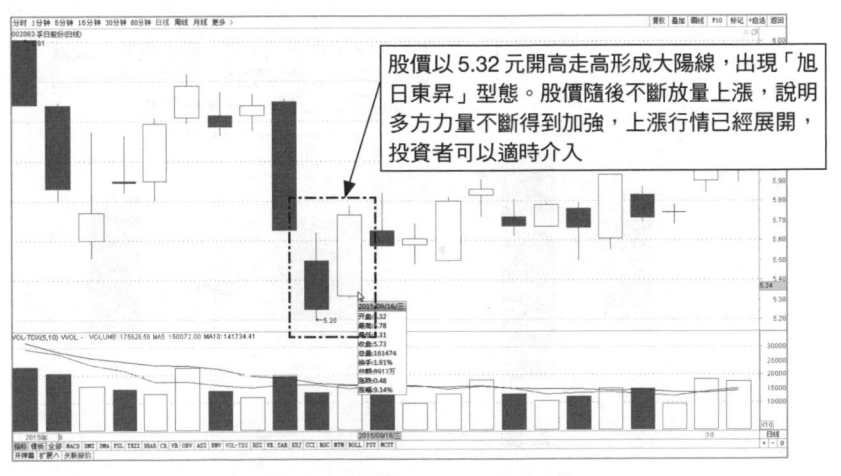

▲ 圖 3-12　孚日股份 K 線圖（2）

步驟 ③ 該股在出現「旭日東昇」組合型態後，股價幾乎沒有受到任何壓力，一路飆升至 8.34 元，如圖 3-13 所示。

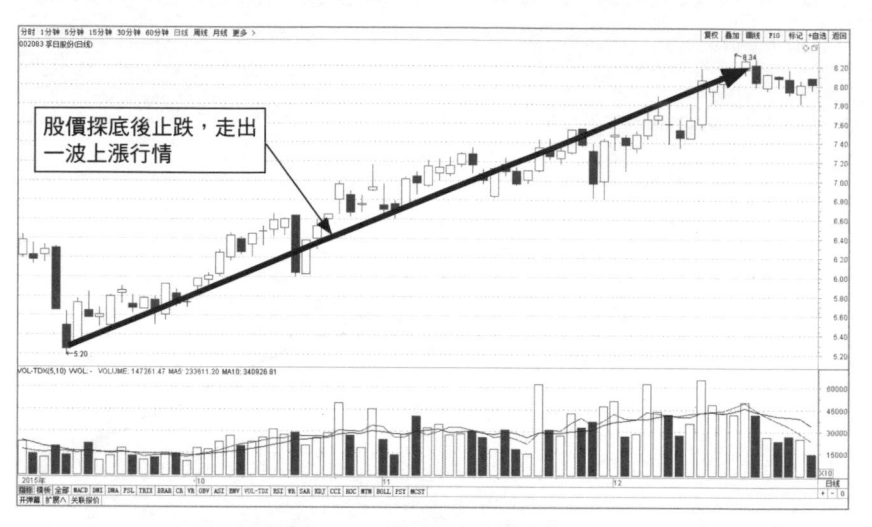

▲ 圖 3-13 孚日股份 K 線圖（3）

3.1.5 第 25 日戰記
看到陽包陰出現時，投資者應積極跟進

「陽包陰」型態是指前面的一根 K 線為陰線，後面緊跟著一根中陽線或大陽線，並將前面的陰線全部吞沒，是股價上漲的訊號，如圖 3-14 所示。

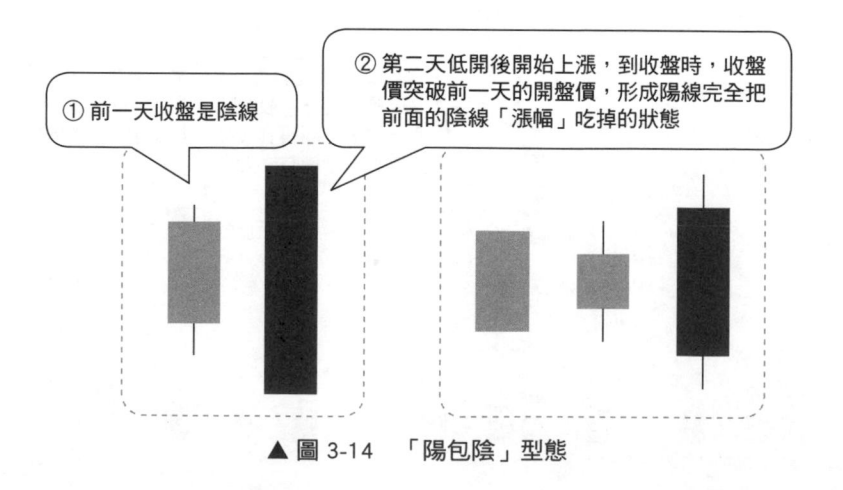

▲ 圖 3-14 「陽包陰」型態

下面舉例分析「陽包陰」型態的買入訊號。

步驟① 圖 3-15 所示為東方海洋（002086）2015 年 6 月至 9 月期間的 K 線圖。可以看到股價經歷一波震盪下跌行情，產生見底訊號，並於 9 月 15 日收出一根陽線。

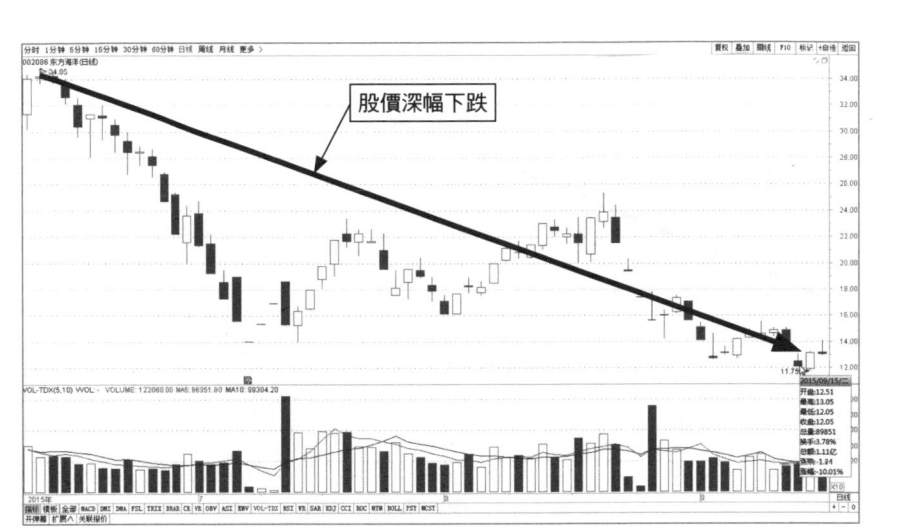

▲ 圖 3-15　東方海洋 K 線圖（1）

步驟② 9 月 16 日股價開低走高收一根大陽線，其收盤價高於前一天的開盤價，形成「陽包陰」型態，如圖 3-16 所示。

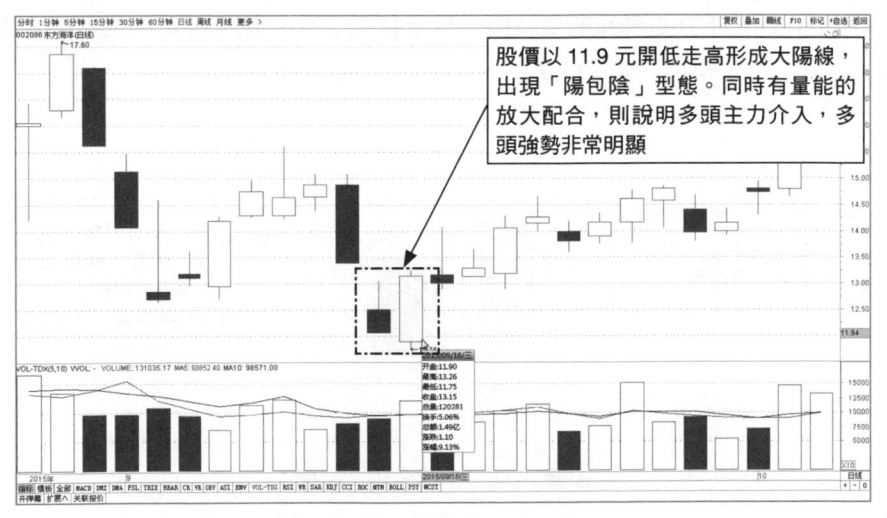

▲ 圖 3-16　東方海洋 K 線圖（2）

步驟 ③ 該股在出現「陽包陰」組合型態後，股價後市繼續上漲，反轉走勢確認，既然如此，投資者應當積極跟進，如圖 3-17 所示。

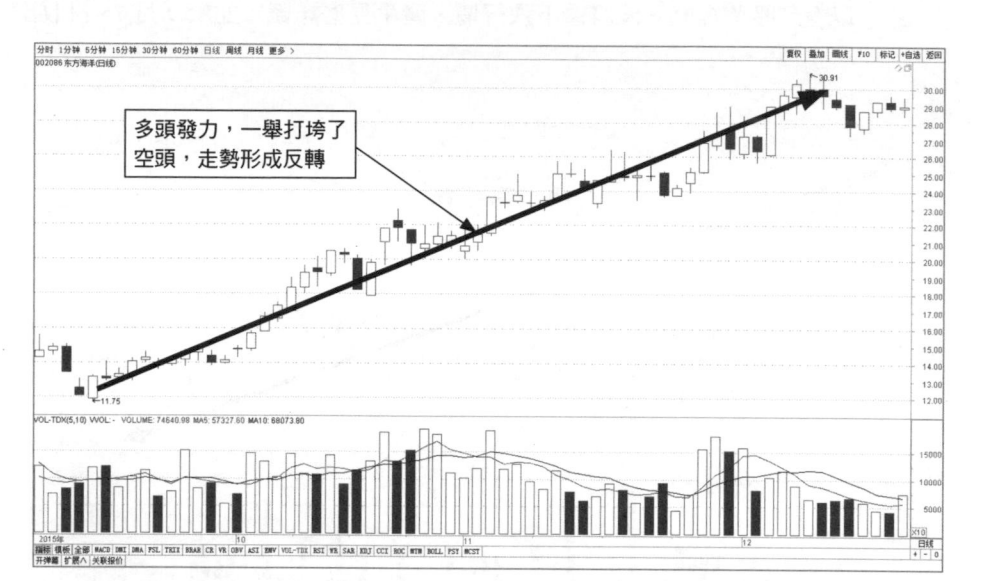

▲ 圖 3-17　東方海洋 K 線圖（3）

3.1.6　第 26 日戰記
我用陰孕陽型態，預測多頭反擊的上漲訊號

「陰孕陽」型態是指前一天走出一根中陰線或大陰線，後面的一根短 K 線為陽線，多出現在一波下跌走勢後的低位區，預示多頭反擊，後市看漲，如圖 3-18 所示。下面舉例分析「陰孕陽」型態的買入訊號。

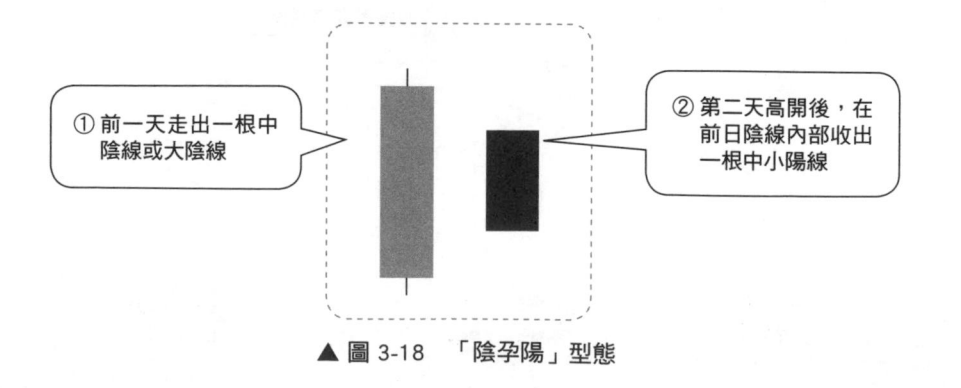

▲ 圖 3-18　「陰孕陽」型態

步驟 ① 圖 3-19 所示為金智科技（002990）2015 年 12 月至 2016 年 3 月期間的 K
線圖。可以看到股價經歷一波震盪下跌行情，產生見底訊號，並於 2016 年
3 月 4 日收出一根大陰線。

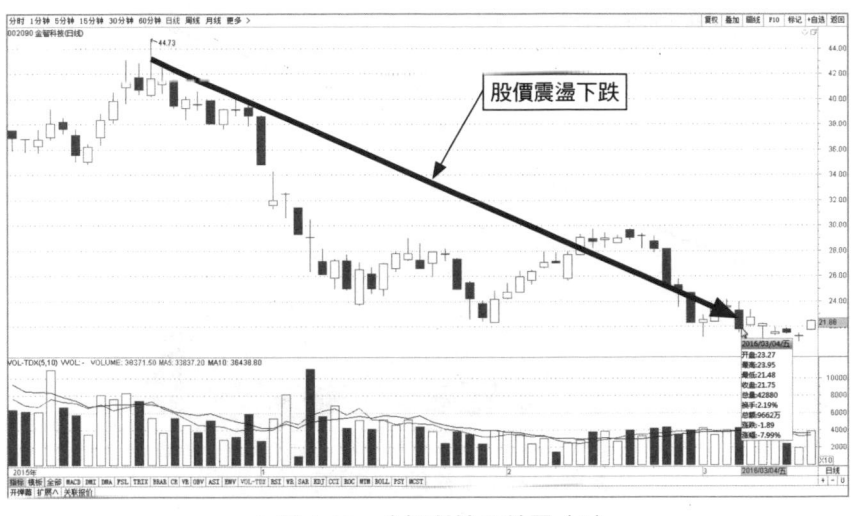

▲ 圖 3-19　金智科技 K 線圖（1）

步驟 ② 第二個交易日（3 月 7 日）股價開高走高收一根小陽線，其收盤價低於前
一天的開盤價，形成「陰孕陽」型態，如圖 3-20 所示。

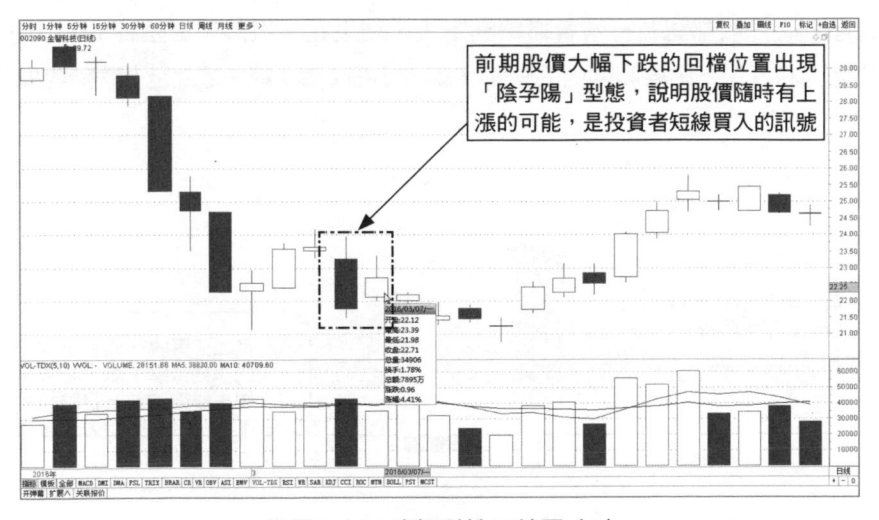

▲ 圖 3-20　金智科技 K 線圖（2）

步驟 ③ 該股在出現「陰孕陽」組合型態後，後市繼續看好，開始新的一輪上升行情，如圖 3-21 所示。

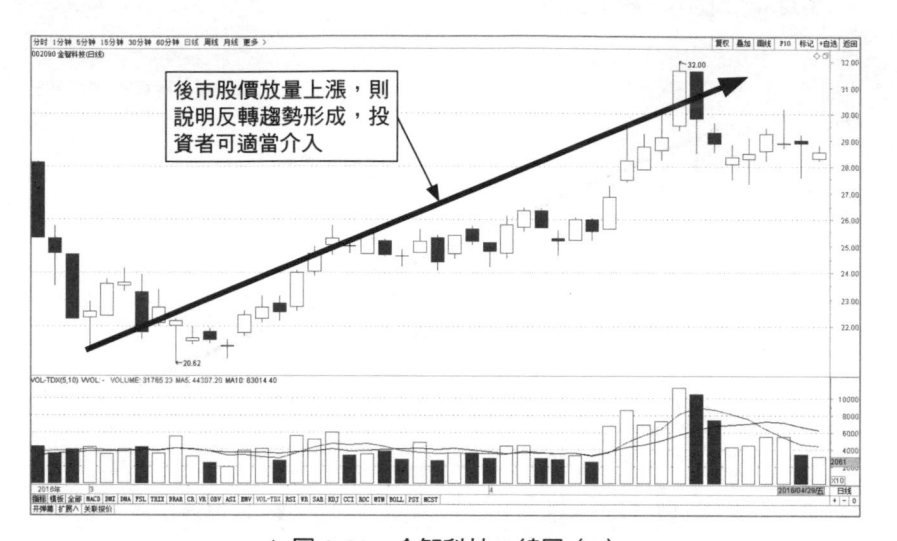

▲ 圖 3-21　金智科技 K 線圖（3）

3.1.7　第 27 日戰記
我用跌勢盡頭線，預測買入訊息

「跌勢盡頭線」型態就是指下跌行情到頭的意思。在下跌趨勢中，原行情進行得相當順利，一般都認為行情會繼續跌下去，結果在一根長下影陰線的右方，卻出現一根完全涵蓋在下影線範圍內的短十字線或小陽（陰）線，這就是「跌勢盡頭線」，如圖 3-22 所示。

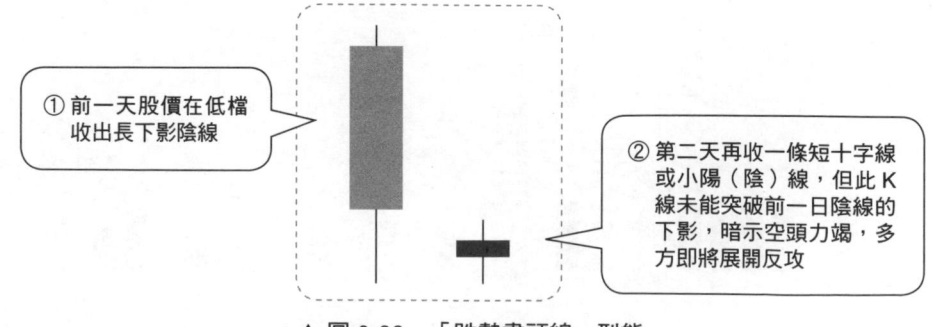

▲ 圖 3-22　「跌勢盡頭線」型態

下面舉例分析「跌勢盡頭線」型態的買入訊號。

步驟 ① 圖 3-23 所示為徐工機械（000425）2015 年 11 月至 2016 年 1 月期間的 K 線圖。可以看到股價經歷一波緩慢下跌行情，產生見底訊號，並於 2016 年 1 月 27 日收出一根長下影陰線。

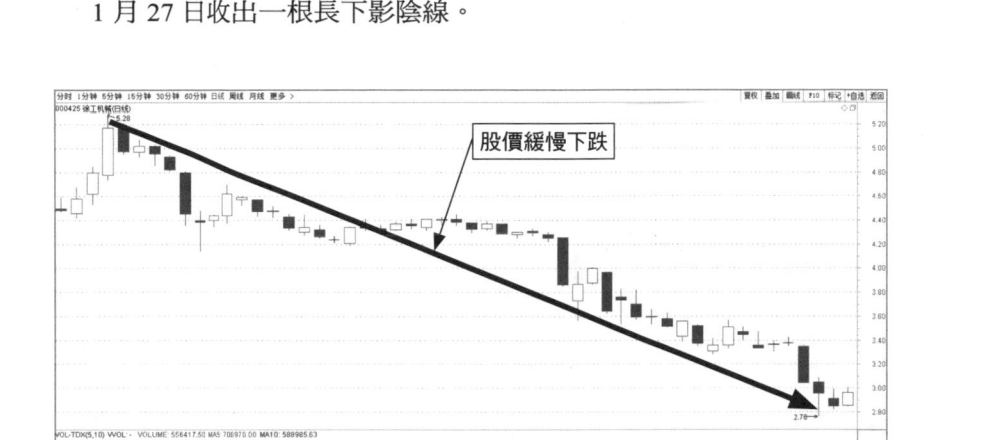

▲ 圖 3-23　徐工機械 K 線圖（1）

步驟 ② 1 月 28 日股價繼續開低走低收一根小陰線，但實體部分完全孕育在前一根陰線的下影中，形成「跌勢盡頭線」型態，如圖 3-24 所示。

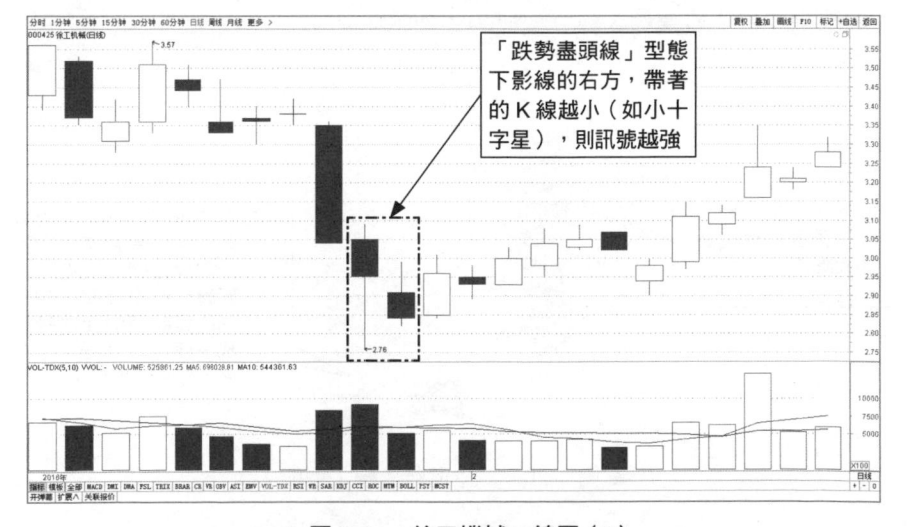

▲ 圖 3-24　徐工機械 K 線圖（2）

步驟 ③ 「跌勢盡頭線」型態是股價中短期見底的訊號,後市迎來一輪短期上漲走勢,如圖 3-25 所示。

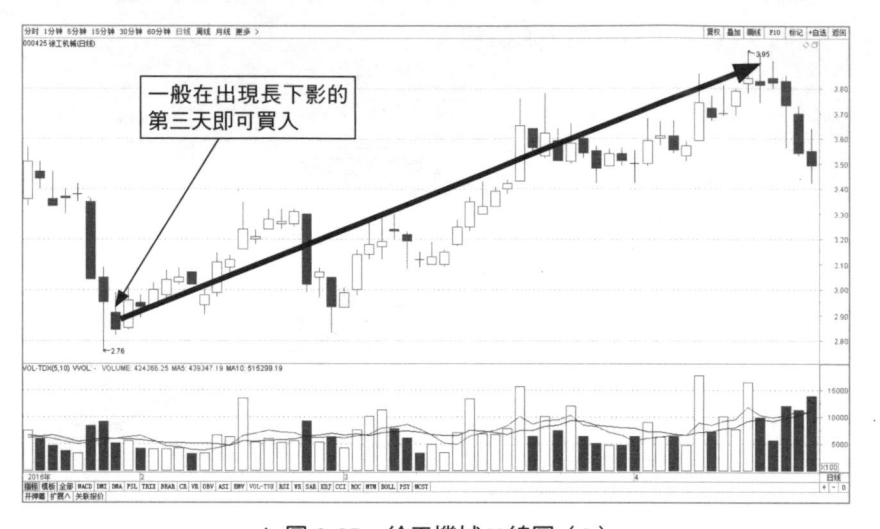

▲ 圖 3-25　徐工機械 K 線圖(3)

3.1.8　第 28 日戰記
我用看漲待入線,看到短線買股的訊號

「看漲待入線」型態通常出現在一波跌勢後的低點,是多方開始反攻的標誌,其型態如圖 3-26 所示。

下面舉例分析「看漲待入線」型態的買入訊號。

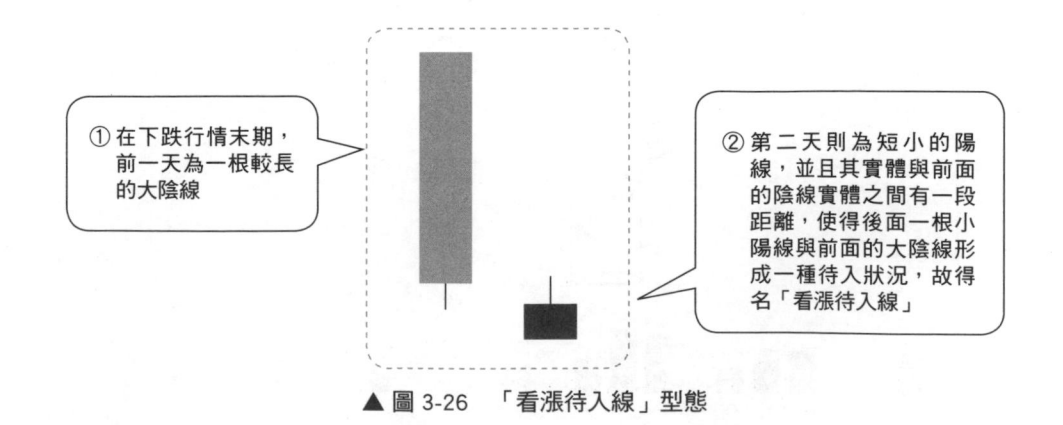

① 在下跌行情末期,前一天為一根較長的大陰線

② 第二天則為短小的陽線,並且其實體與前面的陰線實體之間有一段距離,使得後面一根小陽線與前面的大陰線形成一種待入狀況,故得名「看漲待入線」

▲ 圖 3-26　「看漲待入線」型態

步驟 ① 圖 3-27 所示為北部灣港（000582）2015 年 6 月至 9 月期間的 K 線圖。可以看到，股價經歷一波快速下跌行情後，進入底部橫盤整理，並於 2015 年 9 月 14 日收出一根大陰線。

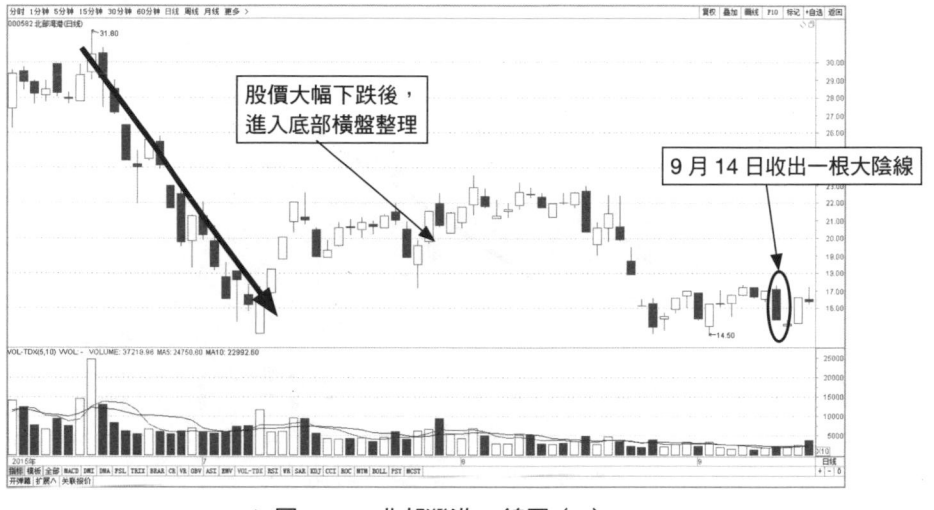

▲ 圖 3-27　北部灣港 K 線圖（1）

步驟 ② 9 月 15 日股價跳空低開收一根小陽線，其收盤價低於前面的大陰線收盤價，形成「看漲待入線」型態，如圖 3-28 所示。

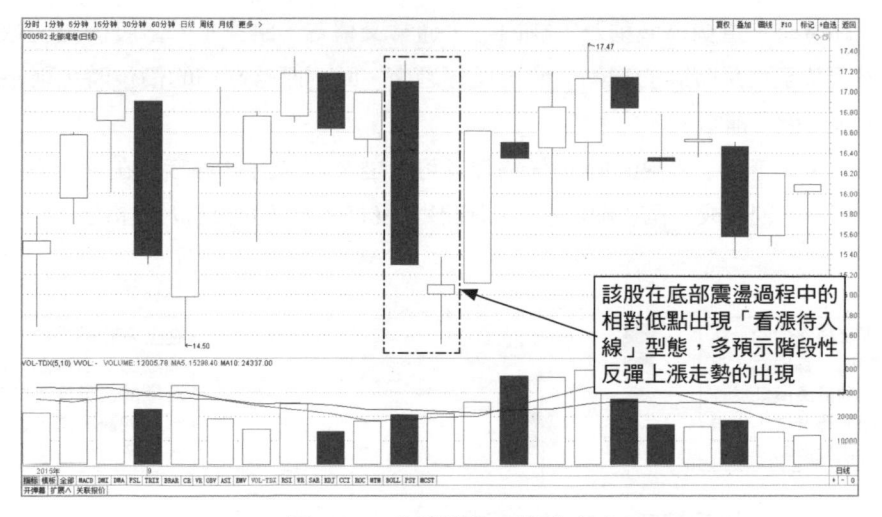

▲ 圖 3-28　北部灣港 K 線圖（2）

步驟 3 「看漲待入線」型態是空方力量開始轉弱的標誌，預示一波反彈上漲走勢即將出現，可以作為投資者短線買股的訊號，如圖 3-29 所示。

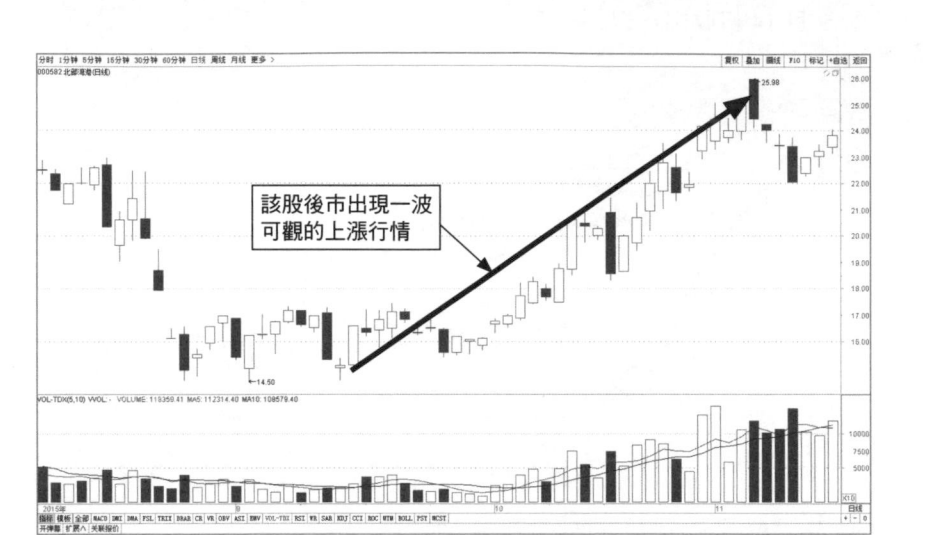

該股後市出現一波可觀的上漲行情

▲ 圖 3-29　北部灣港 K 線圖（3）

3.1.9　第 29 日戰記

「缺口」有 4 種，位置不同意義也不同

當股價在快速大幅變動中有一段價格沒有任何交易，顯示在股價趨勢圖上是一個真空區域時，這個區域稱為「缺口」，通常又稱為「跳空」。當股價出現缺口，經過幾天甚至更長時間的變動，然後反轉過來，回到原來缺口的價位時，稱為缺口的封閉，又稱「補空」。

如圖 3-30 所示，相臨的兩根價格線（可以是 K 線或柱狀線等）在垂直方向上沒有重疊部分，則形成一個「缺口」，即圖形上沒有發生任何交易的價格區。

在下降趨勢中的「跳低缺口」表現為，後一期的最高價低於前一期的最低價，代表空方佔據優勢

在上升趨勢中的「跳高缺口」表現為，後一期的最低價高於前一期的最高價，往往代表多方佔據優勢

跳低缺口　　　　　　跳高缺口

▲ 圖 3-30　「缺口」圖示

　　「缺口」產生的原因，往往在於突發事件所導致的供求關係驟然變化，它既可以出現在上升趨勢中，也可以出現在下降趨勢中。

　　一般意義上的缺口根據其所處的位置可分為 4 種：「普通缺口」「突破性缺口」「持續性缺口」「消耗性缺口」，如圖 3-31 所示。

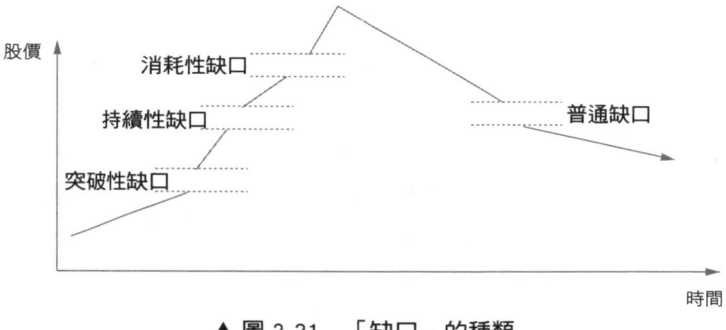

▲ 圖 3-31　「缺口」的種類

　　「向上持續缺口」型態是指在股價上漲過程中出現的持續性缺口，一舉突破前期平台高點趨勢壓力，這個缺口，便是行情啟動的訊號。它又被稱為「中途缺口」，通常出現在一段升勢的中途，因此具有度量升跌幅度的作用，而且這種缺口一般不會在短期內回補。

　　圖 3-32 所示為盛達礦業（000603）在 2015 年 4 月至 6 月期間的走勢圖，此股在上升途中出現「向上持續缺口」型態。

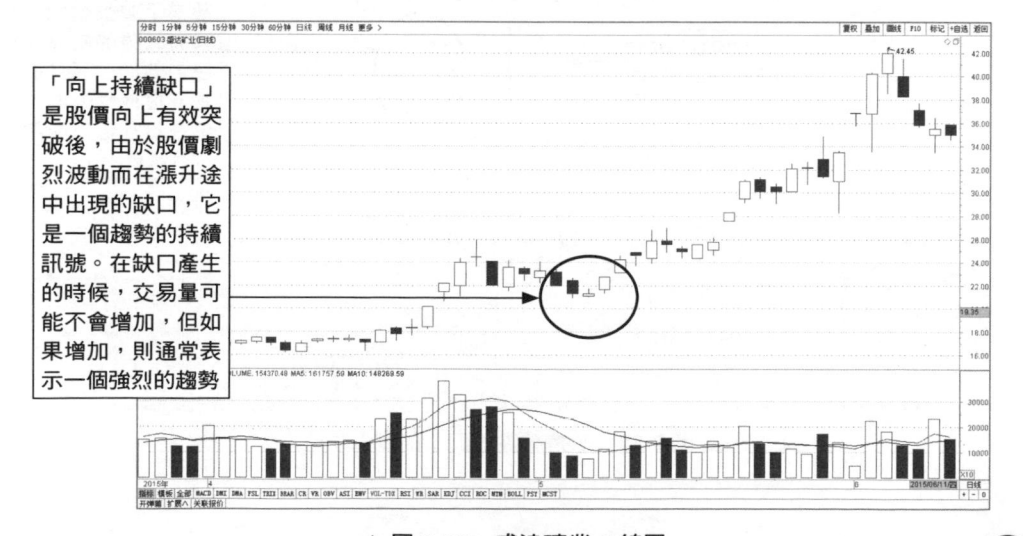

▲ 圖 3-32　盛達礦業 K 線圖

持續性缺口的形成原理如下：股價在突破整理區域急速上升或下跌時，成交量在初期是最大的，然後在上漲或下跌過程中不斷減少；當原來具有優勢的一方重新取得優勢後，放量跳空高開，或者跳空下跌，便形成持續性缺口。此後，成交量在後續的上漲或下跌行情中慢慢地減少，這就是持續性缺口形成時，成交量的變化情況。

持續性缺口一般不會在短期內被封閉，因此投資者可在向上運動的持續性缺口附近買入股票，或在向下運動的持續性缺口附近賣出股票，而不必擔心是否套牢。

持續性缺口的技術性分析意義最大，有「逃逸缺口」和「測量缺口」之分。

(1) **逃逸缺口**：持續性缺口的市場含義非常明顯，它表明股票價格變動將沿著既定的方向發展變化，並且這種變動距離，大致等於突破性缺口至持續性缺口之間的距離，所以持續性缺口又稱為逃逸缺口。

(2) **測量缺口**：持續性缺口通常是在股價突破後，遠離型態至下一個反轉或整理型態的中途出現，因此持續性缺口能大約預測股價未來可能移動的距離，所以又稱為測量缺口。其測量方法是從突破點開始，到持續性缺口始點的垂直距離，就是未來股價將會達到的幅度，如圖 3-33 所示。或者可以說：股價未來所走的距離，和過去已走的距離一樣。

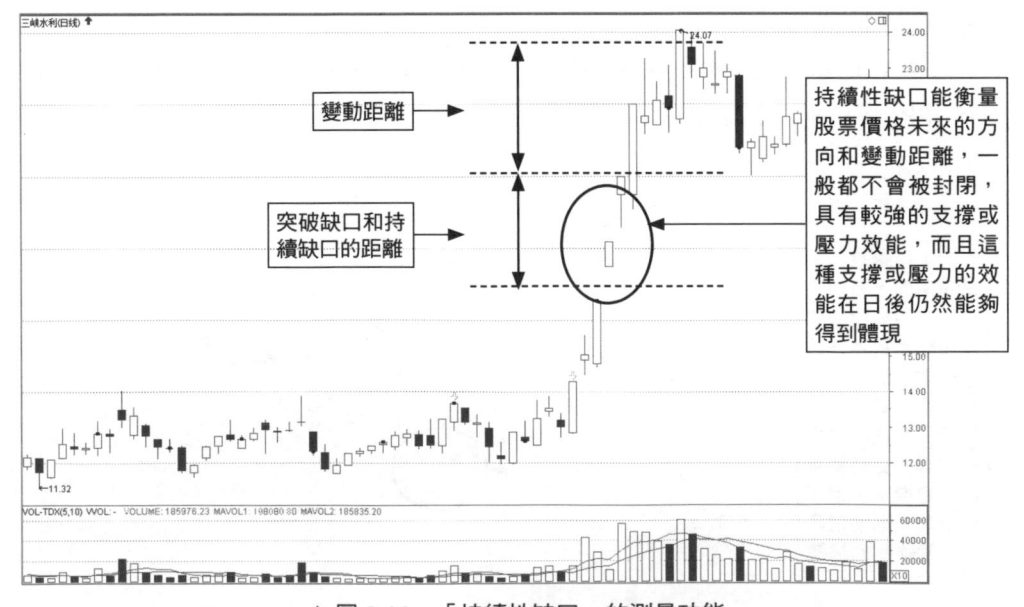

▲ 圖 3-33　「持續性缺口」的測量功能

專家心法

　　持續缺口是一種二次型態的缺口，它只能伴隨突破缺口的出現而出現。換言之，若股票價格未發生突破，則不存在持續缺口的型態，因此持續缺口在實戰操作中是比較容易辨別的。

3.1.10　第 30 日戰記
升勢小壓迫線，意味將有上漲行情

　　「升勢小壓迫線」通常出現在上升途中，是空頭壓制力量不足，多方乘虛而入將股價拉向新高的表現，其型態如圖 3-34 所示。

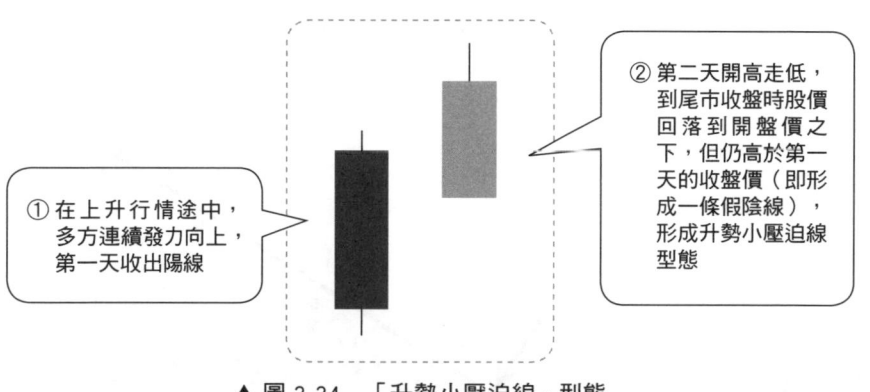

① 在上升行情途中，多方連續發力向上，第一天收出陽線

② 第二天開高走低，到尾市收盤時股價回落到開盤價之下，但仍高於第一天的收盤價（即形成一條假陰線），形成升勢小壓迫線型態

▲ 圖 3-34　「升勢小壓迫線」型態

　　下面舉例分析「升勢小壓迫線」型態的買入訊號。

步驟 1　下頁圖 3-35 所示為經緯紡機（000666）2016 年 7 月至 8 月期間的 K 線圖，在股價上漲過程中出現一個「升勢小壓迫線」型態。盤中收「假陰線」之後仍存跳空缺口，即不封閉，次日低開且收低，盤中不突破「假陰線」的最高價，只要股價波段漲幅不大，後市繼續上行機率仍極大。

步驟 2　第三交易日低開收小陽線，盤中放量上攻，則為短線介入良機。「升勢小壓迫線」型態常常意味空頭力量薄弱，後市在短暫回檔過後將繼續之前的上漲行情，如下頁圖 3-36 所示。

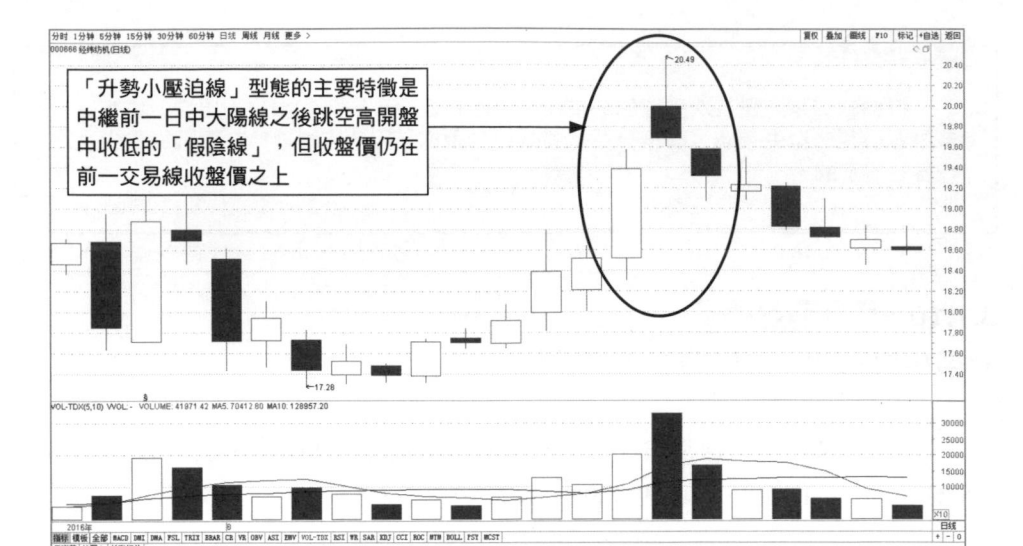

「升勢小壓迫線」型態的主要特徵是
中繼前一日中大陽線之後跳空高開盤
中收低的「假陰線」，但收盤價仍在
前一交易線收盤價之上

▲ 圖 3-35　經緯紡機 K 線圖（1）

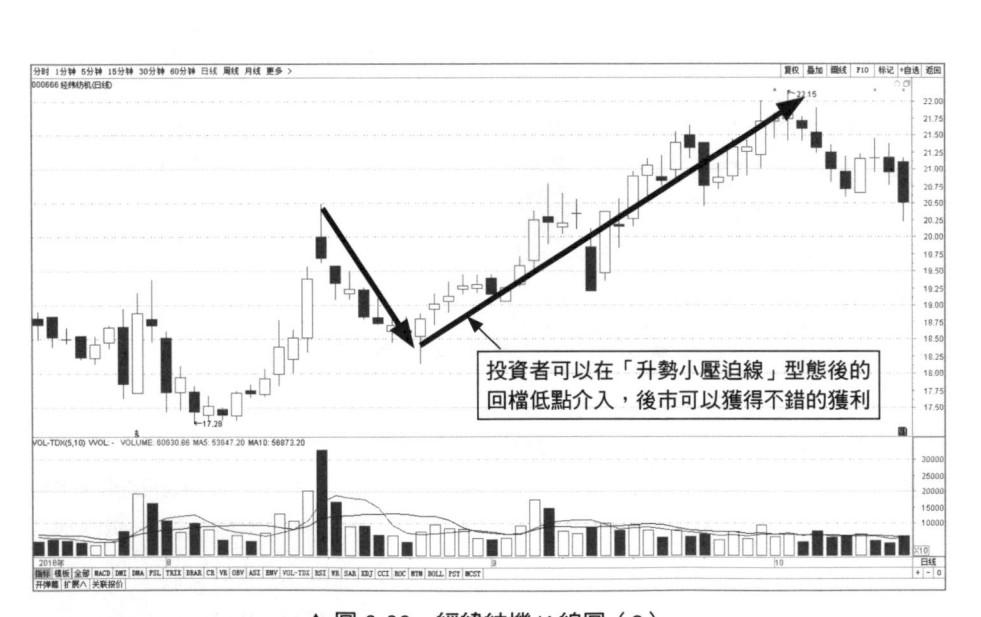

投資者可以在「升勢小壓迫線」型態後的
回檔低點介入，後市可以獲得不錯的獲利

▲ 圖 3-36　經緯紡機 K 線圖（2）

 專家心法

　　需要注意的是，在實戰操作中，投資者遇到「升勢小壓迫線」型態時，還要分析
個股的基本面和消息面，以避免該型態是主力和機構藉機出貨造成的假象。

3.2　賣出點的雙根 K 線實戰案例

　　本節將介紹一些常見的雙根賣出 K 線型態，為投資者的中短線操作提供指導性買賣訊號。

3.2.1　第 31 日戰記
烏雲蓋頂如其名，下跌走勢即將出現

　　「烏雲蓋頂」型態一般出現在上升階段末期，由兩根 K 線組成，由於第二根大陰線如同一片烏雲蓋住第一根 K 線，也阻擋了個股上漲，因此得名「烏雲蓋頂」，如圖 3-37 所示。

　　下面舉例分析「烏雲蓋頂」型態的賣出訊號。

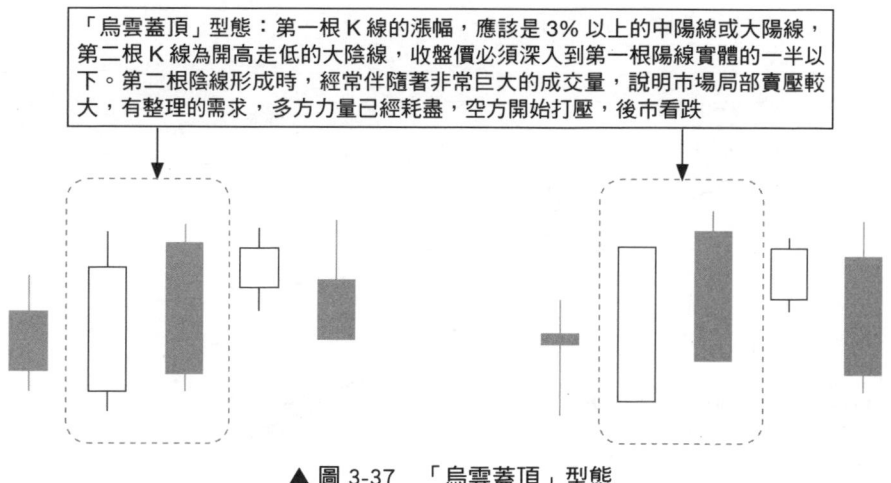

> 「烏雲蓋頂」型態：第一根 K 線的漲幅，應該是 3% 以上的中陽線或大陽線，第二根 K 線為開高走低的大陰線，收盤價必須深入到第一根陽線實體的一半以下。第二根陰線形成時，經常伴隨著非常巨大的成交量，說明市場局部賣壓較大，有整理的需求，多方力量已經耗盡，空方開始打壓，後市看跌

▲ 圖 3-37　「烏雲蓋頂」型態

步驟 1 圖 3-38 所示為智度股份（000676）2014 年 10 月至 2015 年 11 月期間的 K 線圖，可以看到股價經歷一波較大漲幅的上升行情。

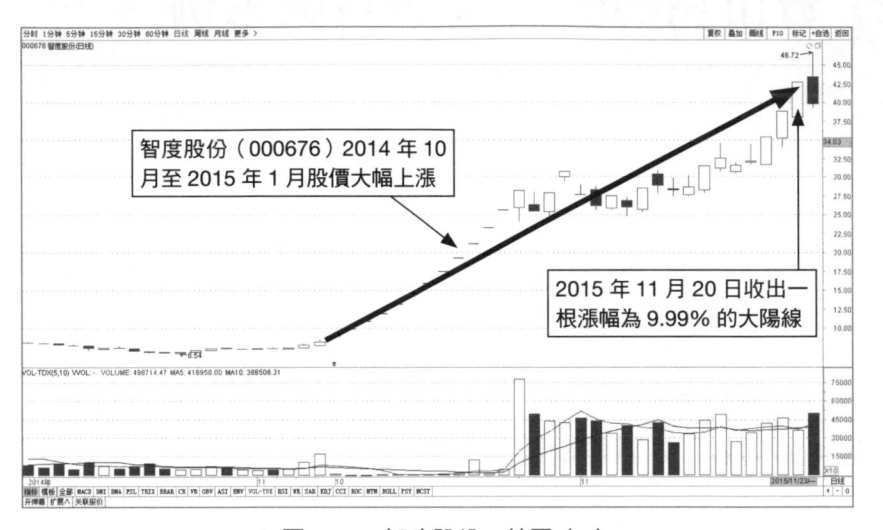

▲ 圖 3-38　智度股份 K 線圖（1）

步驟 2 智度股份在大幅拉升的後期於 11 月 23 日出現一根中陰線，第二天股價大幅高開，顯示出還要大漲的態勢，但是股價並沒有繼續上漲，而是一路下跌，當天形成一根開高走低的陰線，股價在高位形成「烏雲蓋頂」型態，後市看跌，如圖 3-39 所示。

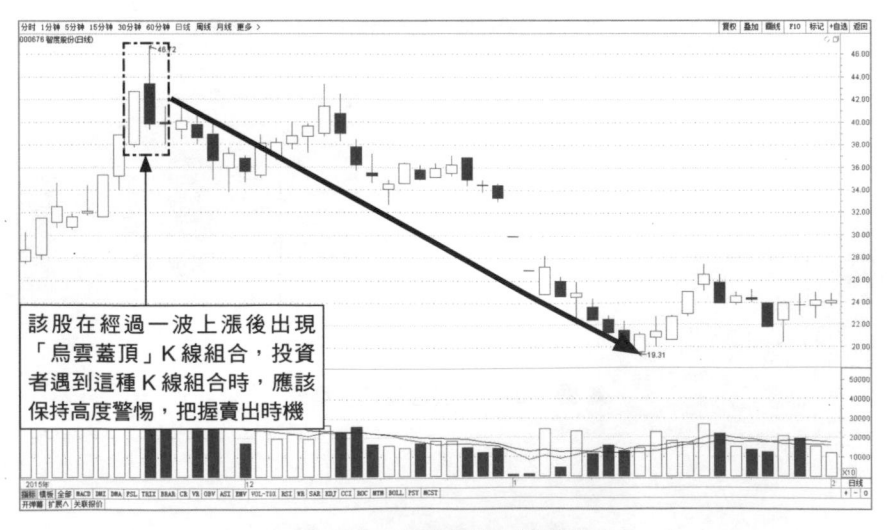

▲ 圖 3-39　智度股份 K 線圖（2）

「烏雲蓋頂」是一個非常重要且較常見的看跌反轉訊號，經常發生在一個超長期的上升趨勢中。第二日的長陰 K 線，意味著市場價格上升動力耗盡，買方策劃的最後一番上攻失利，賣方已控制大局，是一波下跌走勢即將出現的訊號。

　　「烏雲蓋頂」型態的走勢，可以劃分為以下不同的組成部分。
1. 左側堅挺陽線：型態發生之前，市場處於上升趨勢中，有一天突然出現一根堅挺的大陽線，承接前期上漲行情，顯示多方完全掌握著主動權。
2. 右側高開陰線：第二天，市場在開市時向上跳空高開，但市場沒有繼續上衝，反而震盪下行，收在當日最低價附近，並且收市價明顯地向下楔進第一天的實體內部。
　　如果大幅開高走低的大陰線完全覆蓋前一天的陽線，形成完全包容線，則轉勢訊號更強烈。

3.2.2　第 32 日戰記
傾盆大雨出現時，投資者應堅決賣出

　　「傾盆大雨」型態常出現在上漲趨勢末期中，由一陽一陰兩根 K 線組成，如圖 3-40 所示。投資者應對此 K 線組合保持高度警惕，凡在股價高位出現「傾盆大雨」K 線組合，第二天又繼續收陰線時，投資者應堅決賣出股票。

　　下面舉例分析「傾盆大雨」型態的賣出訊號。

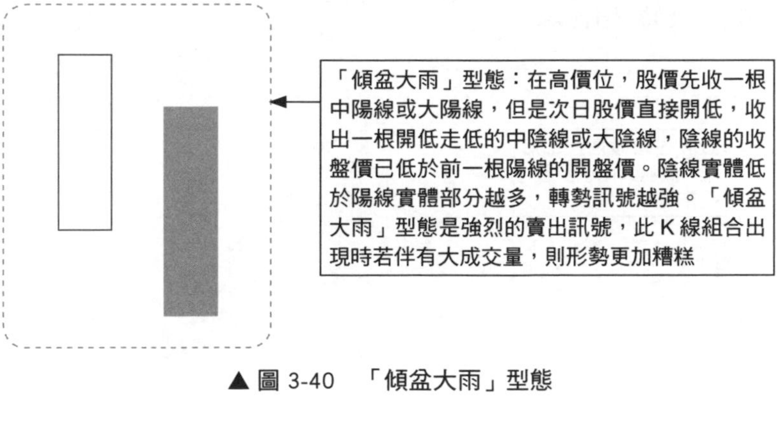

「傾盆大雨」型態：在高價位，股價先收一根中陽線或大陽線，但是次日股價直接開低，收出一根開低走低的中陰線或大陰線，陰線的收盤價已低於前一根陽線的開盤價。陰線實體低於陽線實體部分越多，轉勢訊號越強。「傾盆大雨」型態是強烈的賣出訊號，此 K 線組合出現時若伴有大成交量，則形勢更加糟糕

▲ 圖 3-40　「傾盆大雨」型態

步驟① 圖 3-41 所示為天興儀錶（000710）2015 年 2 月至 6 月期間的 K 線圖。可以看到，股價經歷了一波較大漲幅的上升行情，並於 6 月 5 日收出一根漲幅為 10% 的大陽線，主力的拉升意圖十分明顯。

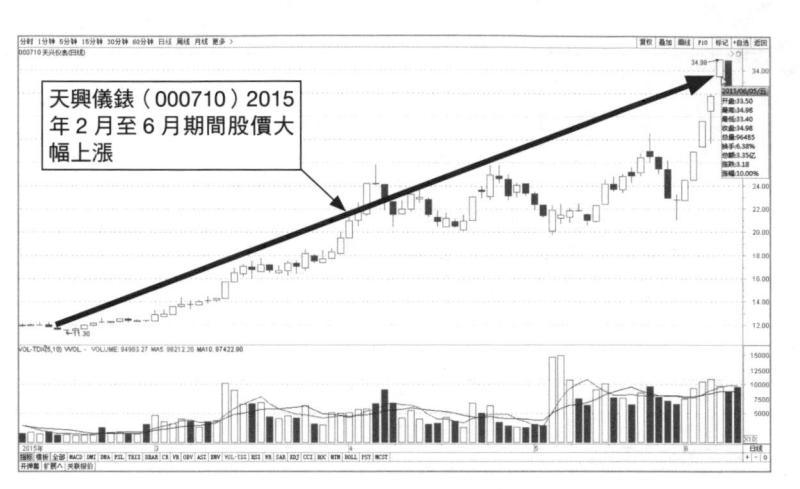

▲ 圖 3-41　天興儀錶 K 線圖（1）

步驟② 6 月 8 日，該股在上漲末期高位出現一根大陰線，當天的收盤價為 31.48 元，大大低於前一天的開盤價 34.98 元，形成明顯的「傾盆大雨」型態，後市看跌，投資者應抓緊時間出場，如圖 3-42 所示。「傾盆大雨」型態是一種非常強烈的反轉型態，投資者應該保持高度警惕。從圖中可以看出，該股在出現「傾盆大雨」型態後一路走低，股價已經由強轉弱了，持股的投資者應該及時賣出籌碼。

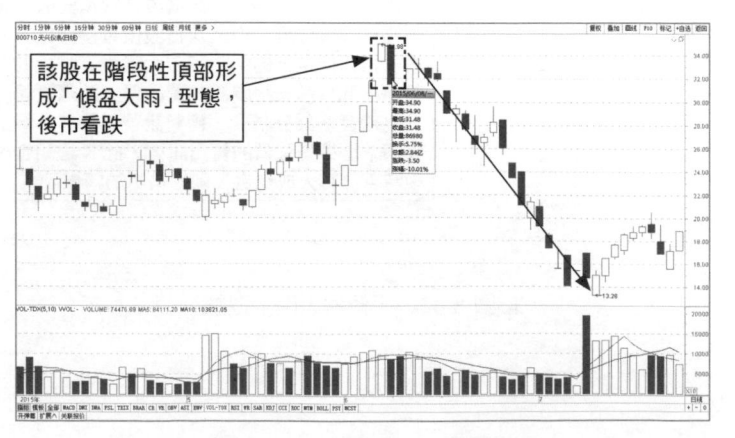

▲ 圖 3-42　天興儀錶 K 線圖（2）

3.2.3　第 33 日戰記

平頂線出現時，投資者要注意這 4 點

　　股價上升到高位後若出現兩根最高價同值的 K 線，這兩根 K 線就叫「平頂線」，又稱「鑷頂」或「平頭頂」，其型態如圖 3-43 所示。「平頂線」的兩根 K 線不分陰陽，前陰後陽、前陽後陰或前後均為同性質的圖線，所顯示的見頂訊號沒有差別，投資者均可放心操作。

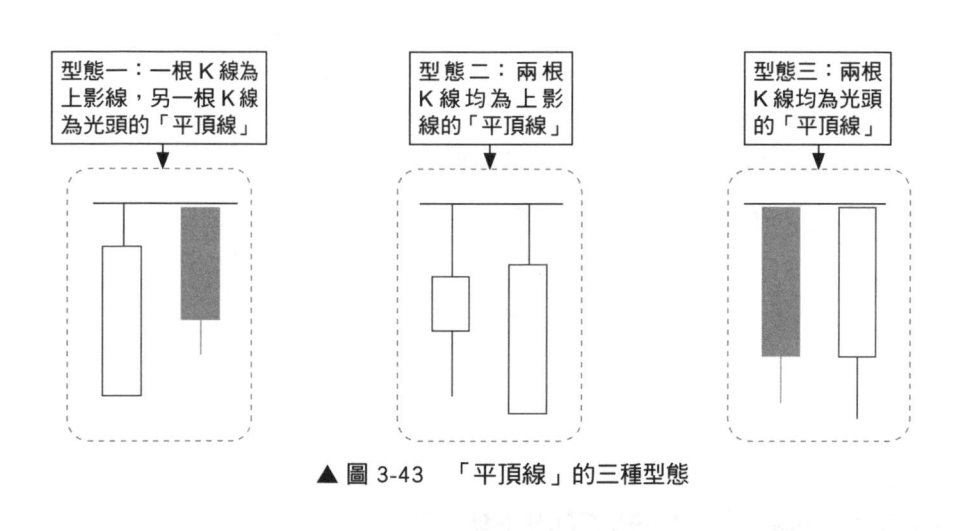

▲ 圖 3-43　「平頂線」的三種型態

　　總之，只要是處在高位的兩根 K 線的最高價相同，就是可操作的「平頂線」，如圖 3-44 所示。該型態是非常可信的見頂訊號，該型態形成後，股價十之八九要進行回檔整理，下跌的空間一般較大，投資者應賣出股票。

▲ 圖 3-44　「平頂線」型態

而且「平頂線」出現的頻率很高，可能在任何部位出現，但只有處在頂部或波段峰頂的「平頂線」，才是可信的見頂訊號。在其他部位出現的平頂線，投資者如果不加以區分，有可能賣掉不該賣的股票，造成不必要的損失。

在實戰操作時遇到「平頂線」型態時，投資者應注意以下 4 點。

(1)「平頂線」的最佳賣點就是形成「平頂線」的當日。這天，無論收的是陰線還是陽線，均應果斷賣出，錯過此賣出機會就會減少收益。當然也不排除「平頂線」型態形成後，出現股價不跌反漲的走勢，即便如此也應堅持在「平頂線」出現的當天賣出，只有這樣才能打消貪婪心理，不因「想多賺一點」而影響大局。

(2) 在操作之前，投資者應認真區分「平頂線」是否處在高位或波段的頂部，若不是則應慎重對待。

(3)「平頂線」一般由兩條相連的圖線組成，但在個別情況下，第一條線與第二條線之間相隔一、兩天也可算作「平頂線」，只要相隔的兩條 K 線的最高價基本相同即可。

(4)「平頂線」可以連續出現。即第一組「平頂線」出現後，接著又出現另一組「平頂線」，第二組「平頂線」有時高於第一組，有時低於第一組。但不管是高於還是低於，均是強烈的見頂訊號，應果斷賣出股票。

3.2.4　第 34 日戰記
我用高位陽孕陰，預測反轉走勢即將出現

「高位陽孕陰」型態是指，在階段性高位前面的一根長 K 線為陽線，後面的一根為短 K 線，且後面一根短 K 線的最低價高於前面一根長 K 線的最低價，看上去就像是「孕於」前面一根 K 線之中，因此被稱為「高位陽孕陰」，如圖 3-45 所示。

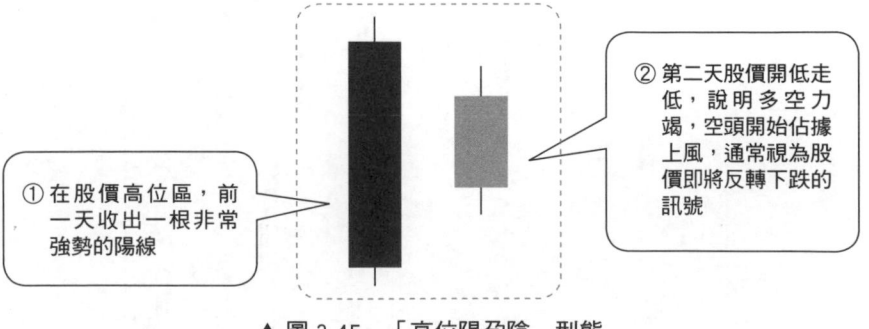

① 在股價高位區，前一天收出一根非常強勢的陽線

② 第二天股價開低走低，說明多空力竭，空頭開始佔據上風，通常視為股價即將反轉下跌的訊號

▲ 圖 3-45　「高位陽孕陰」型態

下面舉例分析「高位陽孕陰」型態的賣出訊號。

步驟 ① 圖 3-46 所示為寶鷹股份（002047）2016 年 5 月至 8 月期間的 K 線圖。可以看到，該股在一波快速上漲後的高點位，出現前陽後陰的「高位陽孕陰」型態，預示著階段性反轉走勢即將出現。

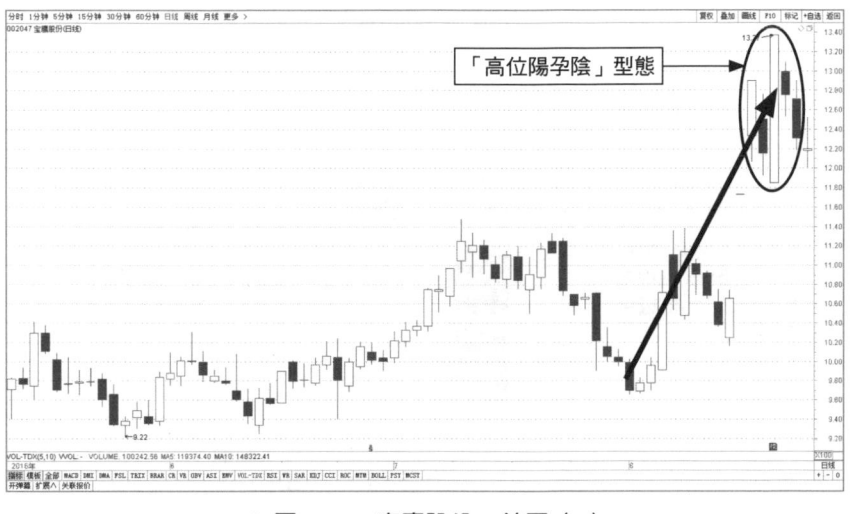

▲ 圖 3-46　寶鷹股份 K 線圖（1）

步驟 ②「高位陽孕陰」型態後面的小陰線型態，說明空方賣壓正式開始轉強，後市出現一波反轉下跌行情，如圖 3-47 所示。

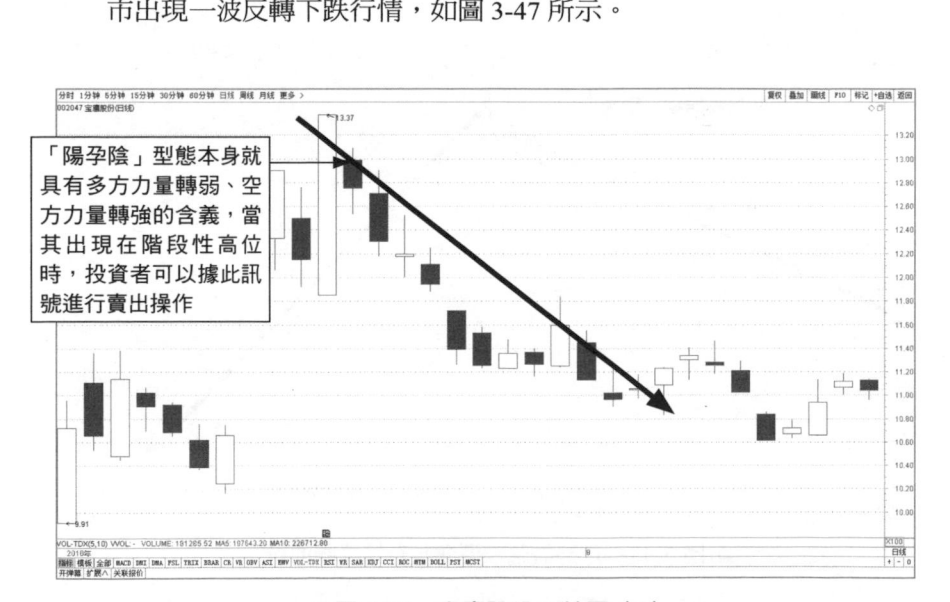

▲ 圖 3-47　寶鷹股份 K 線圖（2）

3.2.5　第 35 日戰記

我用升勢盡頭線，看出跌勢展開的訊號

在股價上漲途中，行情原本進行得相當順利，人們都覺得行情會持續向上，卻在一根長陽線的上影線右方，出現一根完全涵蓋在上影線範圍內的短十字線或小陰（陽）線，這就是「升勢盡頭線」，其型態如圖 3-48 所示。

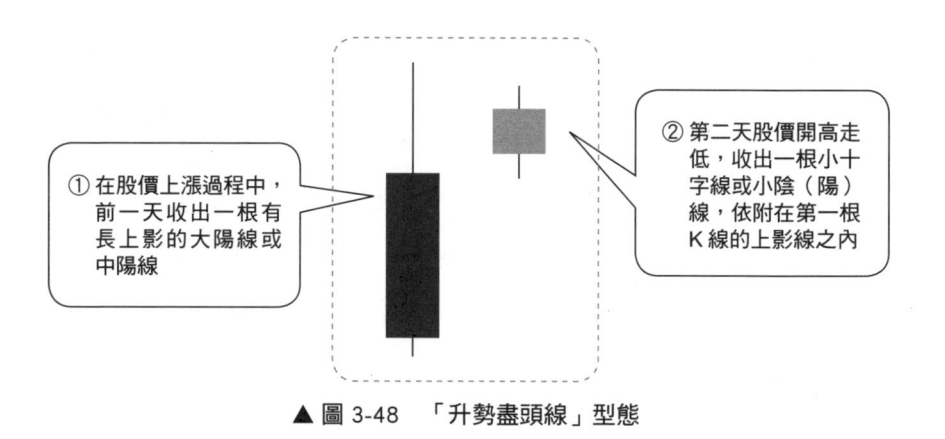

① 在股價上漲過程中，前一天收出一根有長上影的大陽線或中陽線

② 第二天股價開高走低，收出一根小十字線或小陰（陽）線，依附在第一根 K 線的上影線之內

▲ 圖 3-48　「升勢盡頭線」型態

「升勢盡頭線」型態預示著個股下跌回檔走勢的出現，是多空雙方力量發生快速實質性轉變的標誌，也是一波跌勢即將展開的訊號，如圖 3-49 所示。

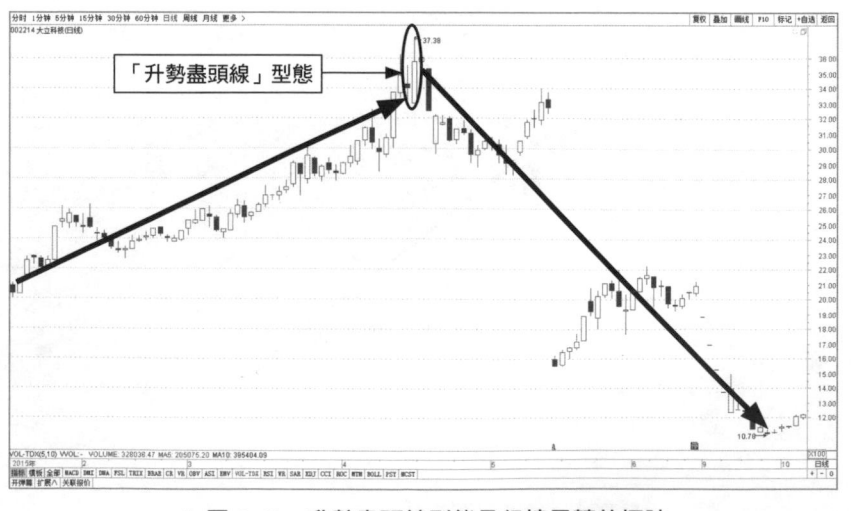

「升勢盡頭線」型態

▲ 圖 3-49　升勢盡頭線型態是行情反轉的標誌

3.2.6 　第 36 日戰記

我用遞進十字線，預測後勢看跌迅速離場

「遞進十字線」是一種雙根看跌 K 線組合，當出現在價格連續上漲後的市場頂部時，就形成「看跌遞進十字線」，具有較強的反轉特性，其型態如圖 3-50 所示。

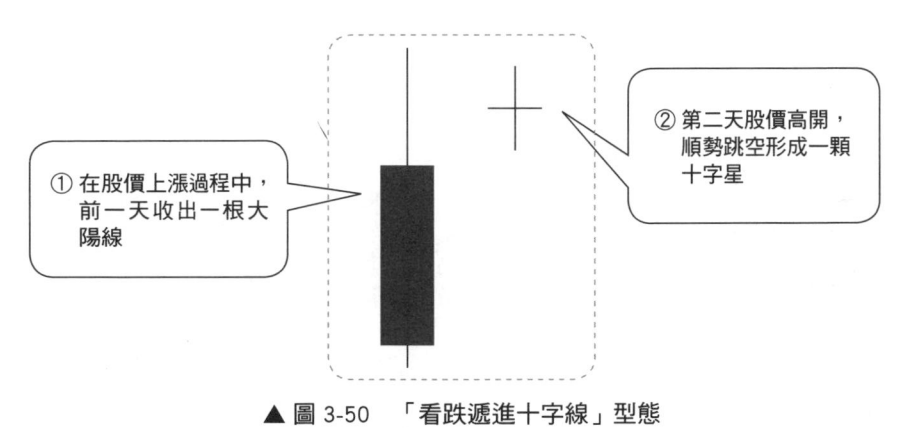

① 在股價上漲過程中，前一天收出一根大陽線

② 第二天股價高開，順勢跳空形成一顆十字星

▲ 圖 3-50　「看跌遞進十字線」型態

「遞進十字線」說明股價在原有趨勢的基礎上，順勢跳空開盤後並沒有形成突破性進展，而是在開盤價附近上下震盪，是原有趨勢的持續性受市場懷疑的型態。

下面舉例分析「看跌遞進十字線」型態的賣出訊號。

步驟 ① 圖 3-51 所示為澳洋順昌（002245）2016 年 2 月至 6 月期間的 K 線圖。可以看到，該股在高位區 6 月 15 日出現一根漲幅為 9.98% 的大陽線，說明多方力量正在強烈拉升股價。

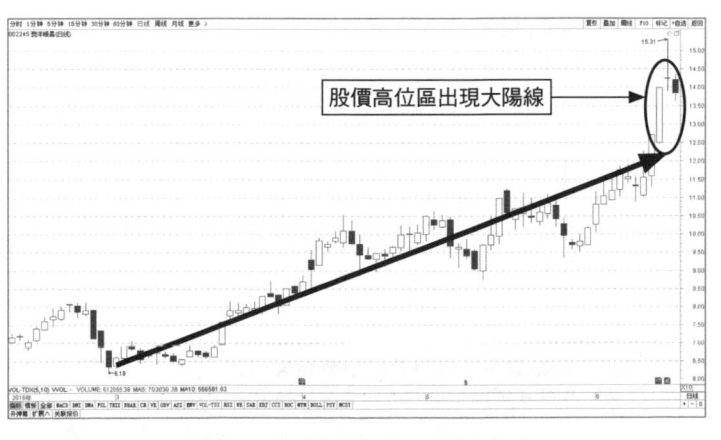

股價高位區出現大陽線

▲ 圖 3-51　澳洋順昌 K 線圖（1）

步驟② 6 月 16 日股價跳空高開收出一根十字星,在高位區域形成「看跌遞進十字星」型態,是該股股價遇阻回落的預兆。之後,股價大幅橫盤震盪,但始終沒有有效突破看跌遞進十字星的最高點,股價後市最終展開深幅下跌,如圖 3-52 所示。

在高位區域形成「看跌遞進十字線」型態,隨後開低並收陰線,這表示下跌訊號確立,後市看跌,投資者應立即離場

▲ 圖 3-52　澳洋順昌 K 線圖(2)

3.2.7　第 37 日戰記
黑雙星是可靠的階段性反轉訊號

「黑雙星」型態是指由兩根十字星或小陰星組合而成的 K 線型態,通常出現在一波上漲行情的相對高點,是一個非常可靠的階段性反轉訊號,預示著後市將出現階段性下跌走勢,其型態如圖 3-53 所示。

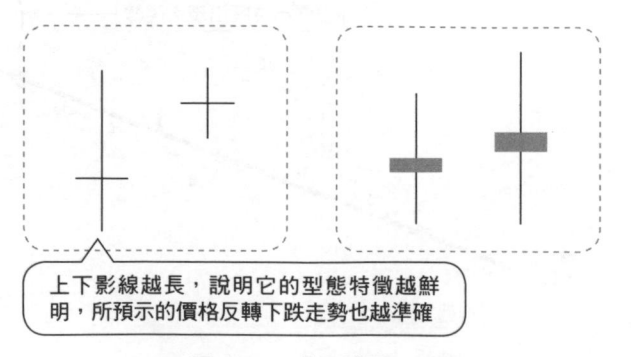

上下影線越長,說明它的型態特徵越鮮明,所預示的價格反轉下跌走勢也越準確

▲ 圖 3-53　「黑雙星」型態

下面舉例分析「黑雙星」型態的賣出訊號。

步驟 ❶ 圖 3-54 所示為中青旅（600138）2015 年 8 月至 2016 年 4 月期間的 K 線圖。可以看到，該股在一波快速上漲後的階段性高點出現一個「黑雙星」型態，這正是預示著價格階段性下跌走勢即將展開的訊號，也是投資者短線操作中應賣股離場的訊號。

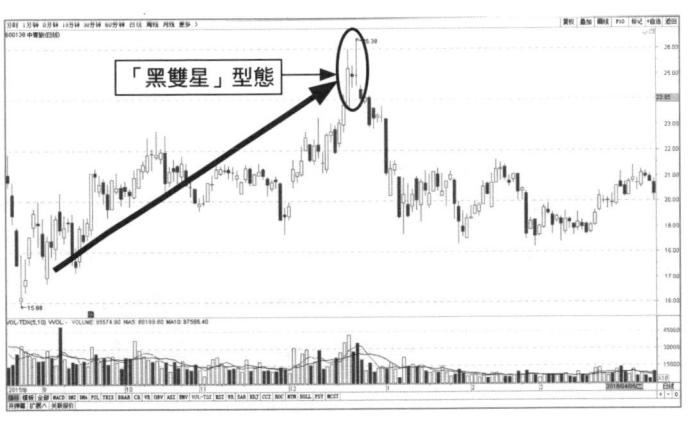

▲ 圖 3-54　中青旅 K 線圖

步驟 ❷ 圖 3-55 所示為大唐電信（600198）2015 年 4 月至 2015 年 7 月期間的 K 線圖。可以看到，該股在一波快速上漲後的相對高點，出現由兩個長上影線十字星型態所組成的「黑雙星」型態，預示階段性上漲走勢結束、短期下跌走勢即將展開的訊號，是投資者短線賣出的訊號。

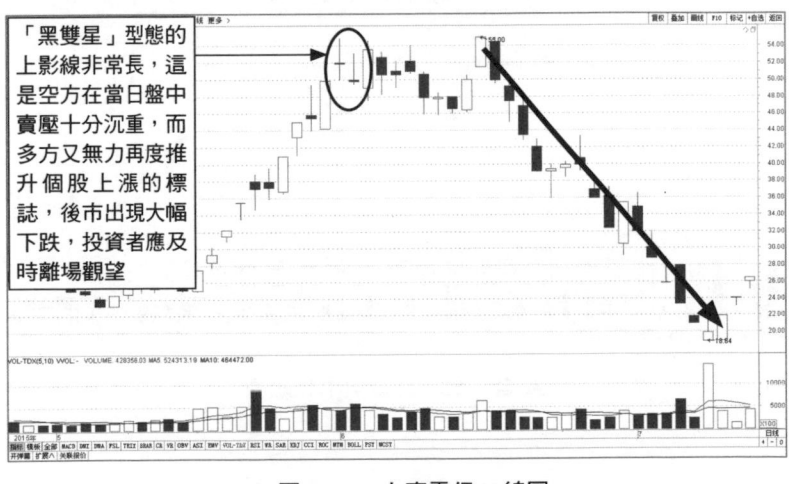

▲ 圖 3-55　大唐電信 K 線圖

3.2.8　第 38 日戰記
向下突破缺口一旦形成，短期內無法補回

在盤整期間多空雙方奮力搏殺，最終會有一方佔據優勢，從而使價格急速變化，形成向上或向下跳空缺口，稱為「突破缺口」。這種型態的出現已經完全脫離了原有的密集波動區域，預示著一個較大的上升或下跌行情的展開。

「突破缺口」常出現在整理型態瀕臨結束時，由於技術面或基本面的優勢，在多空拉鋸中做出跳空上漲或跳空下跌而脫離盤整的情形，比如投資者常見的跌破支撐、突破壓力。此類缺口經常在重要的轉向型態如頭肩式的突破時出現，可幫助投資者辨認突破訊號的真偽。如果股價突破支撐線或壓力線後，以一個很大的缺口跳離型態，可見突破十分強而有力，很少有錯誤發生。

在實戰操作中，當出現「向下突破缺口」後，投資者第一時間離場都是正確的，如果第一時間即當日沒能把握好賣出點也沒關係，仍可以利用其後的震盪回檔高點賣出，或者利用多種高位賣出法離場。下面舉例分析「向下突破缺口」的賣出訊號。

圖 3-56 所示為江蘇吳中（600200）在 2015 年 11 月至 2016 年 5 月期間的走勢圖，此股在高位出現一個「向下突破缺口」。出現「突破缺口」，往往意味著方向的選擇已定，「向下突破缺口」意味著行情向下發展，投資者應及時離場。

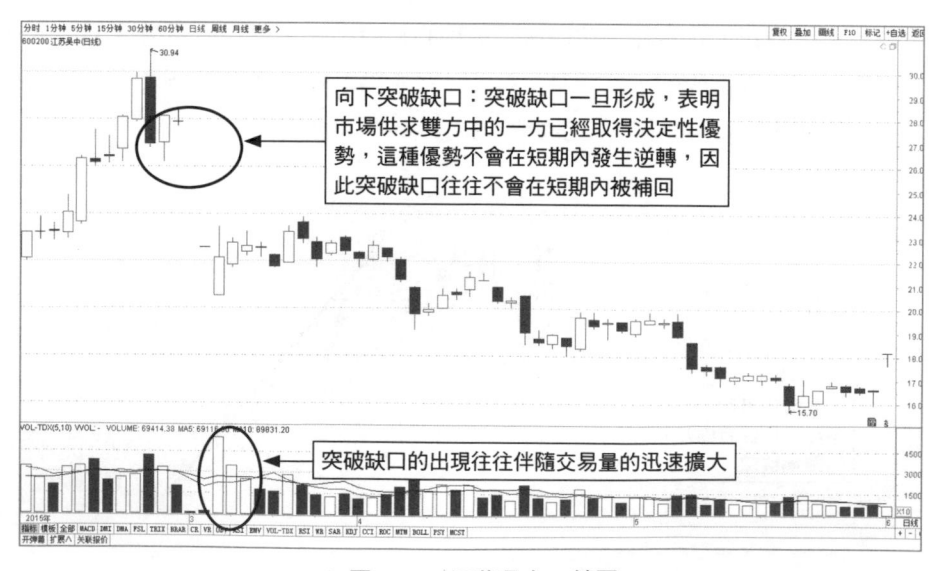

▲ 圖 3-56　江蘇吳中 K 線圖

3.2.9　第 39 日戰記
下跌分手線出現時，要毫不猶豫地離場

「分手線」型態與「約會線」（反擊線）型態是兩個截然相反的雙根 K 線組合，「分手線」由兩根運動方向相反的 K 線組成，這兩根 K 線具有相同的開盤價，如同兩人分手後向各自的方向走去一樣，其型態如圖 3-57 所示。

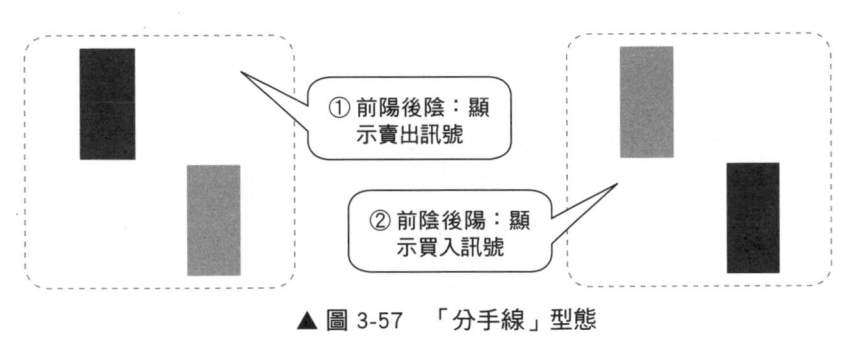

① 前陽後陰：顯示賣出訊號

② 前陰後陽：顯示買入訊號

▲ 圖 3-57　「分手線」型態

當個股在高位區出現「下跌分手線」型態時，投資者就要毫不猶豫地離場，不然會失去一次難得的逃頂機會。下面舉例分析「下跌分手線」型態的賣出訊號。

圖 3-58 所示為皖維高新（600063）2015 年 12 月至 2016 年 2 月期間的 K 線圖。可以看到，該股在下跌過程中出現一個標準的「分手線」型態，兩根 K 線的開盤價處於同一價格水準。第一天收出一根陽線，在第二天開盤的時候，股價直接開在陽線的開盤價位置，開低走低，以一根「看跌捉腰帶線」恢復下跌走勢，上一根陽線的所有買盤毫不留情地被全部套牢，開始新的下跌。

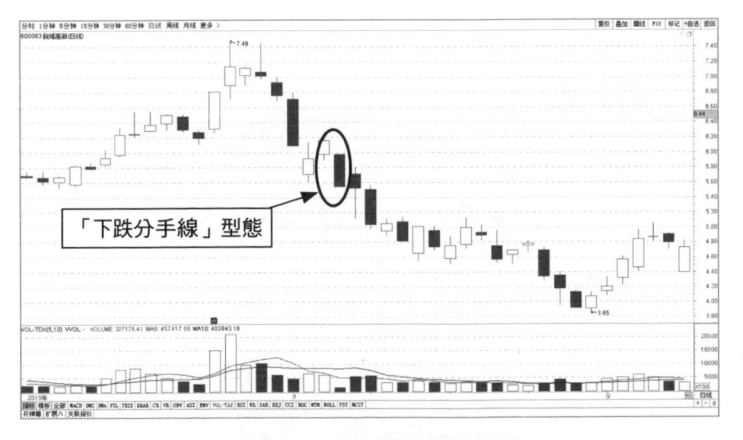

「下跌分手線」型態

▲ 圖 3-58　皖維高新 K 線圖

3.2.10　第 40 日戰記
向下持續缺口，表示下跌行情仍在延續

　　當個股在下跌行情中已經出現一個「向下突破缺口」後，表示股價的弱勢下跌剛剛開始，投資者應堅決持幣觀望。如果緊接著又出現一個「向下持續缺口」，則意味著該股的弱勢下跌行情仍在延續，投資者可繼續持幣觀望，如圖 3-59 所示。

　　「向下持續缺口」的操作要點如下：

- 出現在快速下跌行情中，同時伴隨著成交量放量，具有助跌作用，通常不會被輕易地回補。

- 「向下持續缺口」與「向上持續缺口」一樣，可以用來預測股價的變動幅度，這個幅度通常與「向下突破缺口」到「向下持續缺口」的距離接近。

- 在大熊市行情或者個股出現不良基本面時，很可能會出現連續 2 個以上的「向下持續缺口」，並且通常是一字跌停的型態，投資者往往被套牢。

▲ 圖 3-59　向下持續缺口

第 **4** 章

賺「波段漲跌」，你得知道的三根 K 線應用技巧

4.1 買進點的三根 K 線實戰案例

4.1.1 | 第 41 日戰記 |
我用早晨之星，預測跌勢將要結束

「早晨之星」顧名思義，就是在太陽尚未升起、黎明前最黑暗的時刻，一顆明亮的啟明星在天邊指引著那些走向光明的夜行人，前途當然看好。在股市中，K 線圖上的「早晨之星」預示著跌勢將盡，大盤處於拉升的前夜，行情擺脫下跌的陰影，逐步走向光明，也稱「希望之星」。

「早晨之星」一般由三個交易日的三根 K 線構成，如圖 4-1 所示。

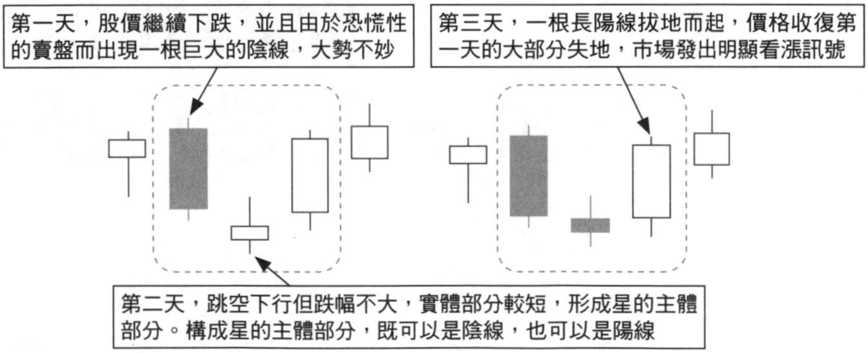

> 第一天，股價繼續下跌，並且由於恐慌性的賣盤而出現一根巨大的陰線，大勢不妙

> 第三天，一根長陽線拔地而起，價格收復第一天的大部分失地，市場發出明顯看漲訊號

> 第二天，跳空下行但跌幅不大，實體部分較短，形成星的主體部分。構成星的主體部分，既可以是陰線，也可以是陽線

▲ 圖 4-1 「早晨之星」的 K 線型態

専家心法

第一根陰線出現後，市場還處於賣方市場，買方還是很弱。次日跳空低開說明賣方繼續打壓，而 K 線實體很短說明買方在收市前奮力反撲。第三日的大陽線深入陰線內部，說明買方實力大增，行情逆轉訊號強烈，後市上漲可能性很大。

下面舉例分析「早晨之星」型態的買入訊號。

圖 4-2 所示為大名城（600094）在 2016 年 4 月至 5 月期間的走勢圖，此股在一波回檔走勢後出現「早晨之星」型態，此時為投資者介入的好時機。當「早晨之星」型態出現時，表示股價已沒有下跌的空間，將出現較明顯的回升狀態，該訊號為買入的最佳時機，且第一日的大陰線和第三日的大陽線的實體部分，重疊的區域越多越有意義。

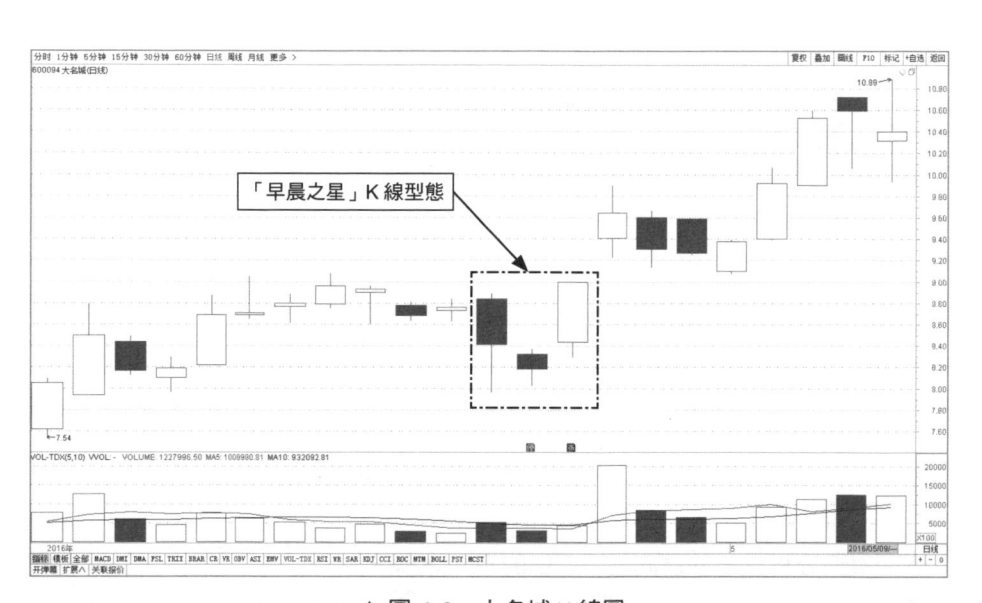

▲ 圖 4-2　大名城 K 線圖

需要注意的是，「早晨之星」型態只能用於判斷下跌行情會反轉，是低位介入的機會，但不能確保股價轉後立即大幅上漲。因此，在實戰的操作過程中，投資者不能單憑「早晨之星」來認定該型態為買入訊號，最好再結合其他技術指標進行判斷。

　　同時，「早晨之星」也是次要的底部反轉訊號，因此一旦出現後，等待次日的驗證訊號顯得十分重要。設定停損位是必要的選擇，對這種 K 線型態而言，出現「早晨之星」型態那一天的最低價，往往就是一個很好的停損位，一旦股價跌破該價位，則說明下跌抵抗失敗，投資者應及時停損出場。

4.1.2　第 42 日戰記
三個白武士，是明顯的回升訊號

　　在股價上漲過程中，連續出現 3 根陽線，每一根陽線的收盤價都高於前一根陽線的收盤價，這樣的 K 線組合就是「三個白武士」型態，又叫「前進三兵」或「白色三兵」，如圖 4-3 所示。

「三個白武士」型態是由三根短小的連續上升的陽 K 線組成，K 線收盤價一日比一日高，表示「武士」勇敢前進，基礎扎實，後勢漲幅將加大。「三個白武士」型態表明股價已經充分換手，累積一定的上升能量，若成交量能同步放大，繼續上漲的可能性極大

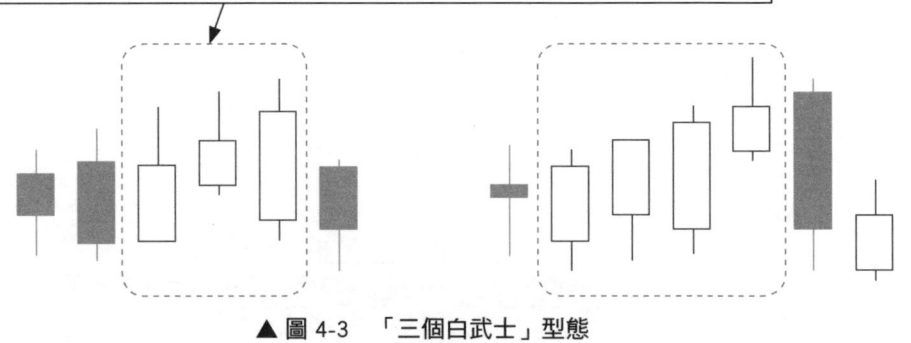

▲ 圖 4-3　「三個白武士」型態

　　下面舉例分析「三個白武士」型態的買入訊號。

步驟 ① 圖 4-4 所示為國中水務（600187）2016 年 3 月至 8 月期間的 K 線圖。可以看到股價經歷一波下跌行情，產生見底訊號，之後進入橫盤震盪走勢。

▲ 圖 4-4　國中水務 K 線圖（1）

步驟 ② 在底部整理階段，股價形成「三個白武士」組合型態，連續開高收陽，後
市看漲，投資者可介入，如圖 4-5 所示。在下跌行情的底部出現「三個白
武士」型態，是一種非常明顯的見底回升訊號，這種上漲態勢非常可靠。
投資者可以在股價突破壓力線初期進入，等待短期的豐厚利潤。

步驟 ③ 隨後，壓力線成為支撐線將股價穩穩地支撐在高位，後市進入一段不錯的
上漲行情，如圖 4-6 所示。

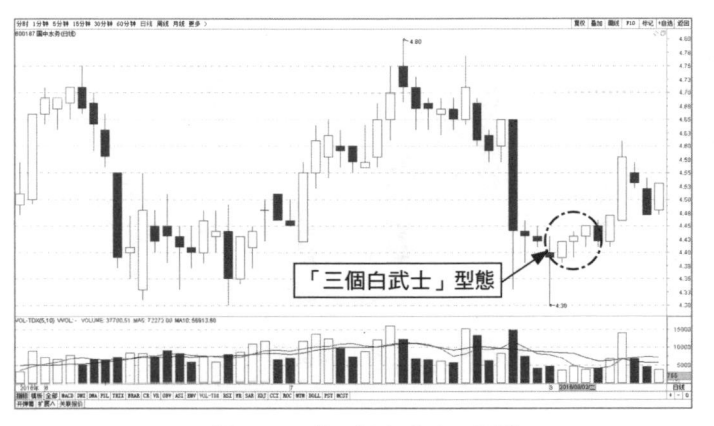

▲ 圖 4-5　「三個白武士」型態

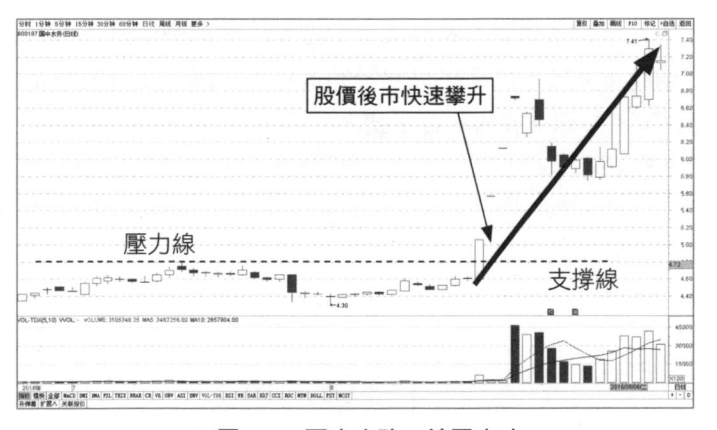

▲ 圖 4-6　國中水務 K 線圖（2）

　　在上漲行情途中，如果出現「三個白武士」組合型態，暗示著買方逐漸累積實力，
當突破壓力線後就會產生質變，表現在股價上就是後市股價飆升，因此該型態是投
資者介入獲利的機會。

4.1.3 　第 43 日戰記

我用多方炮，看出多方力量開始佔據優勢

「多方炮」又可以稱為「兩陽夾一陰」，是一種價格走勢看漲的三日 K 線組合型態，由兩根實體相對較長的陽線和一根實體相對短小的陰線構成，陰線位於兩根陽線之間，如圖 4-7 所示。

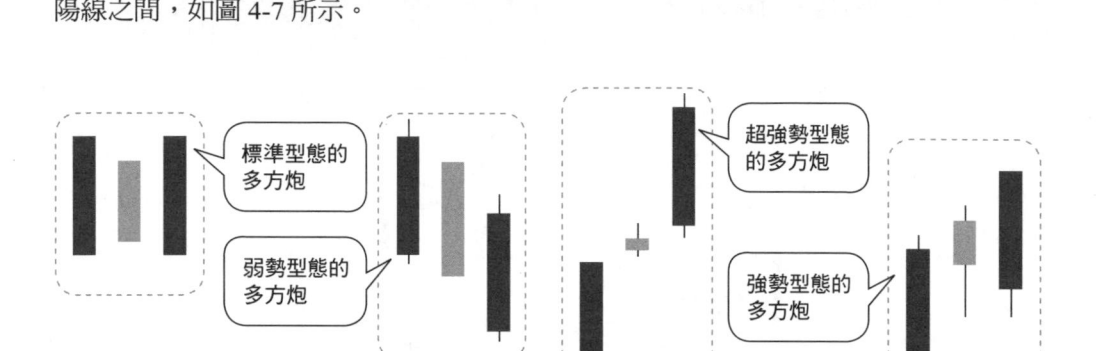

▲ 圖 4-7 　「多方炮」的四種型態

下面舉例分析「多方炮」型態的買入訊號。

圖 4-8 所示為保利地產（600048）2016 年 5 月至 7 月期間 K 線走勢圖，此股一波深幅下跌之後的低位區出現「多方炮」型態。「多方炮」是多方力量開始佔據優勢的表現，且個股正處於一波深幅整理後的低位區，因此這種型態是較為可靠的看漲訊號，也是投資者短線買股的明確訊號之一。

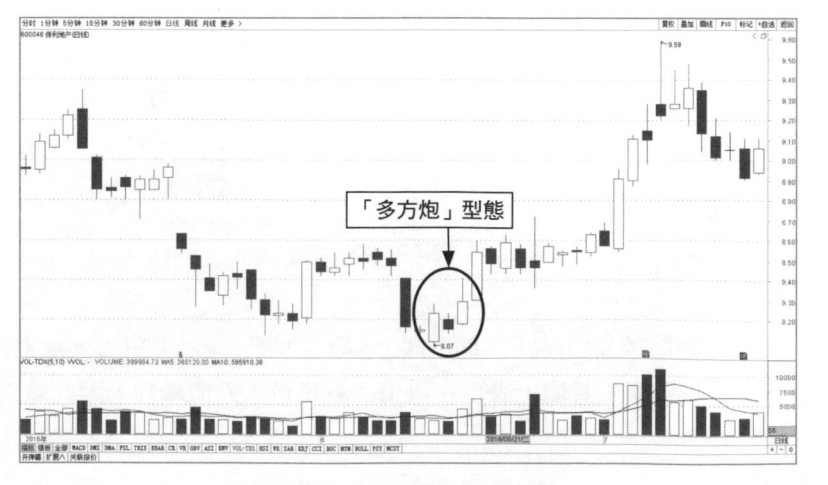

▲ 圖 4-8 　保利地產 K 線圖

4.1.4 第 44 日戰記
上漲鑷子線的三根 K 線，是明顯的底部訊號

「上漲鑷子線」型態，是指在下跌行情末期，或者上漲行情初期出現的三根 K 線組合型態。這三根 K 線的最高價或最低價幾乎處在同一位置，是比較明顯的底部訊號，其型態如圖 4-9 所示。

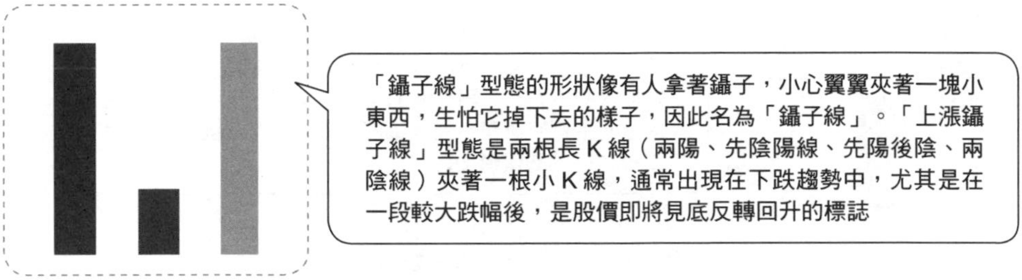
「鑷子線」型態的形狀像有人拿著鑷子，小心翼翼夾著一塊小東西，生怕它掉下去的樣子，因此名為「鑷子線」。「上漲鑷子線」型態是兩根長 K 線（兩陽、先陰陽線、先陽後陰、兩陰線）夾著一根小 K 線，通常出現在下跌趨勢中，尤其是在一段較大跌幅後，是股價即將見底反轉回升的標誌

▲ 圖 4-9　「上漲鑷子線」型態

下面舉例分析「上漲鑷子線」型態的買入訊號。

圖 4-10 所示為澄星股份（600078）2016 年 5 月至 7 月期間 K 線走勢圖。可以看到，該股在上升途中出現一波回檔走勢，並於回檔走勢後的相對低點出現「上漲鑷子線」型態，這是多方力量正在逐步加強的標誌，預示著新一輪上漲走勢即將出現，可以作為投資者短線買股的訊號。

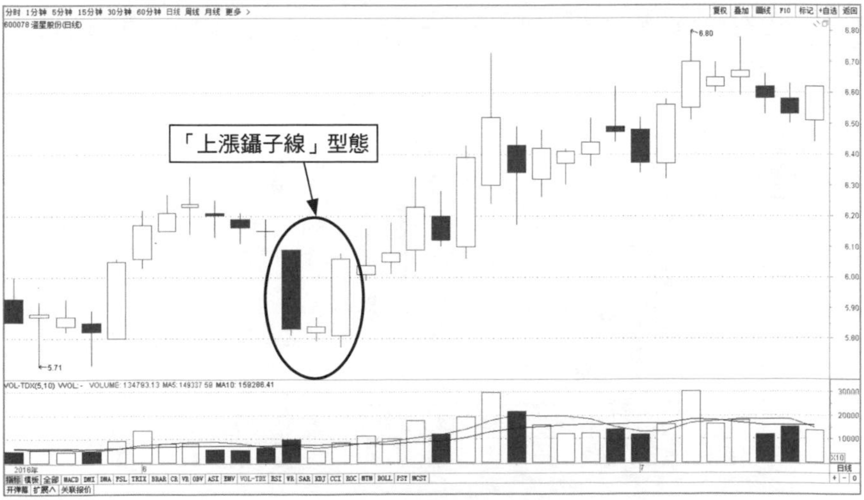
「上漲鑷子線」型態
6.80
5.71

▲ 圖 4-10　澄星股份 K 線圖

4.1.5　第 45 日戰記
底部三鴉，多出現在大幅下跌處

「底部三鴉」型態通常出現在股價大幅下跌的地點，是明顯的見底反彈訊號，其型態如圖 4-11 所示。

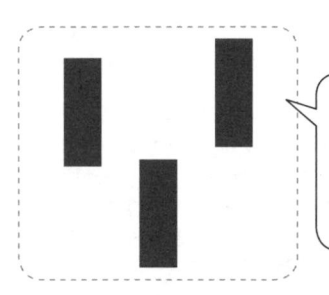

「底部三鴉」型態通常由三根中陰線組成，而且它們的實體長度差不多。第二根 K 線通常開平或開低，如果帶有較長的下影線，則見底的可能性更大。第三根 K 線通常是向上跳空高開，開高幅度不宜過小，收盤價應在第二根 K 線的開盤價上方

▲ 圖 4-11　「底部三鴉」型態

當然，完全符合「底部三鴉」要求的 K 線型態很少見，因此只要是相似或近似，都可以認為是「底部三鴉」型態的變化圖形，同樣具備買入訊號的特徵。

下面舉例分析「底部三鴉」型態的買入訊號。

圖 4-12 所示為永泰能源（600157）2016 年 1 月至 3 月期間的 K 線走勢圖。可以看到，該股在一波深幅下跌的低位區，出現三根實體大小差不多的陰線，第二根陰線和第三根陰線中間夾雜一根陽線，形成變化的「底部三鴉」型態，這是多方力量開始佔優勢的表現。且個股正處於低位區，因此「底部三鴉」型態是較為可靠的看漲訊號，也是投資者短線買股的明確訊號之一。

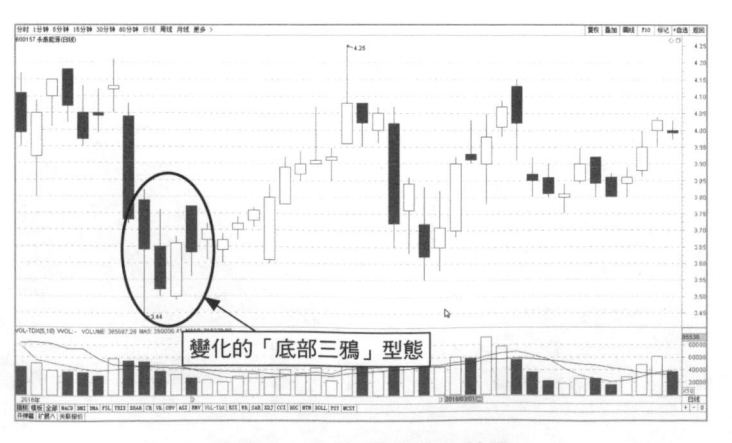

變化的「底部三鴉」型態

▲ 圖 4-12　永泰能源 K 線圖

4.1.6 　第 46 日戰記

上漲兩顆星，是典型的短線攻擊型態

　　「上漲兩顆星」型態是一種非常經典的短線攻擊型態，是比較可靠的看漲訊號。「上漲兩顆星」型態的名稱雖然有「兩顆星」，但實際上是由三根 K 線組合而成的，第一天收出一根實體較長的陽線，接下來的兩天連續收出兩根實體較小的 K 線，或者直接收出十字星，其型態如圖 4-13 所示。

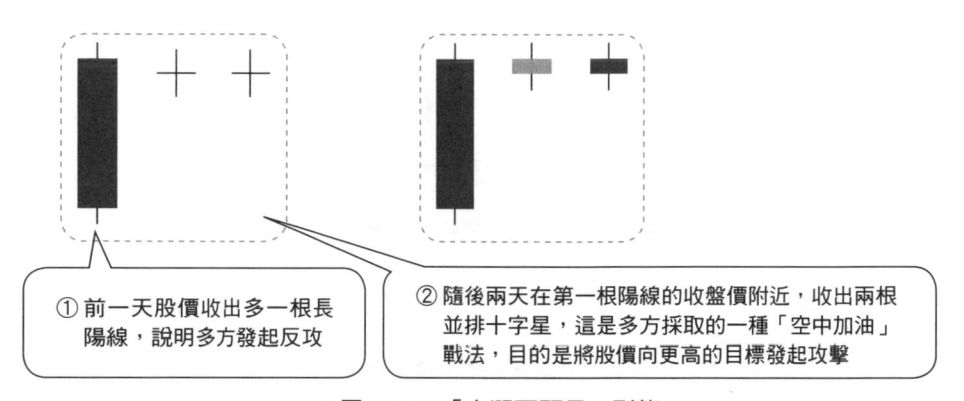

① 前一天股價收出多一根長陽線，說明多方發起反攻

② 隨後兩天在第一根陽線的收盤價附近，收出兩根並排十字星，這是多方採取的一種「空中加油」戰法，目的是將股價向更高的目標發起攻擊

▲ 圖 4-13　「上漲兩顆星」型態

　　下面舉例分析「上漲兩顆星」型態的買入訊號。

步驟 ① 圖 4-14 所示為天壇生物（600161）2016 年 5 月至 7 月期間的 K 線圖。可以看到，該股低位盤整區的突破位置處，出現一個溫和放量的「上漲兩顆星」型態，這是多方力量佔優勢的表現，也是買盤較為充足的標誌，預示著一波突破上漲走勢即將出現在盤中，投資者可以短線追漲買入。

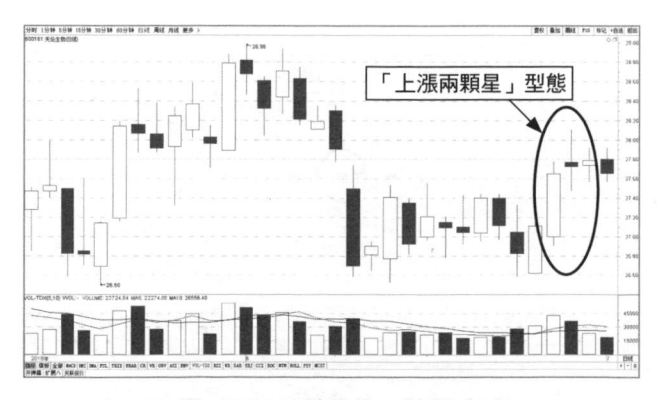

「上漲兩顆星」型態

▲ 圖 4-14　天壇生物 K 線圖（1）

步驟 ② 果然，出現「上漲兩顆星」型態後，該股結束了長達兩個月的底部橫盤走勢，進入一輪可觀的上漲行情，如圖 4-15 所示。

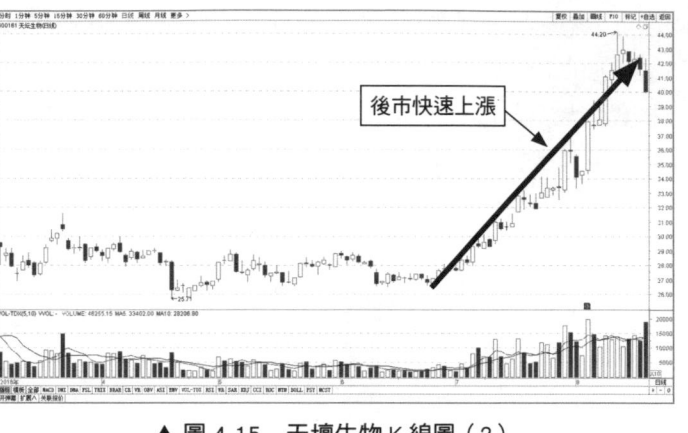

▲ 圖 4-15　天壇生物 K 線圖（2）

4.1.7　第 47 日戰記
我看到低位連續三陰，果斷抄底後獲利豐厚

　　「低位連續三陰」型態是一種主力較為常用的短線洗盤技，即在個股即將上漲的初期或底部橫盤整理期間，主力連續小幅度砸盤，在 K 線圖上收出連續三根跌幅不大、實體很短的陰線，用於清洗一些不穩定的浮籌，如圖 4-16 所示。

　　個股的歷史性低位出現「低位連續三陰」型態時，投資者若能正確判斷，勇於在市場最悲觀時果斷抄底，獲利會相當豐厚。

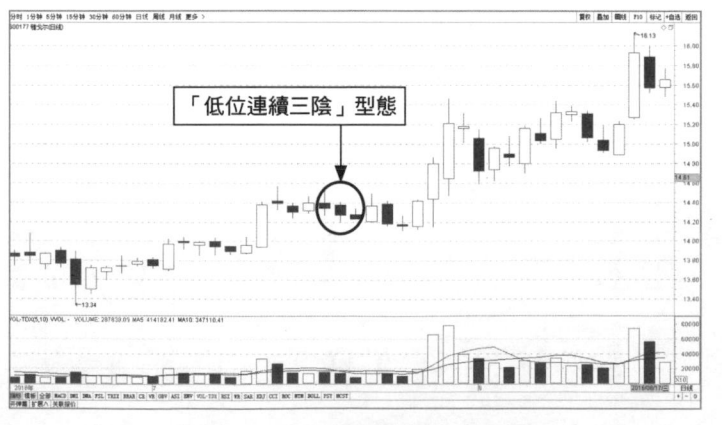

▲ 圖 4-16　「低位連續三陰」型態

4.1.8 　第 48 日戰記

我用跳空攀援線，抓住趁早入場的訊號

「跳空攀援線」型態又稱為「破釜沉舟譜」，通常出現在底部橫盤區域或者緩慢上漲途中，股價某日突然跳空高開突破前期的壓力位，隨後兩天連續收出兩根陽線，且後一天的收盤價高於前一天的收盤價，這是多方力量轉強，且有上攻意圖的標誌，如圖 4-17 所示。

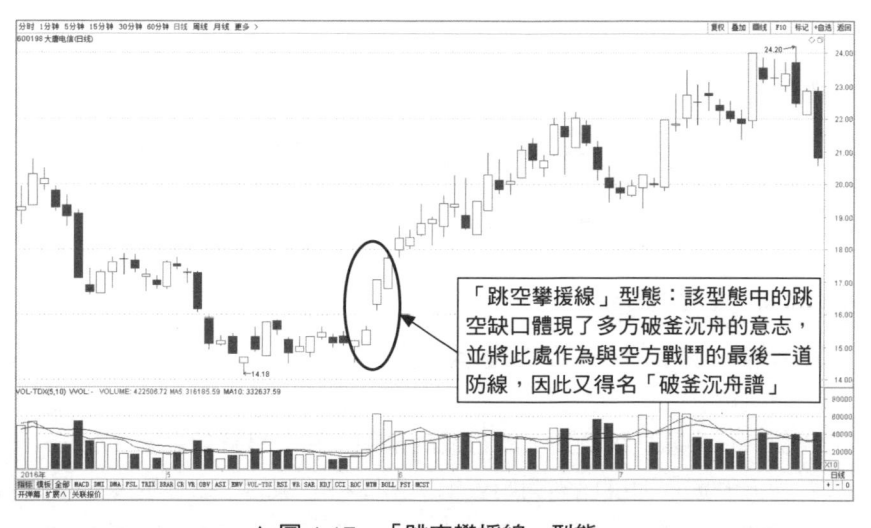

▲ 圖 4-17　「跳空攀援線」型態

跳空後的兩根 K 線， 是多方努力將防線推進到離前一根 K 線更遠的地方，說明多方已經佔據優勢地位，而空方已經無力抵抗，後市股價將迎來快速上漲。

在「跳空攀援線」型態中，最關鍵的是第二根陽線的走勢，如果得到成交量的配合，並開平或開高走高，投資者此時就可以據此趁早入場，享受股價快速拉升帶來的收益。

4.1.9 　第 49 日戰記

我用反擊成功型態，看到短線追漲買股的訊號

「反擊成功」型態是指前兩天收出兩個實體較小的陰線，第三條收出一根實體較長的陽線，且收盤價超過前兩天的開盤價位置，表示多方充分刺激股價上漲，空

方已經失敗，是投資者短線追漲買股的訊號，如圖 4-18 所示。

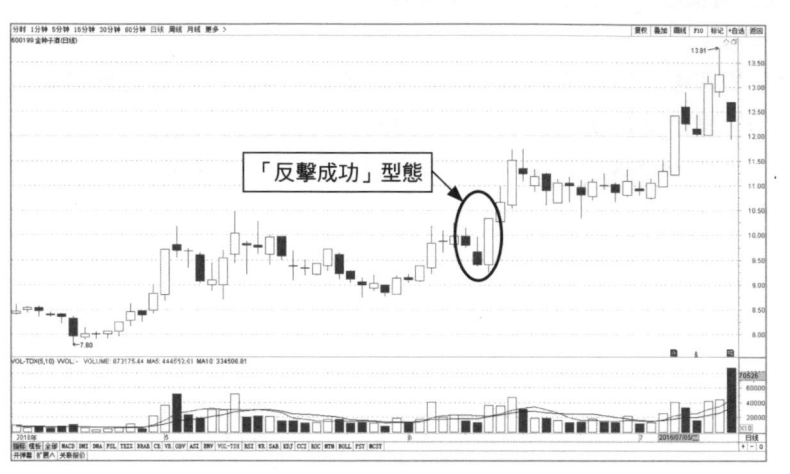

▲ 圖 4-18 「反擊成功」型態

4.1.10　第 50 日戰記
我用跳空陰線，看到應買入的提示

「跳空陰線」型態是指長期下跌行情的末期，在一根陰線之後又收出一根跳空陰線，表示空方的進攻力度已經開始衰竭。第二根陰線的下影線越長，多方將開始反攻的訊號越強烈。第三天收出一根陽線確定了股價的運行方向將反轉向上，這也是投資者應短線買入的提示性訊號，如圖 4-19 所示。

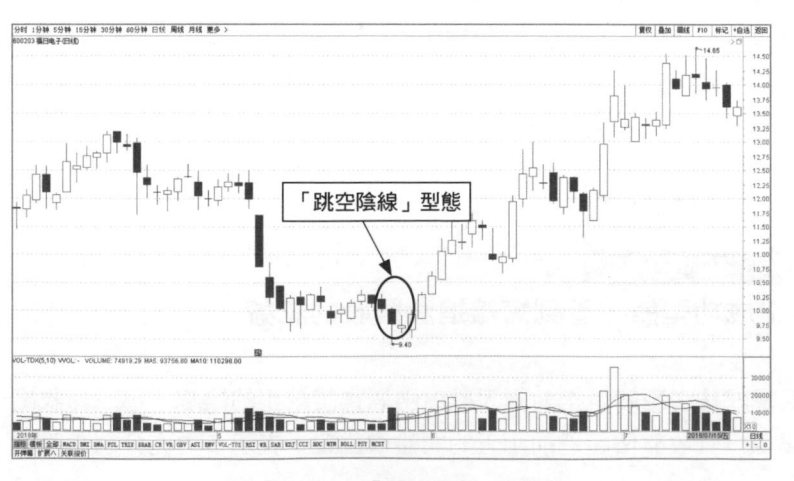

▲ 圖 4-19 「跳空陰線」型態

4.2 賣出點的三根 K 線實戰案例

本節將介紹如何利用常見的三根賣出 K 線組合型態，分析個股離場訊號。

4.2.1 第 51 日戰記
我用黃昏之星，看到應即時離場的訊號

當太陽像一顆紅色的淚珠從西山之巔緩緩滾落時，在這夕陽的餘光之中，「黃昏之星」就像「魔鬼的特使」君臨股市，市場在持續的漲勢後，已激情不再，就像再好的筵席也有散場的時候。

「黃昏之星」由三根 K 線組成，通常出現在上升行情末期，屬於反轉訊號，用於判斷 K 線頭部型態的形成，其型態如圖 4-20 所示。「黃昏之星」表示股價回落，是賣出訊號，投資者應伺機出貨。

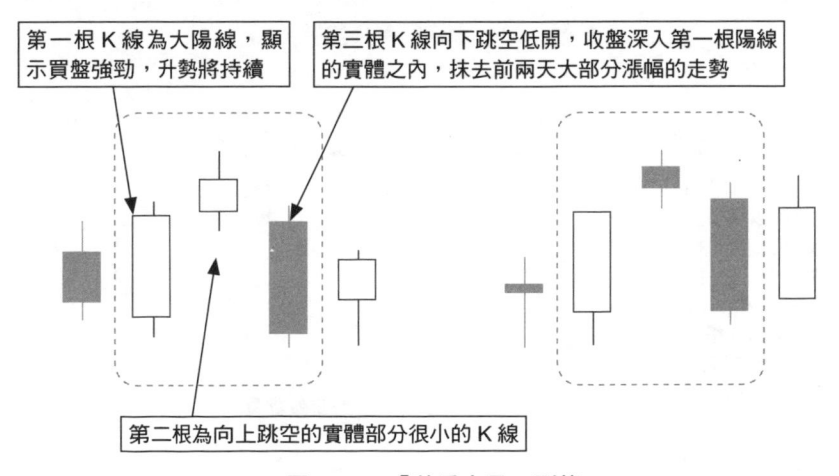

第一根 K 線為大陽線，顯示買盤強勁，升勢將持續

第三根 K 線向下跳空低開，收盤深入第一根陽線的實體之內，抹去前兩天大部分漲幅的走勢

第二根為向上跳空的實體部分很小的 K 線

▲ 圖 4-20　「黃昏之星」型態

下面舉例分析「黃昏之星」型態的賣出訊號。

步驟① 圖4-21所示為浙江醫藥（600216）2015年8月至2016年4月期間的K線圖。從圖中可以看到，該股整體運行趨勢為向上運行，尤其2016年4月股價上漲猛烈，4月8日股價開低走高形成陽線，4月11日股價跳空開高收小陽星。

步驟② 4月12日，股價縮量收出一根陰線，與前兩個交易日的K線形成「黃昏之星」型態，如圖4-22所示。高位形成「黃昏之星」型態，預測股價見頂，投資者應果斷離場。

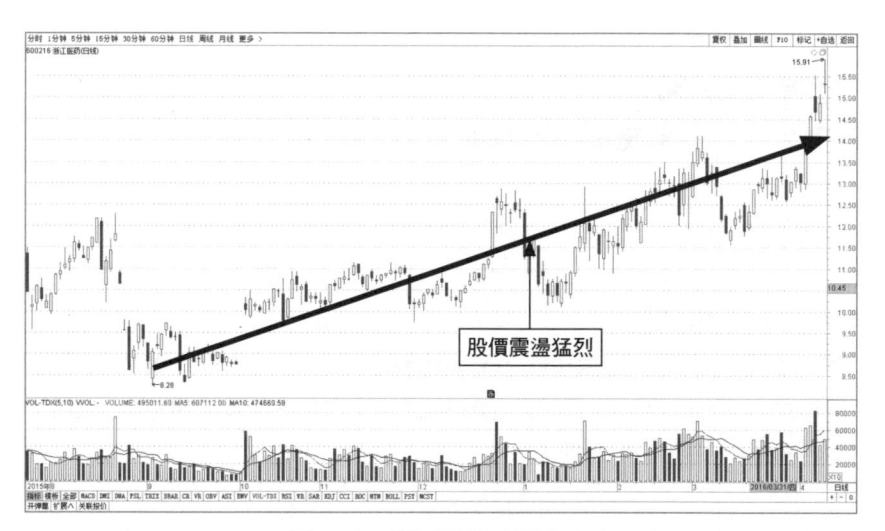

▲ 圖 4-21　浙江醫藥 K 線圖（1）

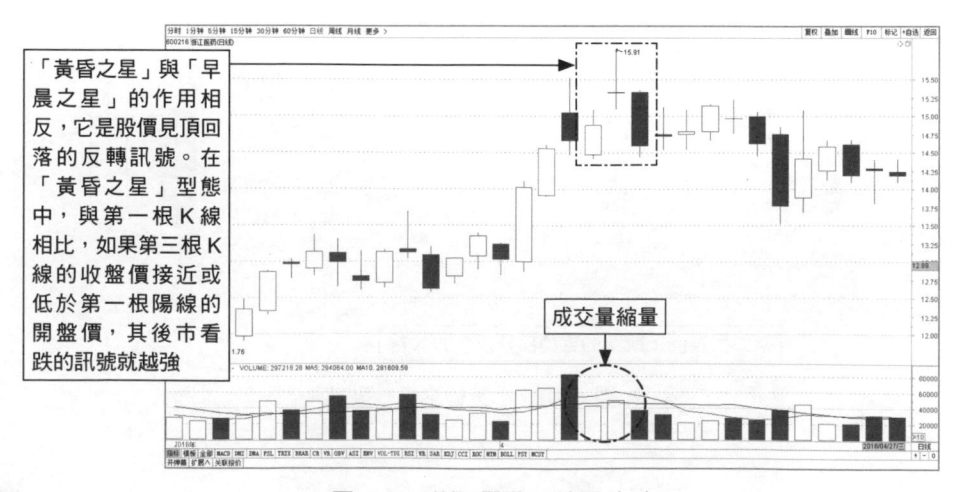

「黃昏之星」與「早晨之星」的作用相反，它是股價見頂回落的反轉訊號。在「黃昏之星」型態中，與第一根K線相比，如果第三根K線的收盤價接近或低於第一根陽線的開盤價，其後市看跌的訊號就越強

成交量縮量

▲ 圖 4-22　浙江醫藥 K 線圖（2）

步驟 ③ 隨後，股價出現大幅下跌，如圖 4-23 所示。在股市中，「黃昏之星」型態充當頂部的機率非常高，通常在牛市後期，投資者要特別警惕這種反轉訊號。如果「黃昏之星」型態的星體是陰線，且成交量放量，則下跌行情即將到來，投資者應及時離場觀望。

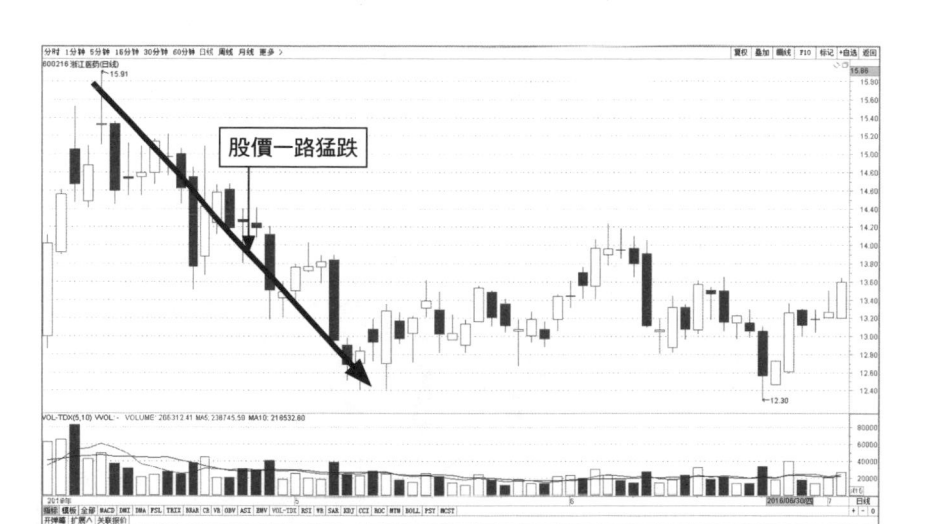

▲ 圖 4-23　浙江醫藥 K 線圖（3）

4.2.2　第 52 日戰記
我用黃昏十字星，預示一波下跌即將出現

「黃昏十字星」型態是指股價經過一段時期上漲後，出現向上跳空開盤，開盤價與收盤價相同或非常接近，而且留下上下影線，形成一顆「十字星」，接著第二天跳空拉出一根下跌的陰線，構成「黃昏十字星」，如圖 4-24 所示。

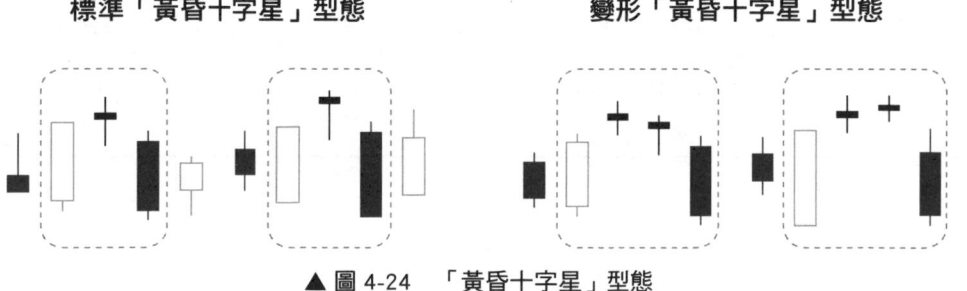

▲ 圖 4-24　「黃昏十字星」型態

「黃昏十字星」型態出現，表示股價已經見頂或離頂部不遠，股價將由強轉弱，一輪跌勢將不可避免。見此訊號，投資者應離場出場為妙。下面舉例分析「黃昏十字星」型態的賣出訊號。

　　圖 4-25 所示為首旅酒店（600258）2016 年 3 月至 5 月期間的 K 線圖。從圖中可以看到，該股在一波持續上漲後的高點出現型態鮮明的「黃昏十字星」型態，而且中間的「十字星」上影線非常長，這是空方賣壓突然轉強的標誌，預示著一波下跌走勢即將出現，也是投資者應短線賣股離場的訊號。

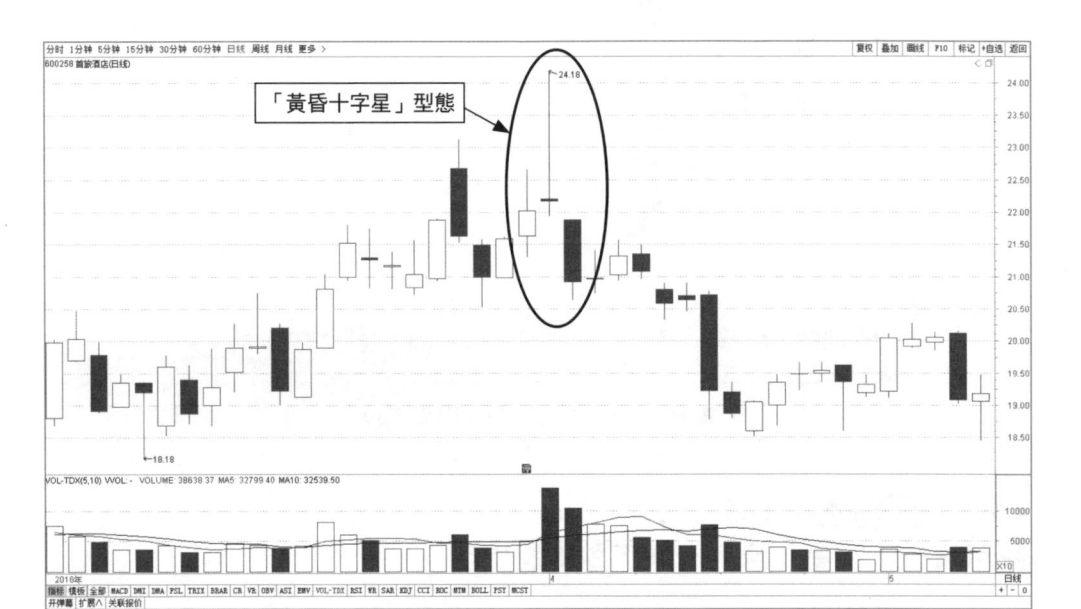

▲ 圖 4-25　首旅酒店 K 線圖

　　上升途中出現「黃昏十字星」型態後，在較深幅的回測整理過程中，若受下檔籌碼的支撐迫使止跌，投資者可在盤底之後的收復線當日進場，從而免去牛皮市的煎熬，迅速獲利。在大幅拉升末端，「黃昏十字星」出現時多空伴以巨量，底部籌碼銳減，投資者應同步減倉操作，切忌戀戰。

4.2.3　 第 53 日戰記

看到逃命線要小心，可能是主力的障眼法

　　「逃命線」型態是指在個股高位順勢而下走出兩根陰線，第三天卻出現一根大陽線。看上去好像是在打擊前兩根陰線，營造出一種買方力量增強的跡象，實際上可能是主力在高位拉高出貨使用的障眼法，同時也是投資者難得的逃命線，如圖 4-26所示。

　　「逃命線」型態有一個前提條件，那就是大幅放量不成立，只要最後一根大陽線之後再拉陰線，該型態就較有把握。

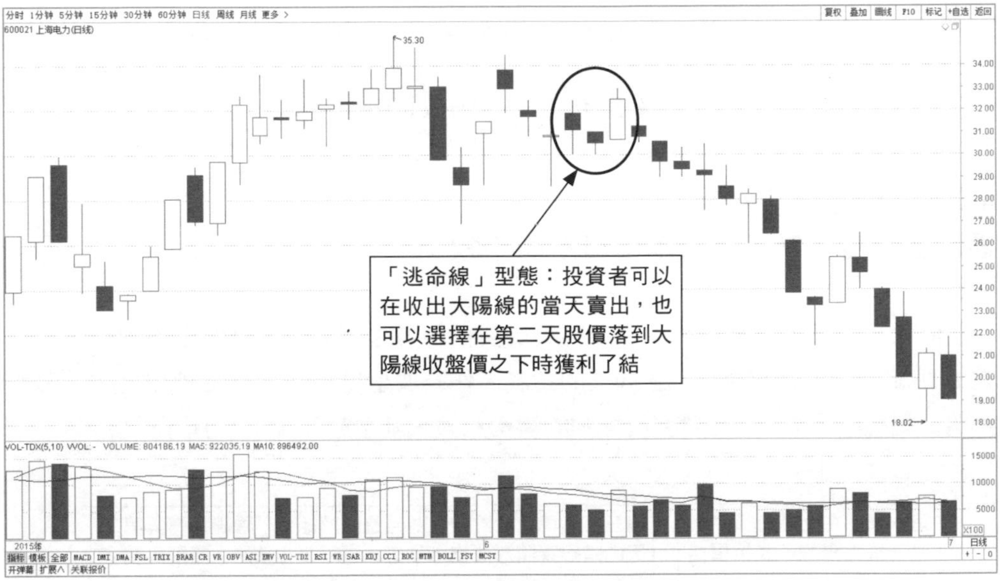

　　「逃命線」型態：投資者可以在收出大陽線的當天賣出，也可以選擇在第二天股價落到大陽線收盤價之下時獲利了結

▲ 圖 4-26　「逃命線」型態

4.2.4　 第 54 日戰記

我用空方炮，預估個股短期下跌的可能性極大

　　「空方炮」型態是一個「兩陰夾一陽」的三根 K 線組合型態，是空方力量爆發式出現的標誌，個股短期下跌的可能性極大，又稱「空方開炮」，如圖 4-27 所示。

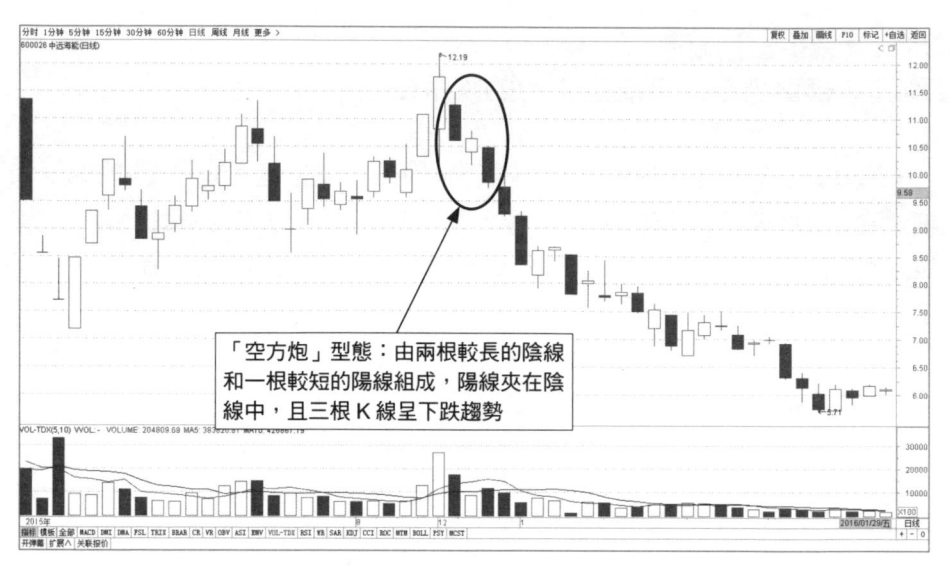

「空方炮」型態：由兩根較長的陰線和一根較短的陽線組成，陽線夾在陰線中，且三根 K 線呈下跌趨勢

▲ 圖 4-27 「空方炮」型態

4.2.5 第 55 日戰記
看到雙飛烏鴉時，當天應出貨不能手軟

俗話說「天下烏鴉一般黑」，烏鴉掛樹梢會帶來厄運，股市中也不例外，出現在 K 線組合中，就有見頂回落向淡的意義。作為典型見頂回落的 K 線組合，「雙飛烏鴉」型態與「黑三鴉」都具有極強的轉勢意義，其型態如圖 4-28 所示。

第一天：在上漲行情中出現一根大陽線，表示價格大幅上升

第三天：再次收陰線，並且是陰線組合，陰線實體與第二天的陰線實體形成抱狀型態，這就是標準的「雙飛烏鴉」型態，表示股價會進一步下跌，後市看淡

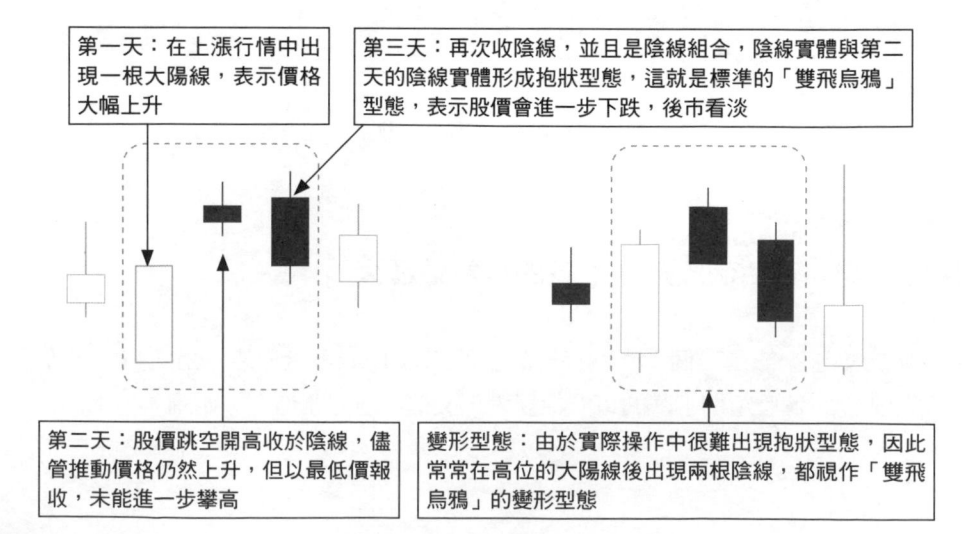

第二天：股價跳空開高收於陰線，儘管推動價格仍然上升，但以最低價報收，未能進一步攀高

變形型態：由於實際操作中很難出現抱狀型態，因此常常在高位的大陽線後出現兩根陰線，都視作「雙飛烏鴉」的變形型態

▲ 圖 4-28 「雙飛烏鴉」型態

「雙飛烏鴉」的型態特徵如下。

- 大陽線後的兩條小陰線，一是要呈向上空跳的走勢，二是兩條小陰線要形成抱線型態。不符合這兩個特徵的圖線，只能算是非標準型態的「雙飛烏鴉」。

- 標準型態的「雙飛烏鴉」出現頻率也相當低，因此有效性特別高，應多關注此種型態。「雙飛烏鴉」是典型的見頂訊號，第二條陰線出現時，應毫不猶豫地賣出股票。

專家心法

　　凡是「烏鴉」型態的 K 線組合，投資者都應小心，它們均屬於各種級別的頭部型態，都是實戰中的出貨訊號，只是有的「烏鴉」必死無疑，有的「烏鴉」則可能會起死回升。「雙飛烏鴉」型態一定要先起飛後回落，即行情經過一段連續上升後，在其高位後出現實體跳空的陰線，表示「烏鴉」起飛，然後再出現一條開低走低的陰線，便形成「烏鴉」回落，此時實戰中應出貨了結。「雙飛烏鴉」型態的最佳賣出時間是該型態形成的當天，如當天因故來不及賣出，也應在第二天出手，出貨時絕不能手軟。

　　下面舉例分析「雙飛烏鴉」型態的賣出訊號。

步驟 ① 圖 4-29 所示為寧波聯合（600051）2015 年 4 月至 6 月期間的 K 線圖，股價經歷一波較大漲幅的上升行情，並於 6 月 11 日運行到高位。

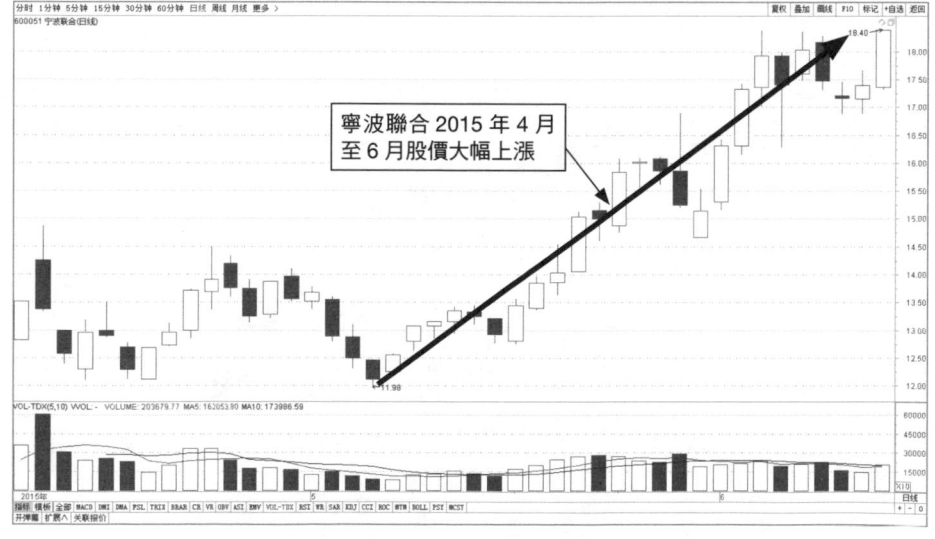

▲ 圖 4-29　寧波聯合 K 線圖（1）

步驟 2 隨後的第二個交易日（6 月 12 日）股價衝高回落，最終股價以陰線報收創新高，6 月 15 日股價高開縮量收於陰線，成交量跌破 5 日均量線形成「雙飛烏鴉」型態，如圖 4-30 所示。

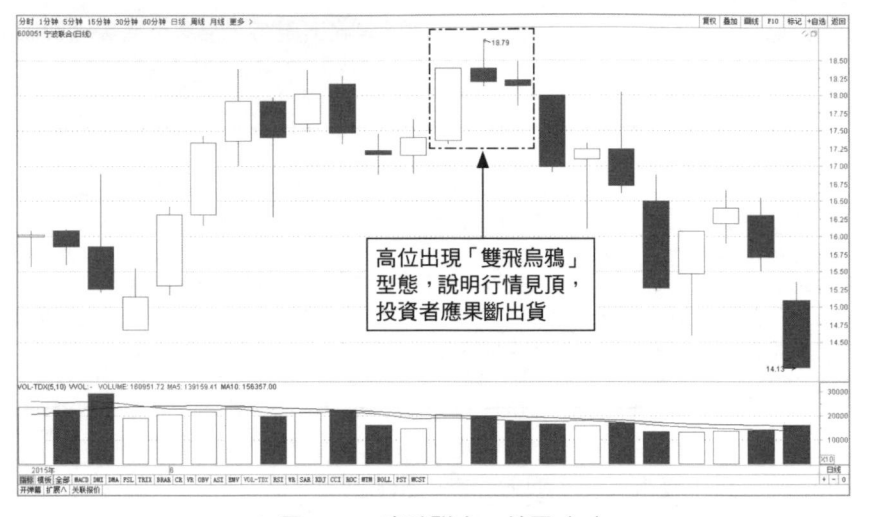

▲ 圖 4-30　寧波聯合 K 線圖（2）

步驟 3 隨後，股價持續下跌，成交量急劇縮量，各均線拐頭向下運行，股價步入下跌行情，如圖 4-31 所示。

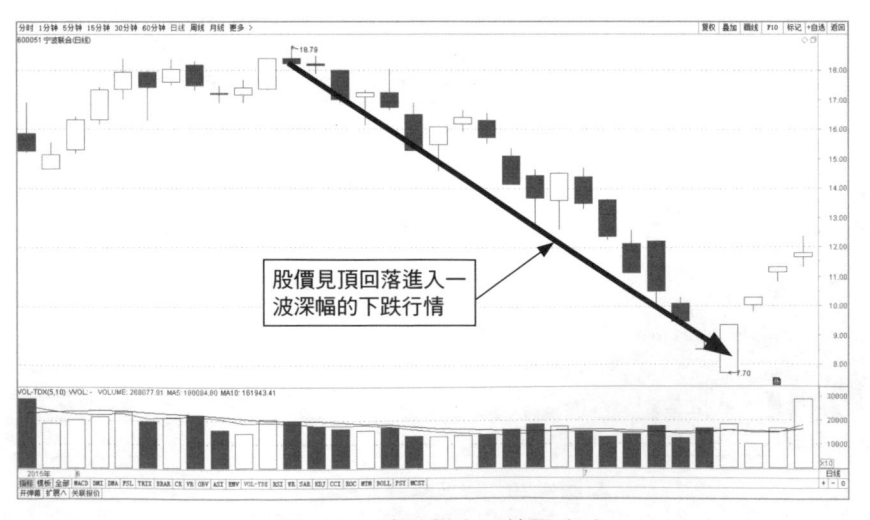

▲ 圖 4-31　寧波聯合 K 線圖（3）

4.2.6　第 56 日戰記
下跌三顆星出現，說明市場仍然處於弱勢

「下跌三顆星」型態通常出現在各個下跌行情中，在 K 線圖上出現連續 3 根小陽線（或小陰線），這 3 天的股價波動幅度很小，說明市場仍然處於弱勢，股價還有繼續下跌的可能，如圖 4-32 所示。

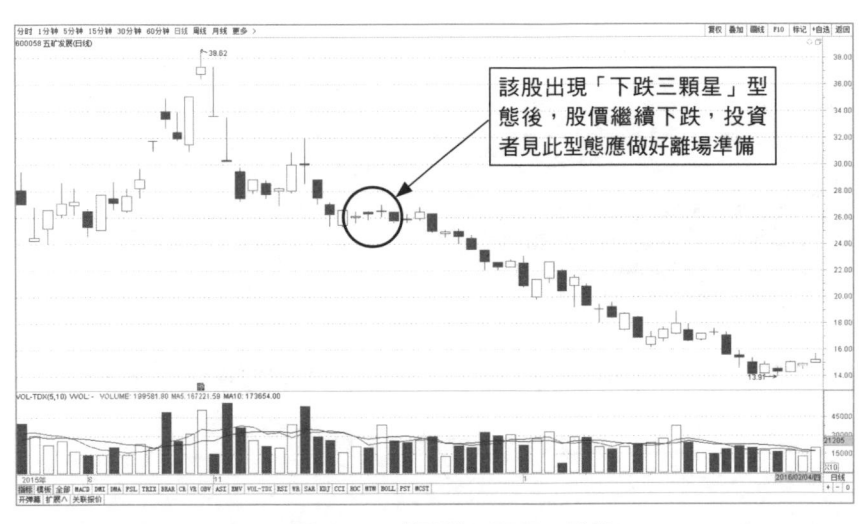

該股出現「下跌三顆星」型態後，股價繼續下跌，投資者見此型態應做好離場準備

▲ 圖 4-32　「下跌三顆星」型態

4.2.7　第 57 日戰記
我用黑三鴉，預測後勢下跌應立即離場

「黑三鴉」型態由三根陰線構成，一般出現在上升階段末期，是典型的見頂回落 K 線組合，其型態如圖 4-33 所示。

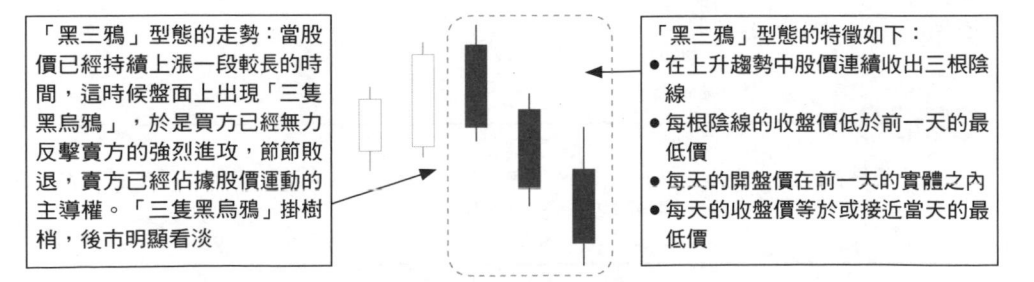

「黑三鴉」型態的走勢：當股價已經持續上漲一段較長的時間，這時候盤面上出現「三隻黑烏鴉」，於是買方已經無力反擊賣方的強烈進攻，節節敗退，賣方已經佔據股價運動的主導權。「三隻黑烏鴉」掛樹梢，後市明顯看淡

「黑三鴉」型態的特徵如下：
- 在上升趨勢中股價連續收出三根陰線
- 每根陰線的收盤價低於前一天的最低價
- 每天的開盤價在前一天的實體之內
- 每天的收盤價等於或接近當天的最低價

▲ 圖 4-33　「黑三鴉」型態

下面舉例分析「黑三鴉」型態的賣出訊號。

圖 4-34 所示為樂凱膠片（600135）2016 年 8 月至 12 月期間的 K 線走勢圖。可以看到，此股在一波快速上漲行情後，於高位整理過程中出現由 3 根中小陰線組合而成的「黑三鴉」型態。投資者遇到「黑三鴉」型態時必須保持高度警惕，這是非常強烈的反轉訊號。從圖中可以看到，該股在出現「黑三鴉」後，開始加速下跌。

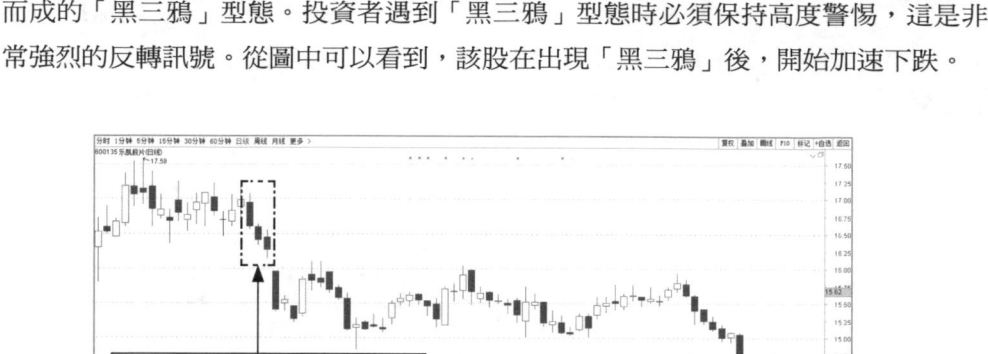

「黑三鴉」型態的出現，是空方力量正在逐步加強的標誌，預示著一波下跌走勢即將出現，可以作為投資者短線賣股的訊號

▲ 圖 4-34　樂凱膠片 K 線圖

在大幅上漲到高價位區域後，如果出現「黑三鴉」型態，且連續下跌的陰線越多，股價見頂的可能性就越大，後市下跌的可能性也越大。因此，投資者在高位區應特別謹慎對待該型態，一旦遇到這種型態，應立即離場。

4.2.8　第 58 日戰記
下跌鑷子線出現時，投資者應快速抽身離場

「下跌鑷子線」是一個在上漲時出現的頭部訊號，由三根兩大一小的 K 線組成，且最高價相近，如圖 4-35 所示。

> **專家心法**
>
> 　　尤其是在個股大幅漲升末端出現攜巨量的「大跌鑷子線」時，獲利區內籌碼傾巢出動，投資者應快速決斷、抽身離場，看淡後市。

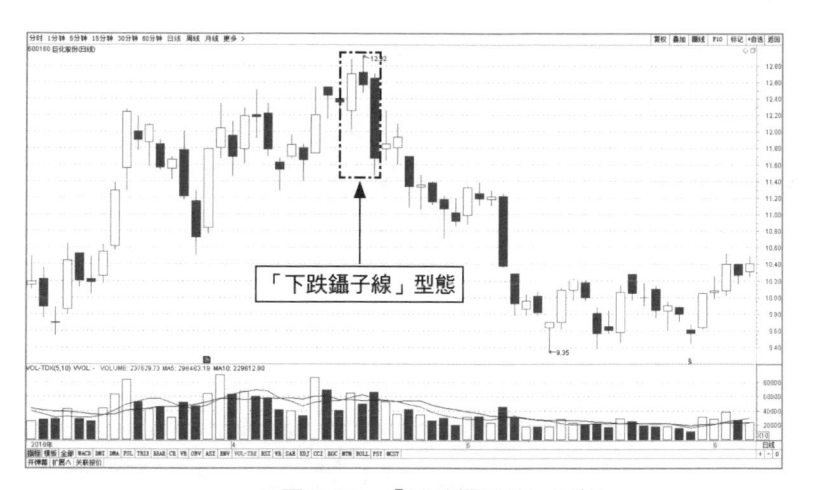

▲ 圖 4-35　「下跌鑷子線」型態

4.2.9　第 59 日戰記
孕線星線組合，暗示短期內的下跌走勢

　　「孕線星線」組合型態是「孕線」K 線組合的一個變形型態，是市場的見頂訊號，預示後市將進入較漫長的整理時期，此時投資者應及時清倉出場，其型態如圖 4-36 所示。

「孕線星線」組合型態的走勢分析：在高位出現孕線的組合，說明後市會逐步下跌，而第三日的高位十字星或長上影線的 K 線，對後市下跌具有一定的推波助瀾作用，後市會出現暴跌行情。因此投資者在高位遇到該型態後，一定要果斷清倉出場，規避風險

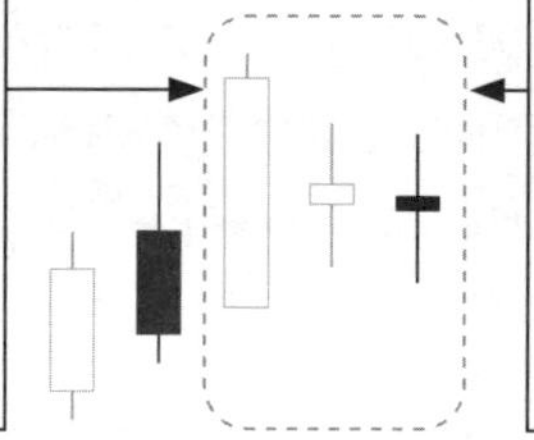

「孕線星線」組合型態的特徵：在上漲行情的高價位區，孕線是見頂回落的反轉訊號，在上漲行情中出現一根大陽線。如果次日股價收於較小實體的 K 線，且實體部分完全被包含在大陽線中，第三日股價收出一根高位十字星或帶長上影線的 K 線，此時形成的組合型態即為「孕線星線」

▲ 圖 4-36　「孕線星線」組合型態

　　下面舉例分析「孕線星線」型態的賣出訊號。

　　圖 4-37 所示為蓮花健康（600186）2015 年 9 月至 12 月期間的 K 線走勢圖。可以看到，該股前期經歷一波上升行情，在高位形成「孕線星線」組合型態，此型態是多方短期內無力推升股價，而空方賣壓又開始沉重的標誌，預示著短期內即將展開一波下跌走勢，是投資者短線賣股的訊號。

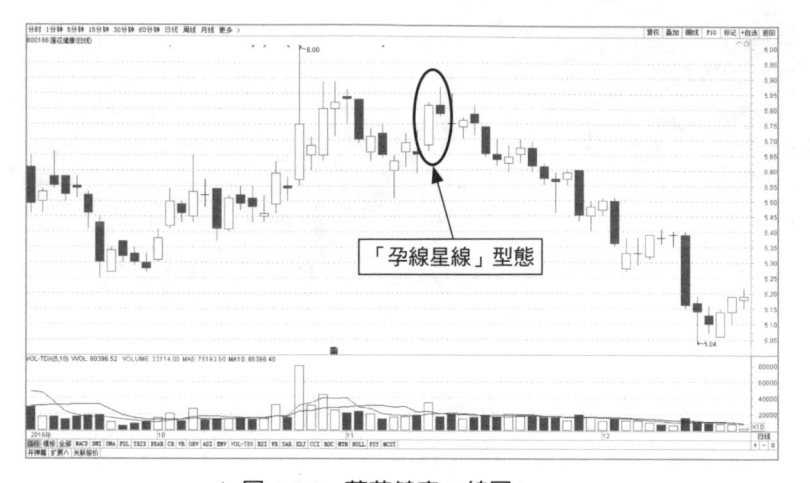

▲ 圖 4-37　蓮花健康 K 線圖

 專家心法

　　在「孕線星線」組合型態中，大陽線出現在階段性上漲走勢後的高點位，因此它是對短期內多方力量的一種過度消耗。

4.2.10　第 60 日戰記
我用暴跌三傑，看出個股暴跌的前兆

　　「暴跌三傑」型態又稱「滿天風雨譜」，是指當個股股價大漲後在高位出現連續陰線，與「黑三鴉」型態非常相似，是明顯的賣出訊號，而且是個股暴跌的前兆，行情將呈現一個月以上的回檔整理局面，如圖 4-38 所示。

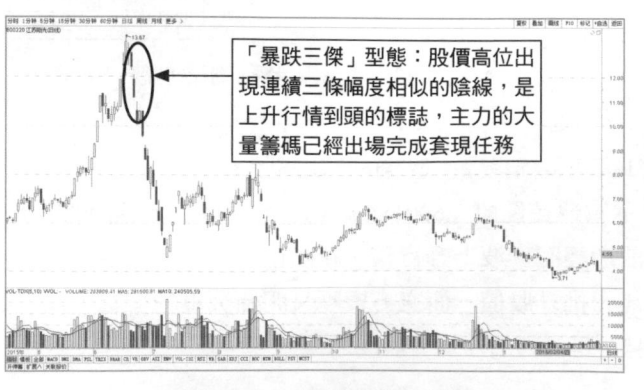

▲ 圖 4-38　「暴跌三傑」型態

第 **5** 章

創新高、創新低時，
你得知道的
多根 K 線應用技巧

5.1 買進點的多根 K 線實戰案例

本節將介紹，如何利用多根 K 線組合型態分析個股買入訊號，幫助投資者在變幻莫測的股票市場中，把握住轉瞬即逝的投資機會。

5.1.1　第 61 日戰記
我用多方尖兵，抓住短線買入機會

「多方尖兵」型態由若干根 K 線組成，一般出現在上漲行情中，其型態如圖 5-1 所示。有人將「多方尖兵」K 線組合比喻成深入空方腹地的尖兵，實際上「多方尖兵」是多方主力發動全面進攻的一次洗盤，它的出現表示股價會繼續上漲，投資者應該積極做多。

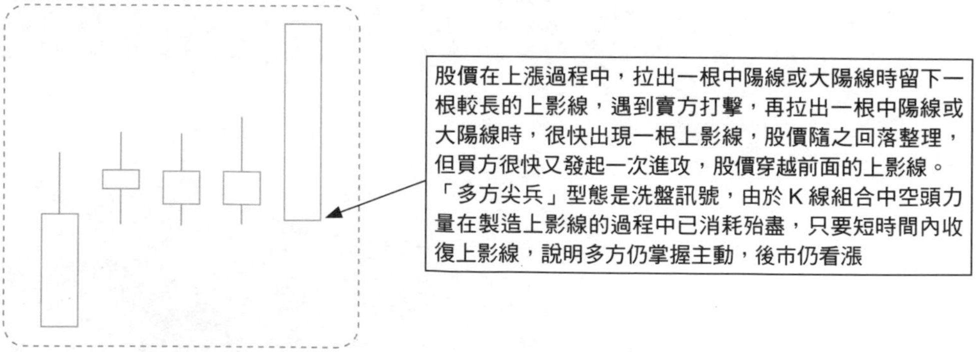

股價在上漲過程中，拉出一根中陽線或大陽線時留下一根較長的上影線，遇到賣方打擊，再拉出一根中陽線或大陽線時，很快出現一根上影線，股價隨之回落整理，但買方很快又發起一次進攻，股價穿越前面的上影線。「多方尖兵」型態是洗盤訊號，由於 K 線組合中空頭力量在製造上影線的過程中已消耗殆盡，只要短時間內收復上影線，說明多方仍掌握主動，後市仍看漲

▲ 圖 5-1　「多方尖兵」型態

　　「多方尖兵」型態的技術要點如下：
1. 股價處在明顯的上升趨勢中。
2. 蓄勢時間最好在 2 ～ 3 天，時間越久力度越小。
3. 如果同時能得到 MACD 等指標驗證，成功率更高。

　　下面舉例分析「多方尖兵」型態的買入訊號。

　　圖 5-2 所示為延長化建（600248）2016 年 7 月至 10 月期間的 K 線圖，股價在上漲過程中形成「多方尖兵」型態，是短線買入機會。

　　從走勢圖上看，「多方尖兵」型態實際上是多方主力在發動全面進攻前的一次試探性進攻，在 K 線圖上留下一根較長的上影線，猶如深入空方腹地的尖兵，因此得到「多方尖兵」的雅名。

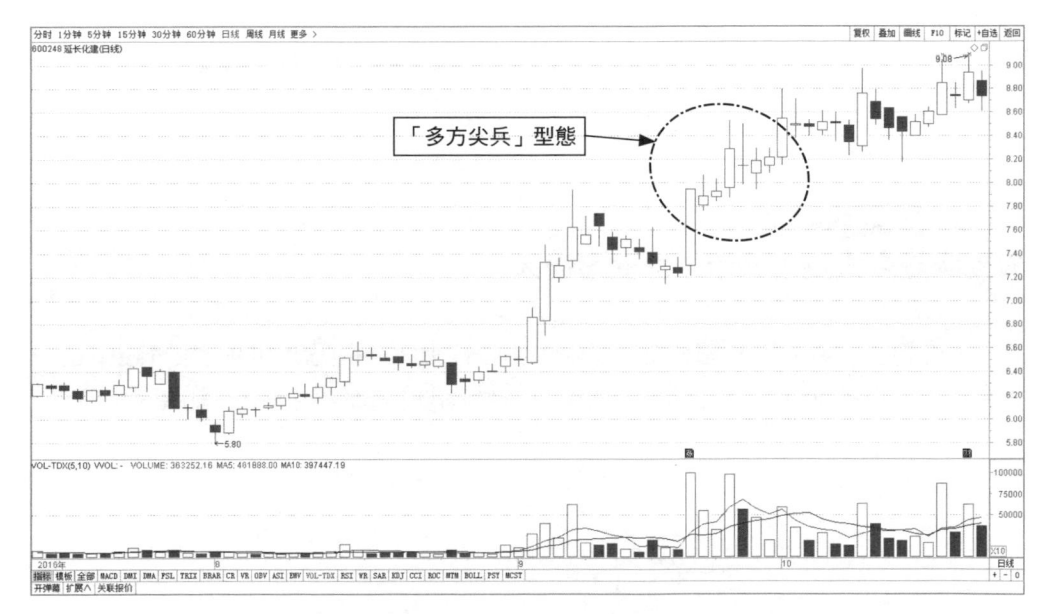

▲ 圖 5-2　延長化建 K 線圖

5.1.2　第 62 日戰記
我用三空陰線，看到見底止跌的訊號

　　「三空陰線」型態通常出現在個股下跌趨勢的末期，由三根連續向下跳空的陰線組成，看上去雖然跌勢嚴峻，但其實這是空方能量耗盡的表現，也是行情即將見底止跌的訊號，如圖 5-3 所示。

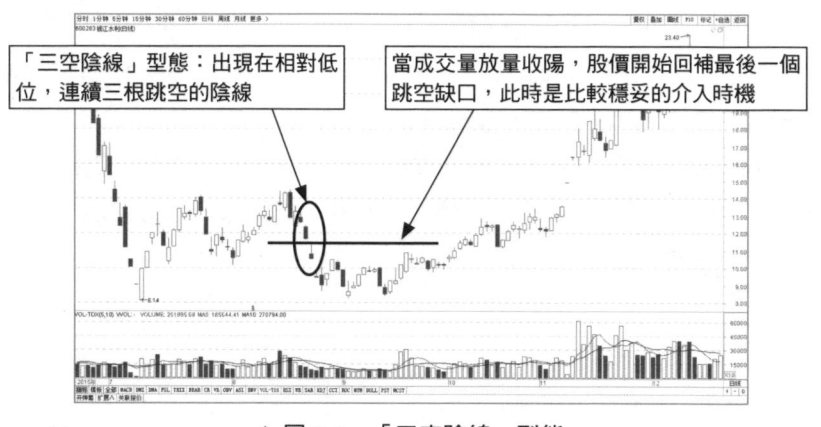

▲ 圖 5-3　「三空陰線」型態

5.1.3　第 63 日戰記
看到疊疊多方炮，表示上漲機率極大

　　「疊疊多方炮」的 K 線組合，是兩根小陰線夾在三根陽線中間，在實踐中是一組非常實用的 K 線組合，這個組合出現後，股價繼續上漲的機率極大，如圖 5-4 所示。

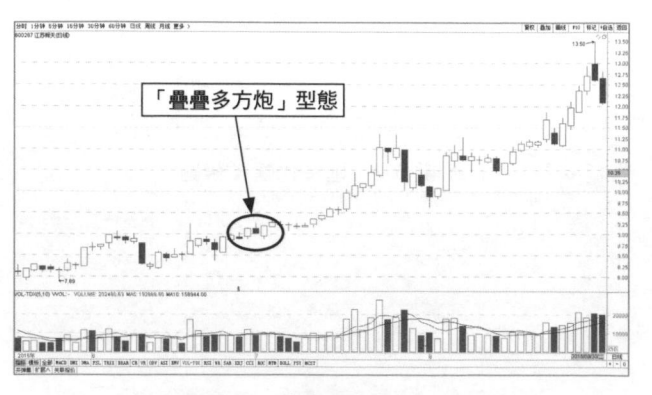

▲ 圖 5-4　「疊疊多方炮」型態

5.1.4　第 64 日戰記
我用上升三步曲，看到行情看漲的訊號

　　「上升三步曲」K 線組合型態通常出現在上升途中，由三根較大陽線接三根較小陰線，再接一根較大陽線組合，是行情看漲的訊號，預示後市將繼續上漲，其型態如圖 5-5 所示。

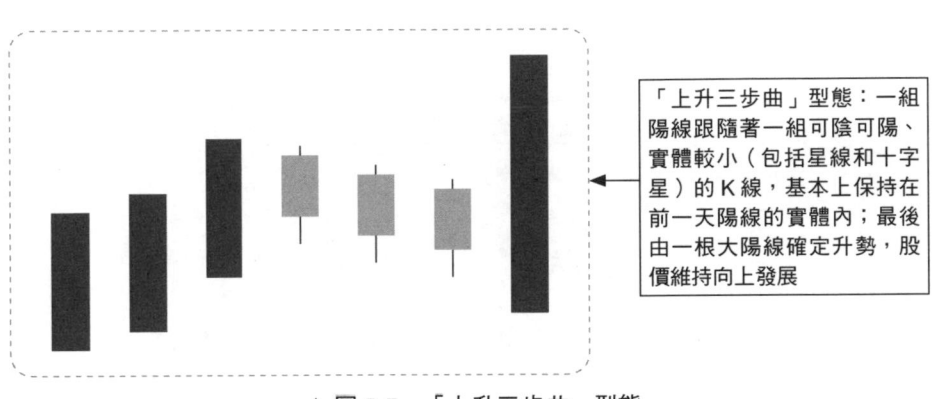

「上升三步曲」型態：一組陽線跟隨著一組可陰可陽、實體較小（包括星線和十字星）的 K 線，基本上保持在前一天陽線的實體內；最後由一根大陽線確定升勢，股價維持向上發展

▲ 圖 5-5　「上升三步曲」型態

5.1.5　第 65 日戰記
上升三連擊出現，代表股價繼續上漲

　　「上升三連擊」型態是指在多方奮力向上攻擊時，連續收出一組小陽線，然後空方突然殺出，一根大陰線將價格拉低，一口吞掉前面的三根陽線，其後股價繼續上行，其型態如圖 5-6 所示。

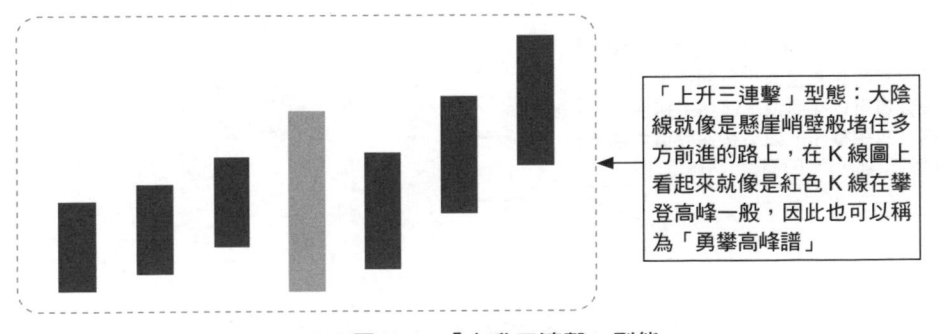

「上升三連擊」型態：大陰線就像是懸崖峭壁般堵住多方前進的路上，在 K 線圖上看起來就像是紅色 K 線在攀登高峰一般，因此也可以稱為「勇攀高峰譜」

▲ 圖 5-6　「上升三連擊」型態

5.1.6　第 66 日戰記
看到低位連陽，投資者應即時跟進

　　「低位連陽」型態是指在個股的低位區域中，如果反覆出現連續的小陽線，表示有先知先覺的投資者正在緩緩建倉，如圖 5-7 所示。此時，投資者一定要密切跟蹤和分析該股，一旦出現啟動上攻動作，要及時跟進。

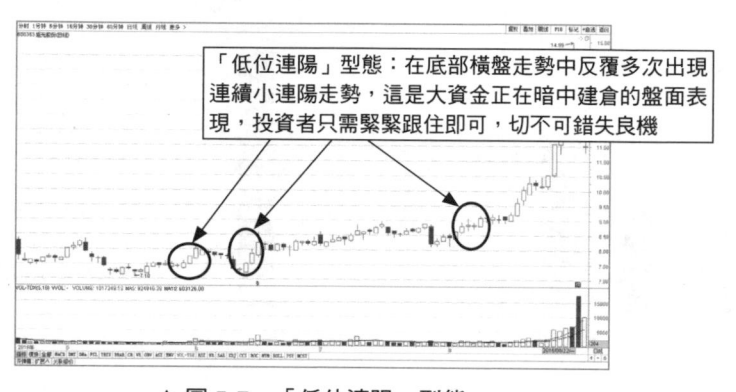

▲ 圖 5-7　「低位連陽」型態

5.1.7　第 67 日戰記
撥雲見日如其名，代表將創出新高

　　「撥雲見日」型態通常出現在個股上漲途中，突然遇到空方大量賣盤打壓，出現的一組陰線整理走勢。但隨著賣盤減少，市場中看好該股的投資者又開始買入，股價重新上漲突破壓力位，創出新高，如烏雲散去豔陽高照，如圖 5-8 所示。

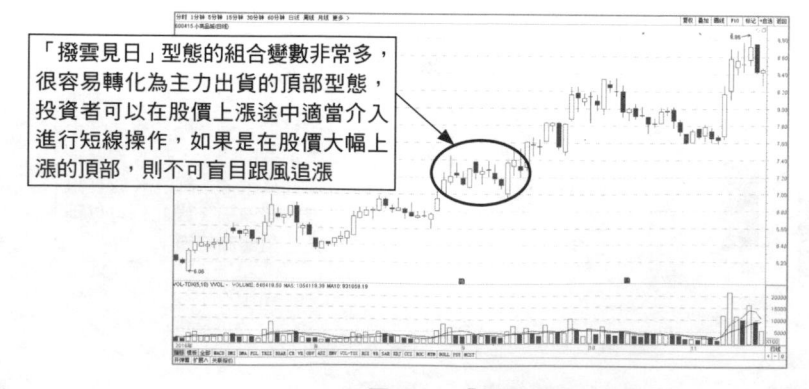

▲ 圖 5-8　「撥雲見日」型態

5.1.8 　第 68 日戰記
穩步上漲向上傾斜的 K 線，表示後勢看漲

　　「穩步上漲」型態通常出現在上漲行情中，由數量眾多的陽線中夾著較少的小陰線組成，整個 K 線排列呈向上傾斜狀，表示後市看漲，如圖 5-9 所示。

在「穩步上漲」型態中，如果後面的陽線可以快速覆蓋前面插入的陰線，則說明該股後市上漲的動力越大

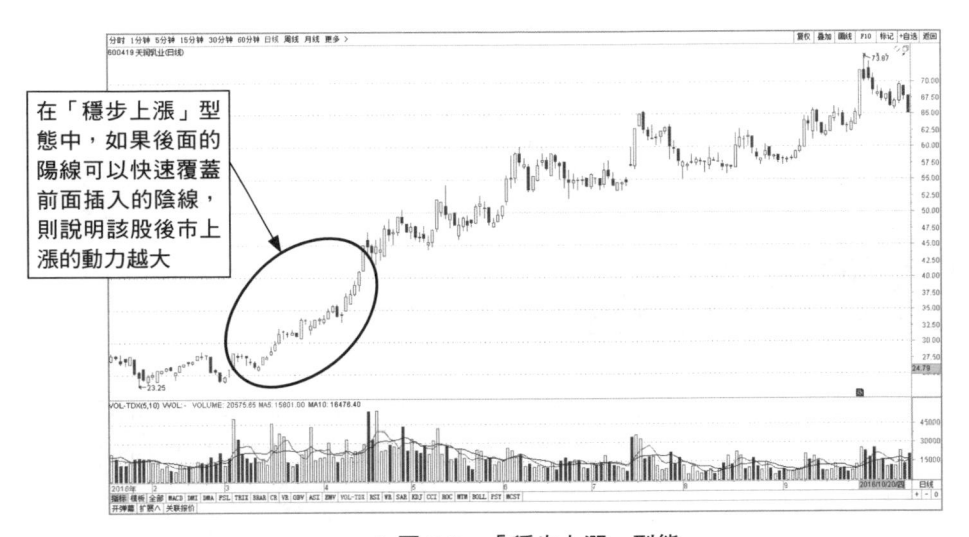

▲ 圖 5-9　「穩步上漲」型態

5.2 賣出點的多根 K 線實戰案例

本節將介紹，如何利用多根 K 線組合型態分析個股賣出訊號，幫助投資者把握精準的賣出位置，防止套牢的境況。

5.2.1 第 69 日戰記
下跌三步曲，反映市場極度虛弱

「下跌三步曲」型態，是指一根大陰線後面跟著三根連續小幅上漲的小陽線，隨後又是一根大陰線，反映市場極度虛弱，呈現出小漲大跌空方絕對佔優勢的情況，如圖 5-10 所示。

▲ 圖 5-10 「下跌三步曲」型態

5.2.2　第 70 日戰記
三陰夾兩陽，表示股價持續下跌

「三陰夾兩陽」的 K 線組合，是兩根陽線夾在三根陰線中間，這通常是下跌途中的型態，表示股價下跌遇到小陽線的抵抗，但還是擋不住賣方的力量，股價將繼續走向下跌行情，如圖 5-11 所示。

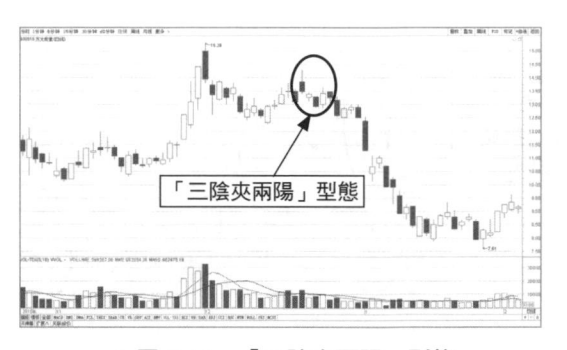

▲ 圖 5-11　「三陰夾兩陽」型態

5.2.3　第 71 日戰記
我用空方反擊線，看到價格走勢反轉向下的訊號

「空方反擊線」是由出現在階段性高點的大陽線（或中陽線）、隨之而來的小陰線（也可是十字星或小陽線等）、空方反擊的大陰線（或中陰線）組合而成。當這一組合型態出現在一波價格快速上漲走勢後的階段性高點，或盤整震盪區域的相對高點位時，是空方開始反擊的訊號，也是價格走勢反轉向下的訊號，如圖 5-12 所示。

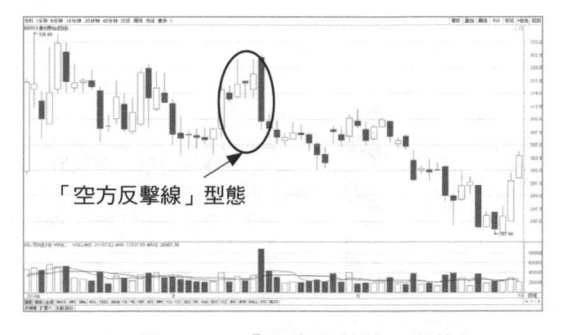

▲ 圖 5-12　「空方反擊線」型態

5.2.4　第 72 日戰記
看到三空陽線，暗示股價即將見頂

　　「三空陽線」型態，是指個股連續收出三根跳空開高走高的陽線，且後一日開盤價均高於前一日收盤價，該型態多是主力拉升出貨的表現，預示股價頂部的出現，如圖 5-13 所示。

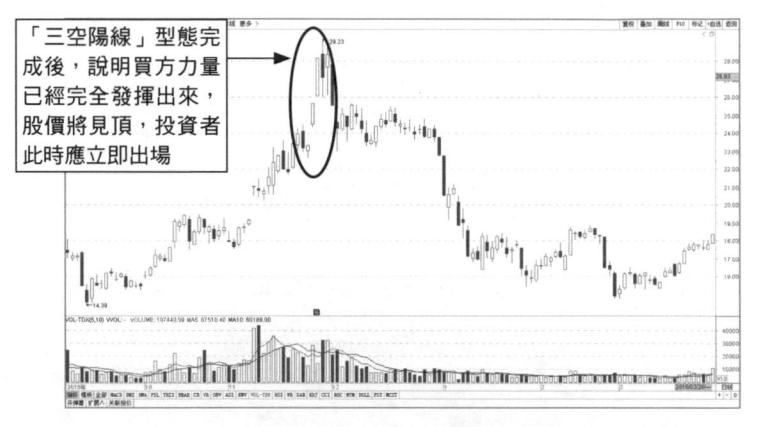

「三空陽線」型態完成後，說明買方力量已經完全發揮出來，股價將見頂，投資者此時應立即出場

▲ 圖 5-13　「三空陽線」型態

5.2.5　第 73 日戰記
看到下跌三連擊，投資者應盡快離場

　　「下跌三連擊」型態，通常出現在明顯的下跌走勢中，股價連續收出三根陰線，但隨後遭到多方的抵抗，出現一根大陽線，且最高價超越前面三根陰線的開盤價。看似股價將反彈，其實通常是主力誘多訊號，隨後股價將繼續下跌，其型態如圖 5-14 所示。

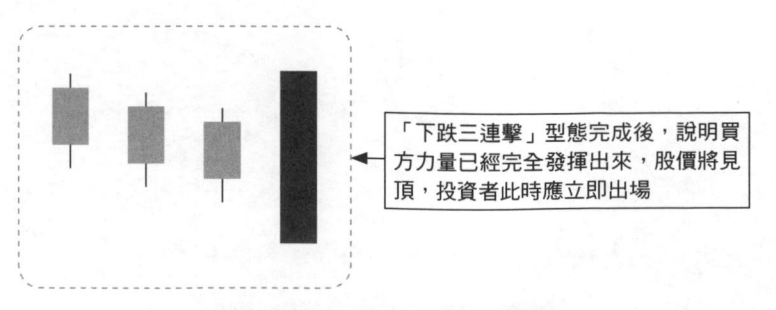

「下跌三連擊」型態完成後，說明買方力量已經完全發揮出來，股價將見頂，投資者此時應立即出場

▲ 圖 5-14　「下跌三連擊」型態

5.2.6　第 74 日戰記
我用空方尖兵，看到股價將下跌的訊號

　　「空方尖兵」是指下影線很長，且處於相對高位的 K 線組合型態，其往往是主力護盤無力的表現，更是空方力量充足且股價將下跌的可靠訊號，如圖 5-15 所示。

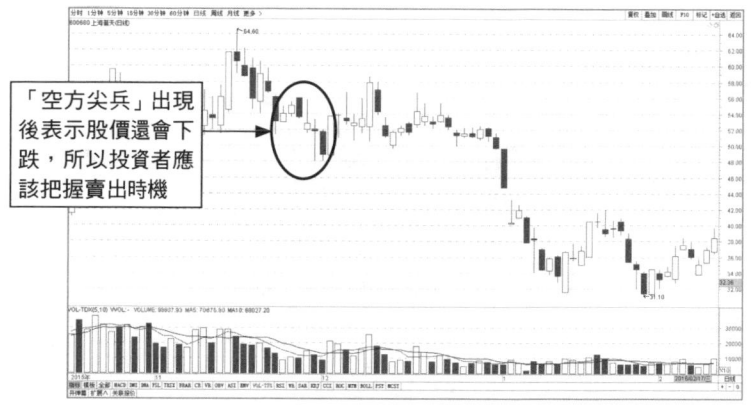

「空方尖兵」出現後表示股價還會下跌，所以投資者應該把握賣出時機

▲ 圖 5-15　「空方尖兵」型態

5.2.7　第 75 日戰記
看到綿綿陰跌，投資者可以繼續觀望

　　「綿綿陰跌」是一種出現在下跌走勢中，由多個小陽線或小十字星組成的型態，是空方力量明顯佔優勢的表現，也是空方打壓緩步有序的標誌，如圖 5-16 所示。

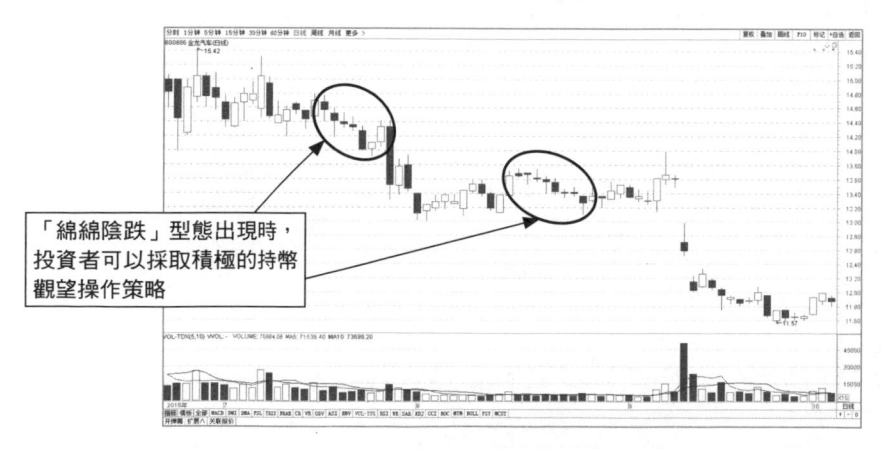

「綿綿陰跌」型態出現時，投資者可以採取積極的持幣觀望操作策略

▲ 圖 5-16　「綿綿陰跌」型態

5.2.8　第 76 日戰記
下降覆蓋線，是投資者的賣出訊號

　　「下降覆蓋線」型態通常出現在高位盤整區，說明空方力量明顯佔優勢，預示著隨後將出現下跌走勢，其經典組合如圖 5-17 所示。

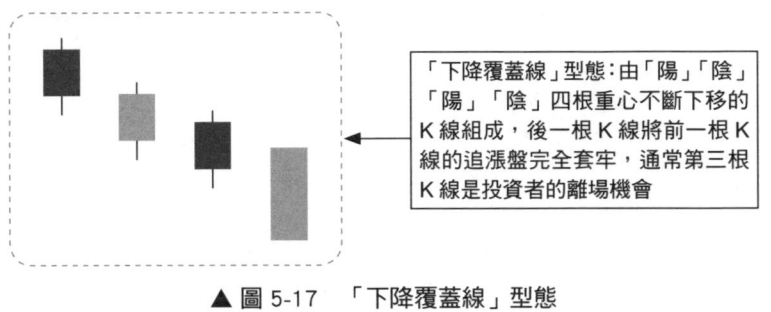

「下降覆蓋線」型態：由「陽」「陰」「陽」「陰」四根重心不斷下移的 K 線組成，後一根 K 線將前一根 K 線的追漲盤完全套牢，通常第三根 K 線是投資者的離場機會

▲ 圖 5-17　「下降覆蓋線」型態

　　下面舉例分析「下降覆蓋線」型態的賣出訊號。

　　圖 5-18 所示為華電能源（600726）2015 年 7 月至 2016 年 1 月期間的 K 線圖。可以看到，股價在下跌初期形成「下降覆蓋線」型態，這說明在這波下跌走勢中，空方力量已經完全佔據主導地位。由於此時破位下跌走勢剛剛開始，因此該型態是短期內下跌走勢仍將繼續的訊號，也是場內投資者的賣出訊號。

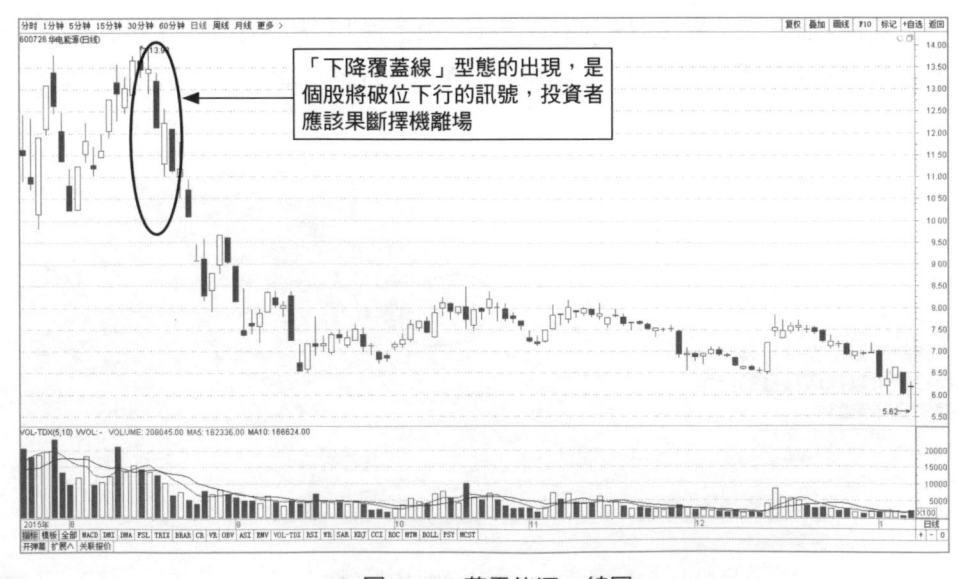

▲ 圖 5-18　華電能源 K 線圖

第 **6** 章
如何從 K 線圖的型態，
看出股價漲跌趨勢？

6.1 K線買入型態實戰案例

在前面的章節中，介紹了單根 K 線、兩根 K 線、三根 K 線以及多根 K 線等型態，但這種型態僅僅是一種局部型態，它們可以指導投資者進行階段性的高賣低買操作，卻難以讓投資者看清價格的整體運行情況。隨後的章節中，將介紹可以反映價格整體走勢的 K 線型態，本節先介紹 K 線的買入型態。

6.1.1 第 77 日戰記
看到 W 形底反轉，就是處於多波段跌勢晚期

「W 形底反轉」型態是一種重要的 K 線形狀，其走勢外觀如英文字母「W」，如圖 6-1 所示。W 底形狀屬於一種中期底部形狀，通常發生於波段跌勢的晚期，不會呈現在行情趨勢的半途。

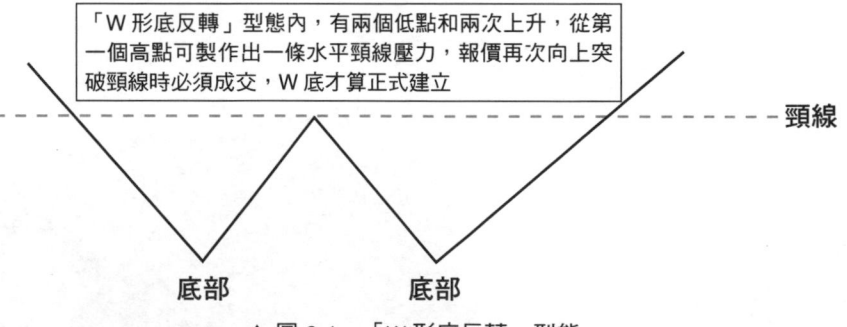

「W 形底反轉」型態內，有兩個低點和兩次上升，從第一個高點可製作出一條水平頸線壓力，報價再次向上突破頸線時必須成交，W 底才算正式建立

頸線

底部　　　　底部

▲ 圖 6-1　「W 形底反轉」型態

下面舉例分析「W 形底反轉」型態的買入訊號。

步驟 ① 圖 6-2 所示為寧波聯合（600051）2015 年 11 月至 2016 年 4 月的走勢圖，此股在深跌後的低位區出現 W 形的「雙重底」。「W 形底反轉」型態的

形成是由於價格長期下跌後，一些看好後市的投資者認為價格很低具有投資價值，期待性買盤積極，價格自然回升。但是這會影響大型投資機構吸納低價籌碼，所以在大型投資機構打壓下，價格又回到第一個低點的位置，形成支撐。這一次的回落打傷投資者的積極性，因而型態呈 W 形。

步驟 ② 該股處於下降通道中，空方連續數根中長陰線，打壓能力消耗殆盡，多方趁機發起反攻，在前期密集成交區的價位回落受阻，股價卻未跌破前期低點。接著，多方再次發起一輪反攻，一舉突破前期壓力位，股價逐步走高。這種走勢形成 W 形底，為後市上升埋下伏筆，如圖 6-3 所示。

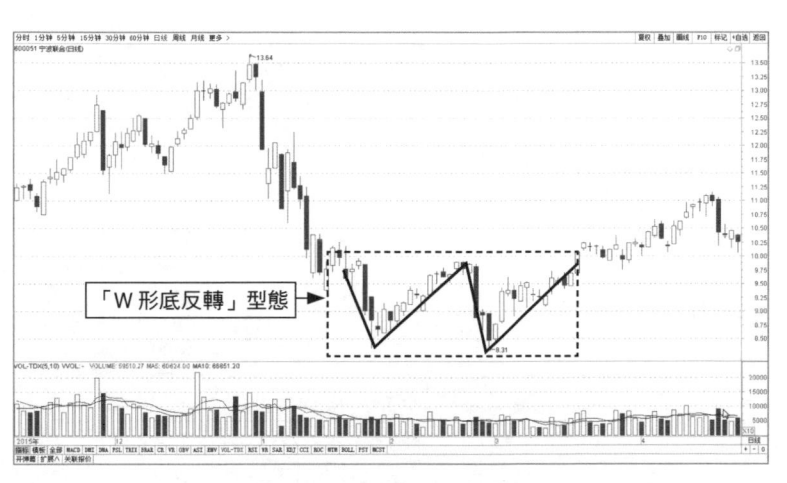

▲ 圖 6-2　寧波聯合 K 線圖（1）

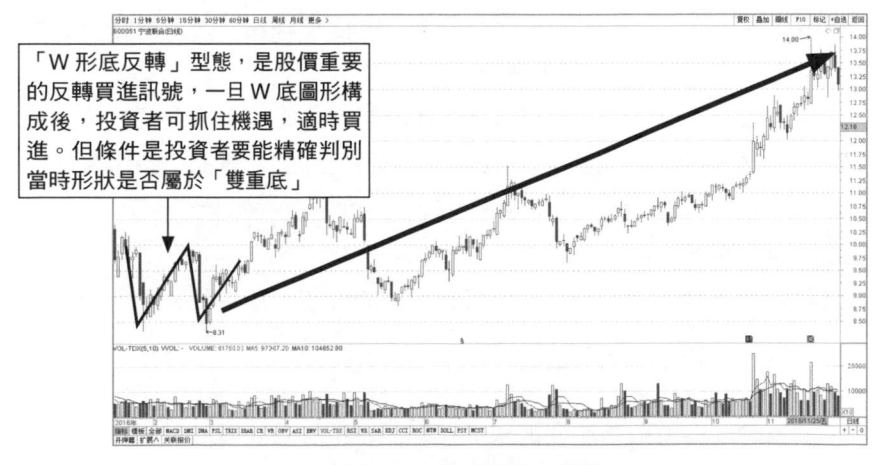

▲ 圖 6-3　寧波聯合 K 線圖（2）

6.1.2　第 78 日戰記
V 形底反轉型態，是強烈的上漲訊號

　　所謂「V 形底反轉」型態，是指股價先一路下跌，隨後一路攀升。其底部為尖底，在圖形上就像英文字母「V」一樣，如圖 6-4 所示。

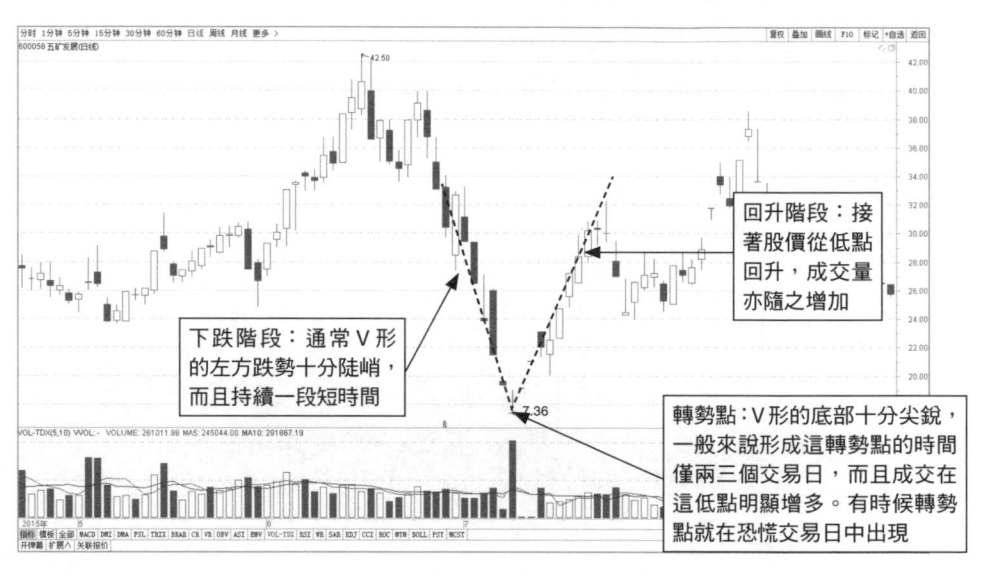

▲ 圖 6-4　「V 形底反轉」型態

　　V 形反轉，在投資型態的 K 線組合裡很多見。V 形反轉是一種強烈的上漲訊號，它的出現一般都是 K 線趨勢經過一段較長時間的下跌後（下跌按某個角度下行），一般是在利空極度宣洩後，突發較大的利多消息。這時 K 線拐頭向上而且有相當一段的持續性，因此在 K 線圖形上形成一個 V 字。

　　股價在下跌趨勢中，由於市場看空的氣氛使股價下挫的速度越來越快，最後出現恐慌性殺跌，空方得到極度宣洩之後，股價走勢出現戲劇性變化，股價觸底後便一路上揚，這樣就產生 V 形走勢。「V 形底反轉」型態的特徵如下。

　　⑴ 出現在股票急速下跌之後。

　　⑵ 在急速恐慌性下跌末期，空方能量得到徹底的宣洩，這時做多的力量已開始堆積，若股市有利多，股票會迅速反轉掉頭向上。反應敏捷者會蜂擁而入，很快把價格推上去。

　　⑶「V 形底反轉」型態啟動速度很快，在底部停留的時間極短，反應慢的投資

者容易踏空，可操作性較差。下單速度慢不易成交，這時如果對後市判斷正確可追高買進，否則機會稍縱即逝，如果非要介入可及早撤單更新買入。

「V 形底反轉」型態的出現一般沒有徵兆，並且是一種失控的型態，在應用時要特別小心。不過型態完成後潛能相當驚人，所達到的上升或下跌幅度也不可測算，但轉勢一經形成，可確認性較高，具有十分重要的實戰意義。

把握「V 形底反轉」型態機會需要注意以下 4 點。

(1) 漲跌幅度。 一般來說，短期內漲跌幅度越大、動力越強，出現 V 形反轉的可能性也越強，超過 5% 以上的巨陽或巨陰，往往成為很好的配合證據。

(2) 價量配合。 正 V 形反轉在轉勢時，成交量要明顯放大、價量配合好，尤其轉勢前後交投的放大，實際上是最後一批殺跌盤湧出和先知先覺接貨造成的。倒轉 V 形反轉對成交量沒有強制要求，不過其轉勢前成交量往往也會暴增，實際上意味著多方力量已成強弩之末，買盤後繼無力了；而伸展 V 形的價量要求，則與伸展前的 V 形性質相同。

(3) 結合中長期均線進行研判。 均線具有顯著的判斷趨勢運行的功能，借助 20 日、60 日和 120 日均線，可較準確地把握 V 形反轉的兩次大機會，一般可採用 20 日均線。當股價第一次突破 20 日均線時，雖然不能明確 V 形反轉能否確立，卻是激進的做多或做空訊號，一旦出現第二次突破 20 日均線，基本上可以確認反轉趨勢的確立，這是穩健的做多或做空訊號。

(4) 實戰中，伸展正 V 形的橫向波動為較好的介入時機，既安全又有效，股價第二次突破 20 日均線，為較好的短線介入點。 同時股價橫向波動的相對位置也十分重要，若在前期高點之上橫盤，預示主力有極強的控盤能力，向上動力強；若在前期高點附近上下波動，則向上動力相對較弱。

6.1.3　第 79 日戰記
常見的頭肩底反轉，代表市場逐步改變方向

「頭肩底反轉」型態是較常呈現的 K 線形狀圖形，代表市場逐步改變方向，在底部當市場力求發起一輪牛市的時候，得具有較多的成交量才行。也就是說，有必要具備顯著增強的買進推力。圖 6-5 所示為標準的「頭肩底反轉」型態，它由左肩、頭部、右肩三部分組合而成，此時頸線所在位置充當了整個「頭肩底反轉」型態的壓力位。

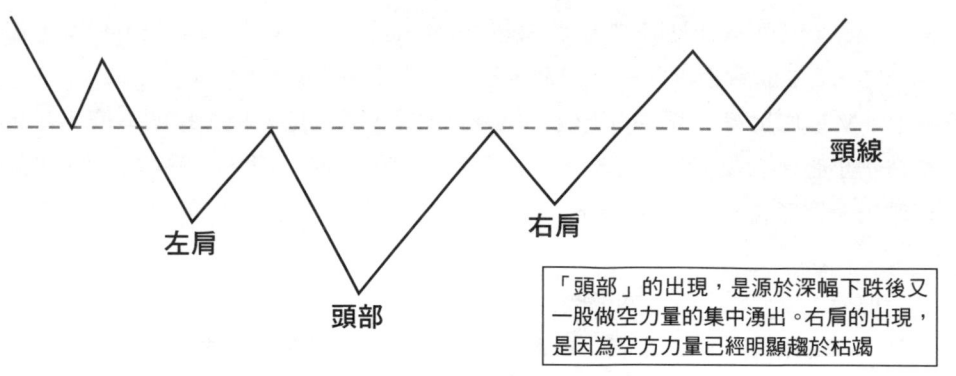

「頭部」的出現，是源於深幅下跌後又一股做空力量的集中湧出。右肩的出現，是因為空方力量已經明顯趨於枯竭

▲ 圖 6-5　標準的「頭肩底反轉」型態

6.1.4　第 80 日戰記
圓弧底反轉，意味強大的升勢即將開始

「圓弧底反轉」型態歸於一種盤整形狀，其形狀如鍋底，如圖 6-6 所示。與潛伏底相似之處在於交投清淡，耗時幾個月甚至更久，呈現弱勢行情典型特徵，是投資者在跌市中，信心極度匱乏在技術走勢上的展現。這時空方的能量也基本上釋放完畢，但由於前期下跌殺傷力強，短時間內買方也難以匯集買氣，無法快速脫離底部上漲，只能長期停留在底部整理，以時間換空間慢慢恢復元氣，價格陷入膠著振幅很小，此時便會形成圓弧底型態。

圓弧底是指呈圓弧狀的一種底部反轉上攻型態，也稱碗形，股價多處於低位區域

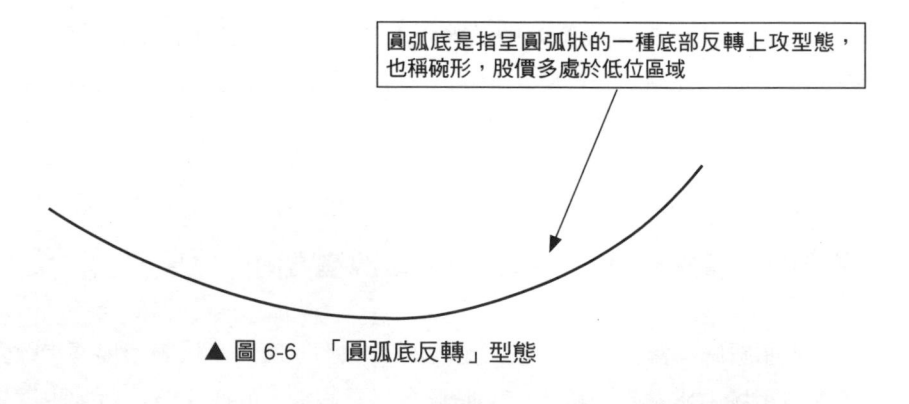

▲ 圖 6-6　「圓弧底反轉」型態

圓弧底股價呈弧形上升，價格變動簡單且連續，先是緩緩下滑，雖然不斷創出新低，但跌不了多少就彈升，比前一個低點稍低。隨後在回落到弧底附近時多空平衡，低點走平出現盤局。最後是每波回落點都略高於前點，把這些短期低點連接起來，

就形成了圓弧底，成交量變化與股價同步，先是逐漸減少，隨後伴隨股價回升，成交量漸次增加，也呈圓弧狀。由於圓弧底形成耗時較長，多空換手充分，所以當帶量突破頸線位，形成向上有效突破後，股價迅速上揚漲升迅猛，往往很少回檔整理。

圓弧底的市場含義為它清晰顯示了多空雙方力量此長彼消，平緩變化及主力吸納的全程。股價先是從高位一路緩慢下跌並持續一段時間，空方實力漸次減弱，主動性賣盤減少，但此時買方也畏縮不前，於是出現成交量隨著股價下跌而持續下降。多空雙方都已精疲力竭，股價跌幅越來越小，直至向水平方向拓展，成交極度萎縮。其後當股價跌至圓弧底型態的弧底時，開始有主力機構或先知先覺者入場悄悄收集，且由於股價低廉，又不斷吸引買盤使股價攀升，形成碗形或碟形等較典型的股價走勢，多方力量漸趨增強，股價及成交量緩緩上升。

最後當收集完成時，買方勢力完全控制住市場，股價極快漲升，短期升幅相當驚人。圓弧底的成交量曲線也呈圓弧狀，即在底部成交量最小，在股價上升時成交量會逐步增加，這種型態一般意味著其後一個大的升勢即將開始，投資者可在成交量明顯放大時買進。圓弧底有以下 6 點需要注意。

(1) 有時形成圓弧底部後，股價並不隨即上漲，而是先走出一個來回窄幅拉鋸的平台，也稱進貨平台，此處買進較佳。

(2) 在形成圓弧底過程中，由於多空雙方皆不願意積極參與，成交量極小，價格顯得異常沉悶，這段時間顯得很漫長，所以不要過早介入，可選擇在突破頸線時買入。

(3) 圓弧底型態通常是機構主力吸貨區域，由於其炒作週期長，因此在完成圓弧底型態後，其漲升的幅度很大。投資者若在圓弧底型態內買進，則要注意啟動前的震倉洗盤。

(4) 圓弧底的最終上漲高度，往往是弧底最低點到頸線距離的 3 ～ 4 倍。但是圓弧底如果距離前期的成交密集區太近，儘管底部形成的時間足夠長了，後市上漲高度也有限。因為原有的股票持有者沒有經歷極度絕望的過程，導致底部的換手率不高，限制了未來的漲升空間。

(5) 圓弧底常見於低價股中，呈現一種平底延伸狀，通常需要數個月才能完成。在圓弧底形成期間，還常伴隨碟形底。

(6) 在所有的底部技術型態中，圓弧底形成的機率較低。這是因為形成圓弧底的條件嚴格：首先，它要求股價處於低價區；其次，低價區的平均價格應該至少低於最高價的 50% 以上，距離前期成交密集區要盡可能地遠；最後，在形成圓弧底之前，股價應該處於連續下跌狀態。

6.1.5　第 81 日戰記
三重底反轉時間長，但股價反轉可靠性高

「三重底反轉」型態是指在跌市中，以三個價位大致相同的低點形成的底部反轉型態，如圖 6-7 所示。股價向上突破其頸線時，表示行情將進入一致上升期。「三重底反轉」型態通常形成時間比較長，這也增加了股價反轉的可靠性。

另外，確認「三重底反轉」型態訊號，也可從成交量中找到。在圖形形成過程中成交量會減少，直至價格再次上升到第三個低位時，成交量便開始增加，形成一個確認三重底訊號。

投資者通常以最高點的形成作為主要壓力線，價格出現雙底後回升至接近頸線，重遇壓力回落至雙底水位的支撐位。價格未能跌破此支撐位，而當時成交量驟減並開始反彈，成交量隨即大增。當價格升越頸線時，成交量激增。在價格向上突破頸線後，三重底圖形已被確認。

三重底的市場含義為：股價下跌一段時間後，由於股價的調整，使得部分膽大的投資者開始逢低吸納，而另一些高賣低買的投資者也部分回補，於是股價出現第一次回升，當升至某一水位時，前期的短線投機者及解套盤開始賣出，股價再一次回挫。

當股價落至前一低點附近時，一些短線投資者高賣後開始回補，由於市場賣壓不重，股價再次回彈，當回彈至前次回升的交點附近時，前次未能獲利而出的持倉者紛紛回吐，令股價重新回落。但這次在前兩次反彈的起點處買盤活躍，當越來越多的投資者跟進買入，股價放量突破兩次轉折回檔的高點（即頸線）時，將正式形成三重底走勢。

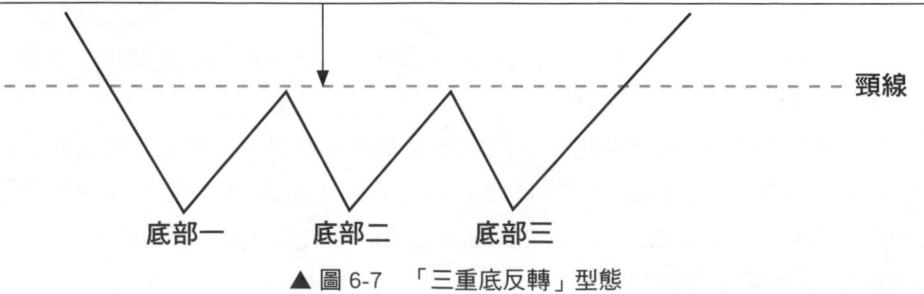

▲ 圖 6-7　「三重底反轉」型態

6.1.6　第 82 日戰記

潛伏底出現勿過早入市，以免錯過上漲時期

　　股價經過一段時間下跌後，在某個變動不大的區域內緩慢小幅振動，隨著時間延長，幾乎是一條水平的直線，之後突然向上突破，形成潛伏底。

　　潛伏底是一種轉勢型態，可以出現在大中小行情的局部低點，形成短期或長期底部，圖形大小決定其作用大小。需要注意的是，投資者不要因為股價微幅盤整了幾天（指日線），就貿然斷定是潛伏底，而是要仔細辨認。投資者在股價突然出現向上突破時進貨，是較好的也是最後的時機，不要過早介入以防型態有變。

專家心法

　　潛伏底與其他底部型態不同的是，潛伏底一旦向上突破之後，股價就一路上竄，很少出現回落現象。這是因為股價橫盤時間已經很長，換手相當徹底的緣故。

　　有些投資者在潛伏底構築過程中，因過早入市，受不了股價來回折騰的長時期折磨，結果在股價發動上攻行情前離它而去，這是很可惜的。因此，潛伏底的入市時間應選擇在股價放量上衝這一階段。

　　下面舉例分析潛伏底轉勢型態。圖 6-8 所示為 *ST 江泉（000541）在 2014 年 4 月至 2014 年 11 月期間的走勢圖。從圖中可以看出，此股股價前期在一個狹窄的區域裡上下移動，既沒有上升的意圖，也沒有下跌的跡象，給人一種沉悶的感覺。有一天，可能受到某些突如其來的利多消息，如公司盈利大增、分紅前景好等刺激，該股突然出現非同尋常的大量成交，股價也脫離潛伏底大幅向上拉升。

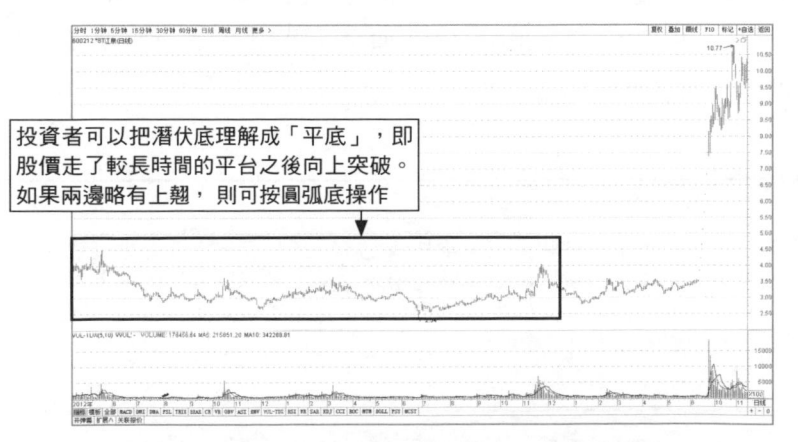

投資者可以把潛伏底理解成「平底」，即股價走了較長時間的平台之後向上突破。如果兩邊略有上翹，則可按圓弧底操作

▲ 圖 6-8　*ST 江泉「潛伏底」型態示意圖

6.1.7 第 83 日戰記
我用上升三角形，看到短期買入訊號

「上升三角形」與「下降三角形」一般以直角的型態出現，因而也可以稱為直角三角形，如圖 6-9 所示。

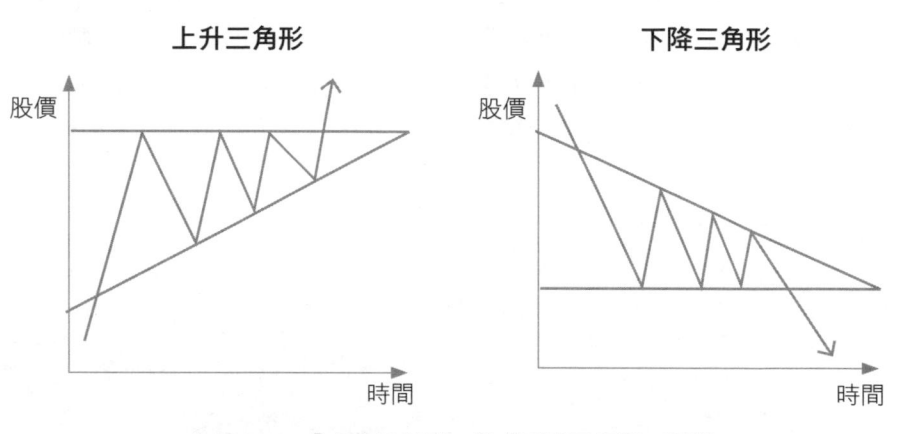

▲ 圖 6-9 「上升三角形」與「下降三角形」型態

「上升三角形」顧名思義，其趨勢為上升勢態，從型態上看，多方佔優勢，空方較弱，多方的強大買盤逐步將股價的底部抬高，而空方能量不足，只是在一水平頸線位做抵抗。

「上升三角形」整理型態的形成原理為：當股價在某水平位置遭遇強大的賣壓，價格從低點回升到水平便告回落，但市場的購買力十分強，股價未回至上次低點即告彈升，這情形持續使股價隨著一條水平壓力線波動日漸收窄。若把每一個短期波動高點連接起來，可畫出一條水平壓力線；而每一個短期波動低點則可相連出另一條向上傾斜的線，這就是「上升三角形」。

 專家心法

　　「上升三角形」向上突破時會出現兩種情況，一種是突破上邊線之後就一直往上上漲，形成第一買點；另一種是股價突破上邊線之後，經過回升後再往上漲，形成第二買點。如果「上升三角形」突破失敗，頂多會承接型態內的強勢整理，而出現矩形整理，形成頭部型態的機率也不會太大。

　　下面舉例分析「上升三角形」整理型態。

　　圖 6-10 所示為民豐特紙（600235）在 2016 年 1 月至 3 月期間的走勢圖，此股在上升途中出現一個「上升三角形」型態。「上升三角形」顯示買賣雙方在該範圍內的較量，但買方的力量在爭持中已稍佔上風。大部分的「上升三角形」都在上升的過程中出現，且暗示有向上突破的傾向。在向上突破「上升三角形」頂部水平的上邊線壓力時，並有成交量激增的配合，就是一個短期買入訊號。另外，也可能是有計劃的市場行為，部分人士有意暫時壓低股價，以達到逢低大量吸納之目的。

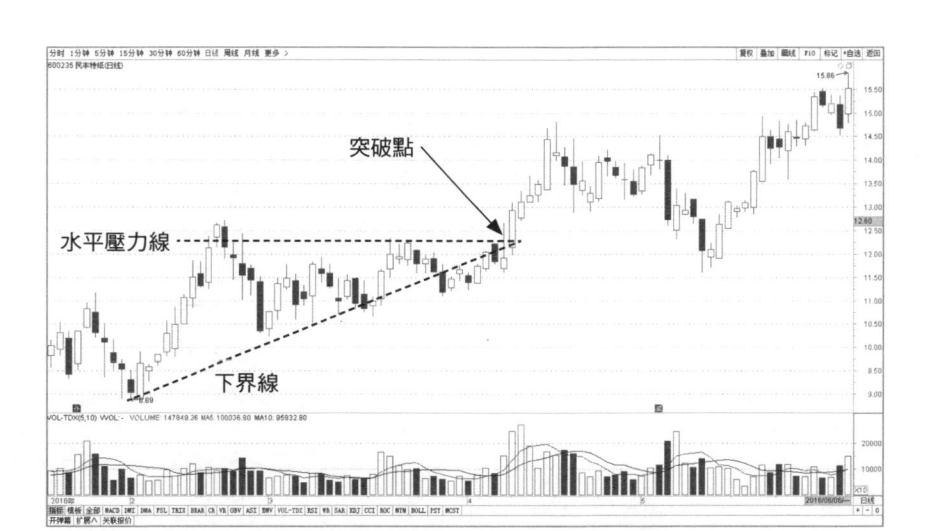

▲ 圖 6-10　民豐特紙「上升三角形」整理型態示意圖

6.1.8　第 84 日戰記
我用下降楔形，抓住逢低進場訊息

　　上下兩條線相交時稱為「楔形整理」型態，它與旗形顯得很相似，不同之處在於旗形的持續時間較長。如果將旗形中上傾或下傾的平行四邊形，變成上傾或下傾的三角形，就會得到「楔形整理」型態。

　　「楔形整理」型態屬於短期調整型態，整理的時間不宜太長，一般在 8 ～ 15 日內，時間太久的話，型態力道將消失，也可能造成股價反轉的格局。

　　「楔形整理」型態的與眾不同之處，是楔形向上或向下明顯傾斜，「下降楔形」看漲，而「上升楔形」看跌。在具體分析中，需要密切關注成交量、時間等諸多因素。通常楔形型態內的成交量是由左向右遞減的，且萎縮較快。

在「下降楔形」整理型態中，股價的高點和低點形成一浪低於一浪之勢，常出現於中長期升市的回落整理階段。下面舉例分析「下降楔形」整理型態的買入訊號。

圖 6-11 所示為兩面針（600249）在 2016 年 4 月至 11 月期間的走勢圖。可以看到，此股在上升途中出現「下降楔形」整理型態，這一型態出現在個股累計漲幅不大的背景下，且個股前期處於明確的上升趨勢之中。

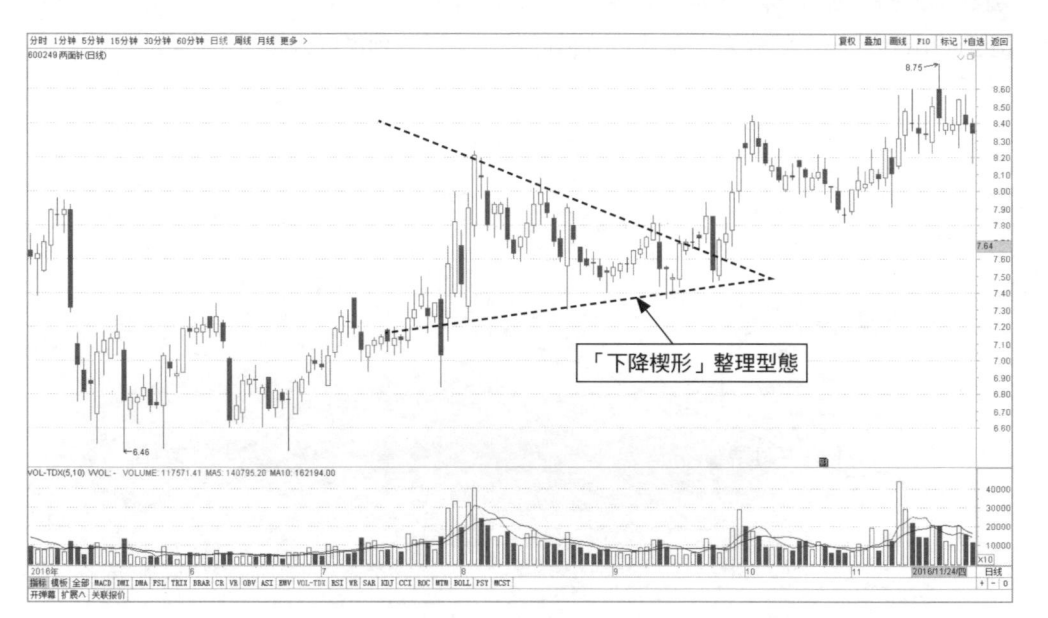

▲ 圖 6-11　兩面針 K 線圖

在「下降楔形」整理過程中，可以看到成交量區域萎縮，這是空方賣壓持續減輕、多方整理的表現，預示著當前的實操主導地位仍被多方佔據，也是個股隨後可以突破上行的表現。該股的這一走勢足以表明，「下降楔形」是非常可信的短線做多訊號，此階段投資者應逢低堅決進場做多。

　　同旗形一樣，楔形也有保持原有趨勢方向的功能。另外，楔形的三角形上下兩條邊都是朝著同一方向傾斜，具有明顯的傾向。與旗形和三角形稍微不同的地方是，楔形偶爾也出現在頂部或底部而作為反轉型態，這種情況通常是發生在一個趨勢經過很長時間，或接近於尾聲的時候。

6.1.9　第 85 日戰記
上升旗形中，最佳的買賣點需仔細分析

　　「旗形整理」型態是一個趨勢的中途整理過程，整理之後，還要保持原來的趨勢方向。「旗形整理」型態就像一面掛在旗杆頂上的旗幟，通常在急速而又大幅的市場波動中出現。股價經過一連串緊密的短期波動後，形成一個稍微與原來趨勢呈相反方向傾斜的長方形，這就是旗形走勢，可分作「上升旗形」和「下降旗形」。

　　股價經過陡峭的飆升後，接著形成一個緊密、狹窄和稍微向下傾斜的價格密集區域，把這密集區域的高點和低點分別連接起來，就可以畫出兩條平行而又下傾的直線，這就是「上升旗形」。

　　下面舉例分析「上升旗形」整理型態的買入訊號。圖 6-12 所示為億利潔能（600277）在 2015 年 2 月至 5 月期間的走勢圖。可以看到此股在上升途中，首先出現一波快速上漲走勢，隨後出現一個旗形的回檔走勢，從而構成一個完整的「上升旗形」整理型態。

　　在「上升旗形」整理型態出現時，可以看到量能出現明顯的萎縮，這說明這一波的震盪回檔走勢，僅僅是因為少量的獲利賣盤所致，多方仍舊佔據主導地位。在實盤操作中，投資者可以在個股旗形整理走勢中，突破壓力線時介入。

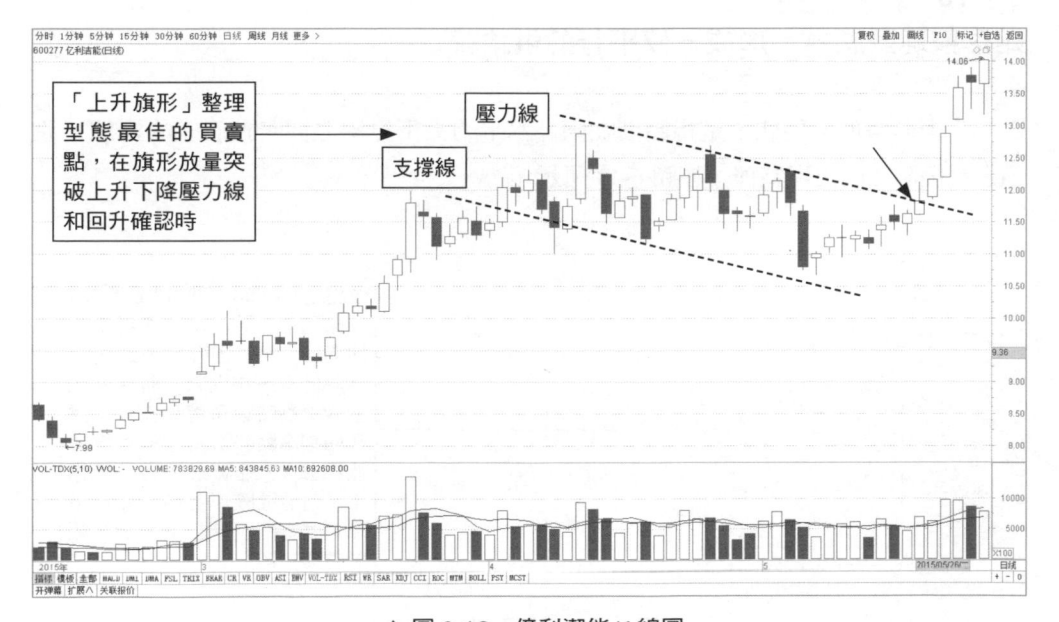

▲ 圖 6-12　億利潔能 K 線圖

「旗形整理」型態，大多發生在市場極度活躍、股價運動近乎直線上升或下降的情況下，且出現在第四浪的機率較大。隨後的趨勢雖然將繼續，但距離趨勢結束可能也不遠了，此時操作要注意防範風險。

旗形的上下兩條平行線具有壓力和支撐作用，這一點有些像軌道線。旗形也有測算功能，旗形的型態高度是平行四邊形左右兩條邊的長度。旗形被突破後，股價將至少走到型態高度的距離，大多數情況是走到旗杆高度的距離，上漲的幅度一般都不會少於之前緊鄰旗形那波行情的空間。

專家心法

應用「旗形整理」型態時，投資者要注意以下 3 點：
1. 旗形出現之前，一般應有一個旗杆，這是由於價格作直線運動形成的。
2. 旗形持續的時間不能太長，時間一長，保持原來趨勢的能力將下降。市場必須在 4 週內完成其型態，並在新的運動中突破，所以一個真實的旗形不可能在月 K 線圖上出現，也很少在週 K 線圖中出現。
3. 旗形形成之前和被突破之後，成交量都很大。在旗形的形成過程中，成交量從左向右逐漸減少。

6.1.10　第 86 日戰記
矩形整理型態中，形成一條平行的供給線

「矩形整理」型態，是指股價在兩條水平的上下界線之間變動而成的型態，股價在其範圍之內出現整理，如圖 6-13 所示。

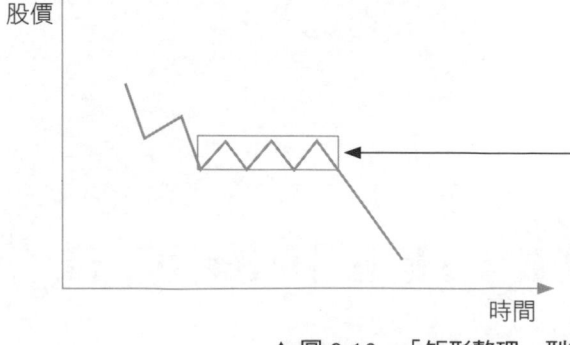
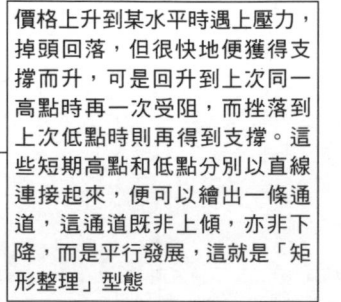

價格上升到某水平時遇上壓力，掉頭回落，但很快地便獲得支撐而升，可是回升到上次同一高點時再一次受阻，而挫落到上次低點時則再得到支撐。這些短期高點和低點分別以直線連接起來，便可以繪出一條通道，這通道既非上傾，亦非下降，而是平行發展，這就是「矩形整理」型態

▲ 圖 6-13 「矩形整理」型態

　　「矩形整理」型態為衝突型型態，是描述實力相當的爭戰雙方的競爭，其形成原理如下。

　　(1)「矩形整理」型態在形成之初，多空雙方全力投入，各不相讓。空方在價格漲到某個位置就賣出，多方在股價下跌到某個價位就買入，時間一長就形成兩條明顯的上下界線。

　　(2) 隨著時間的推移，雙方的戰鬥熱情會逐步減弱，成交量減少，市場趨於平淡。如果個股原來的趨勢是上升，那麼經過一段矩形整理後，會繼續原來的趨勢，多方會佔優勢並採取主動，使股價向上突破矩形的上界，形成「上升矩形」整理型態。

　　下面舉例分析「上升矩形」整理型態的買入訊號。圖 6-14 所示為中金黃金（600489）在 2016 年 1 月至 7 月期間的走勢圖。可以看到，此股在上升初期出現橫盤震盪走勢，這種橫盤震盪的整理型態，就是「矩形整理」型態。

　　「矩形整理」型態明確告訴投資者，多空雙方的力量在該範圍之間完全達到均衡狀態，在這段期間誰也佔不了誰的便宜。看漲的一方認為其價位是很理想的買入點，於是股價每回落到該水準即買入，形成一條水平的需求線。與此同時，另一批看跌的投資者對股市沒有信心，認為股價難以超越其水準，於是股價回升至該價位水準便賣出，形成一條平行的供給線。

▲ 圖 6-14　中金黃金 K 線圖

另外，「矩形整理」型態也可能是投資者因後市發展不明朗，態度變得迷惘和不知所措而造成。所以，當股價回升時，一批對後市缺乏信心的投資者退出；而當股價回落時，一批憧憬著未來前景的投資者加進，由於雙方實力相當，於是股價來回在這一段區域內波動。

一般來說，矩形是整理型態，順升市和跌市中都可能出現，長而窄且成交量小的矩形在原始底部較常出現。突破了上下限後，有買入和賣出的訊號，漲跌幅度通常等於矩形本身的寬度。

專家心法

　　「矩形整理」型態在形成過程中，極可能演變成「三重頂（底）」型態，正是由於矩形的判斷有這麼一個容易出錯的可能性，在面對矩形和三重頂（底）進行操作時，幾乎一定要等到突破之後才能採取行動，因為這兩個型態今後的走勢方向完全相反。一個是持續整理型態，要維持原來的趨勢；一個是反轉突破型態，要改變原來的趨勢。

6.2　K 線賣出型態實戰案例

　　炒股如同做生意，一有合理的利潤就可以賣出去。有些投資專家買股票打算永遠持有，這並沒有錯，若是運氣好，三十年可以翻二十倍。但其間會有很多的起伏，有時股票會有 50% 的跌幅，這對普通投資者來說是難以承受的。因此，投資者一定要學會判斷頂部走勢，抓住賣股票的「臨界點」。

　　在股市中，投資者買入的機會非常多，而賣出的機會往往只有一次。這是由於股價運行在頂部的時間通常非常短，大大少於在底部的時間，一旦逃頂不堅決，很可能被長期套牢。因此，投資者逃頂時要堅決果斷，一旦發現訊號，要堅決賣出，絕不能手軟和抱有幻想。

6.2.1　第 87 日戰記
M 頭型態出現時，要在第二次頂部形成時出場

　　「M 頭」型態又稱為「雙重頂」型態，它出現在持續上漲後的高位區，是價格走勢二次探頂所產生，因其型態與英文字母「M」相近，所以得名為「M 頭」型態，其型態如圖 6-15 所示。「M 頭」型態與「頭肩頂」型態十分相似，投資者可以透過「M 頭」型態來判斷頂部何時股價下跌，從而不虧損。

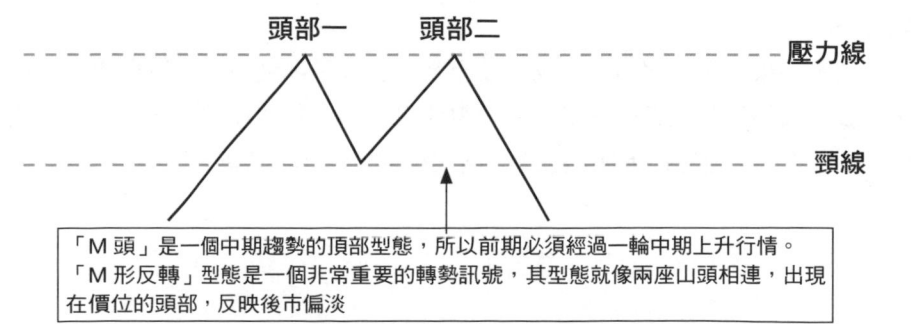

▲ 圖 6-15　「M 頭」型態

下面舉例分析「M 頭」型態的賣出訊號。

圖 6-16 所示為鳳竹紡織（600493）在 2015 年 9 月至 2016 年 1 月期間的走勢圖，此股在持續上漲後的高位區，出現寬幅震盪的「M 頭」型態。由 A 點到 B 點是一個上升趨勢，當遇到空方阻擊時，市況隨即回落。在 C 點做停留後，市況再次上升到另一個高位 D 點，然後迅速下滑形成「M 頭」型態。由此可見趨勢確實已經逆轉，如果價格跌破 E 點價位，則是一個加速下跌的訊號。

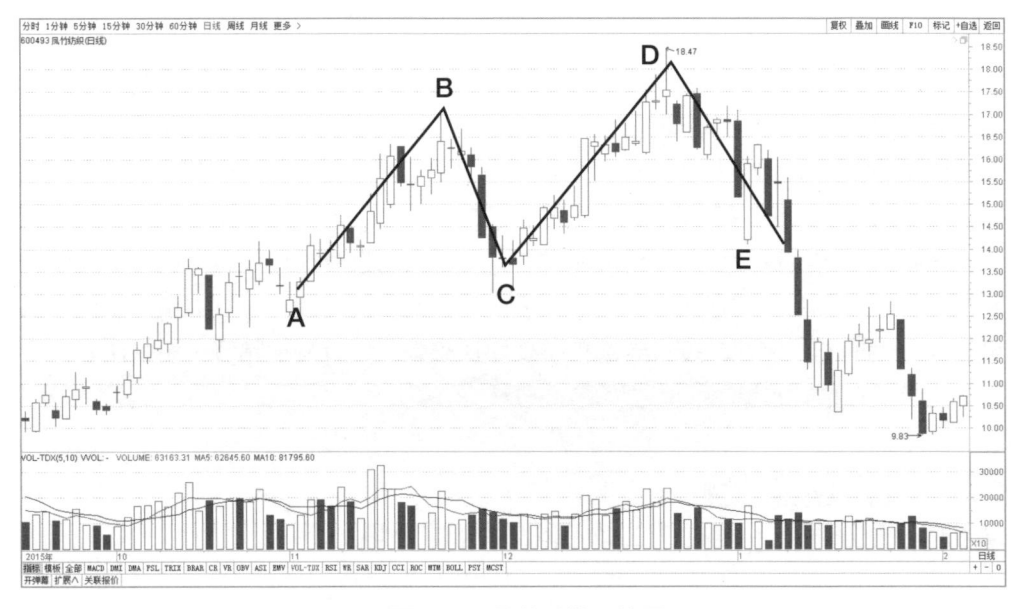

▲ 圖 6-16　鳳竹紡織 K 線圖

在「M 頭」型態內第一次回跌的低點，可繪製一條水平支撐頸線。股價在二次回跌至此支撐線並突破時，不需要大筆成交量的配合，股價走勢也不會在此位置徘徊，而是一種義無反顧的直接下跌趨勢。而後股價會有回升，回升完成後，將引發波段性下跌。

投資者如果在第二個頂部形成時沒有及時出場，那麼不管股價有沒有突破頸線位，都要在股價反彈回升時出場。但在實盤操作中，股價跌破頸線位之後，常常沒有反彈的動作，而是直接下跌，這樣的情況會讓投資者承受更大的損失。

6.2.2　第 88 日戰記
頭肩頂反轉殺傷力強，有 8 點要牢牢記住

將「頭肩底反轉」型態倒過來，就可以得到一個「頭肩頂反轉」型態，它是最常見的頂部反轉型態，一般出現在上升趨勢的末期，是行情上漲到頂點後的反轉訊號，型態如圖 6-17 所示。

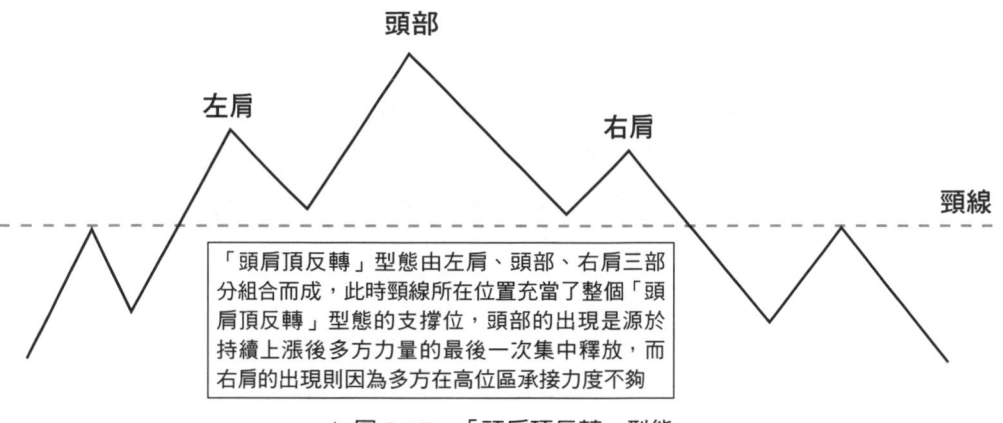

「頭肩頂反轉」型態由左肩、頭部、右肩三部分組合而成，此時頸線所在位置充當了整個「頭肩頂反轉」型態的支撐位，頭部的出現是源於持續上漲後多方力量的最後一次集中釋放，而右肩的出現則因為多方在高位區承接力度不夠

▲ 圖 6-17　「頭肩頂反轉」型態

「頭肩頂反轉」型態可以劃分為以下不同的部分。

(1) 左肩： 股價持續一段上升的時間，成交量很大，過去在任何時間買進的人都有利可圖，於是開始獲利賣出，令股價出現短期的回落，成交量比起上升到其頂點時有顯著的減少。

(2) 頭部： 股價在經過短暫的回落後，又有一次強力的上升，成交量亦隨之增加。不過，成交量的最高點相較於左肩部分心則明顯減退。股價升破上次的高點後，再一次回落，而且成交量在此回落期間亦同樣減少。

(3) 右肩： 當股價下跌到接近上次的回落低點時，又再獲得支撐回升。不過，市場投資的情緒顯著減弱，成交量較左肩和頭部明顯減少，股價沒法抵達頭部的高點便告回落，於是形成右肩部分。

(4) 突破： 股價在上衝失敗向下回落時形成的 2 個低點，基本上處在同一水平線上，這同一水平線就是通常說的頸線。當股價第三次上衝失敗回落時，這根頸線就會被擊破，於是「頭肩頂反轉」型態正式宣告成立。

簡而言之，「頭肩頂反轉」型態的形狀呈現 3 個明顯的頂峰，從圖形上看，左肩、

右肩的最高點基本上相同，而頭部最高點比左肩、右肩最高點要高；成交量則出現階梯型的下降，說明股價上升時追漲力量越來越弱，股價有漲到頭的意味。

「頭肩頂反轉」型態一旦形成，就預示著頂部已經構築完畢，股價將告別之前的上升趨勢轉而向下，進入長期的下降趨勢。為了更好地把握「頭肩頂反轉」型態的賣出時機，下面說明 2 個重要賣點。

(1) **在頸線破位處及時賣出**：在「頭肩頂反轉」型態中，股價沒有跌破頸線位之前，頸線的位置對股價形成強力的支撐。一旦股價跌破頭肩頂型態的頸線以後，往往意味著多空平衡被打破，空方開始佔據優勢，下跌即將開始，投資者就可以在頸線位被跌破時及時賣出。

(2) **在回升確認後的頸線處賣出**：當「頭肩頂反轉」型態形成後，股價在跌破頸線位時，投資者如果錯失賣出時機，只能耐心等待股價反向回升確認頸線位時逢高賣出。但有時股價跌破頸線位後，短期內可能不會出現回升的反彈，所以此賣法只能作為第二賣點。

下面舉例分析「頭肩頂反轉」型態的賣出訊號。

圖 6-18 所示為華麗家族（600503）在 2015 年 9 月至 2016 年 2 月期間的走勢圖，此股在持續上漲後的高位區，出現「頭肩頂反轉」型態。頭肩頂型態在構築的過程中，不需要太多的時間，而且股價在跌破頸線時，並不需要成交量的配合。如果股價跌破頸線是放量下跌，則後期下跌的速度會加快。如果股價在跌破頸線時，成交量出現明顯的萎縮，則後期往往會有一個價格反彈的過程。

▲ 圖 6-18　華麗家族 K 線圖

專家心法

　　「頭肩頂反轉」型態是殺傷力很強的一種技術走勢，為了避免給投資者造成重大損失，投資者在實戰操作時要密切注意以下 8 個問題。

1. 一般情況下，左肩和右肩的高點大致相等，部分頭肩頂的右肩較左肩低。但如果右肩的高點較頭部還要高，則「頭肩頂反轉」型態不能成立。

2. 「頭肩頂反轉」型態對多方殺傷力度的大小，與其形成時間長短成正比。因此，投資者不能只關心日 K 線圖，要更加重視週 K 線圖、月 K 線圖中出現的頭肩頂。如果週 K 線圖、月 K 線圖形成頭肩頂走勢，說明該股中長期走勢已經轉弱，股價將會出現一個較長時間的跌勢。

3. 如果「頭肩頂反轉」型態的頸線向下傾斜，顯示市場非常疲乏無力。

4. 當股價跌破頸線時，倘若成交在跌破時激增，顯示市場的拋售力量十分龐大，股價會在成交量增加的情形下加速下跌。「頭肩頂反轉」型態通常先是用很小的量擊破頸線，然後再放量下跌，甚至仍舊維持較小的量往下滑落，這也是常有的事，投資者對此一定要有清楚的認識。

5. 在股價跌破頸線後，可能會出現暫時性回升，這情形通常會在低成交量跌破時出現。不過，暫時回升通常不會超越頸線水準。

6. 當某一股價形成「頭肩頂反轉」型態的雛形時，投資者就要高度警惕。這時股價雖然還沒有跌破頸線，但可先賣出手中的一些籌碼，將倉位減輕，日後一旦發覺股價跌破頸線，就將手中剩餘的股票全部賣出，退出觀望。

7. 如果股價最後在頸線水平回升，而且高於頭部，或是股價於跌破頸線後回升高於頸線，這可能是一個失敗的「頭肩頂反轉」型態，不宜信賴。

8. 「頭肩頂反轉」型態可能會失敗，但「未完工」的「頭肩頂反轉」型態，說明行情雖然還有生命力，但真正的反轉可能很快就要到來。

6.2.3　第 89 日戰記
三重頂與 M 頭反轉型態相似，投資者別搞錯

　　「三重頂」型態與 M 頭反轉型態較為相似，它只是比 M 頭多了一次探頂走勢而已，由於多了一次探頂走勢，因而空方在這一底部區所累積的能量就更多一些，後期的跌幅往往也會更大一些。

　　「三重頂」型態的形成原理為：股價上升一段時間後，投資者開始獲利回吐，市場在他們的賣出下從第一個峰頂回落；當股價落至某一區域即吸引一些看好後市的投資者的興趣，另外以前在高位賣出的投資者亦可能逢低回補，於是行情再度回升。但市場買氣不是十分旺盛，在股價恢復至與前一高位附近時，即在一些減倉盤的拋售下，令股價再度走軟。隨後，在前一次回檔的低點，被錯過前一低點買進機會的投資者及短線客的買盤拉起，但由於高點二次都受阻而回，令投資者在股價接

近前兩次高點時紛紛減倉，股價逐步下滑至前兩次低點時，一些短線買盤開始停損。此時，若越來越多的投資者意識到大勢已去均賣出，令股價跌破上兩次回落的低點（即頸線），於是整個「三重頂」型態便告形成。

下面舉例分析「三重頂轉勢」型態的賣出訊號。

圖 6-19 所示為中金黃金（600489）在 2015 年 2 月至 2015 年 7 月期間的走勢圖，此股在持續大漲後的高位區，出現寬幅震盪的「三重頂」型態。從圖中可以看出，「三重頂」型態的出現打破個股原有的上升型態，也是其滯漲的表現，更是空方力量開始逐步累積的過程。

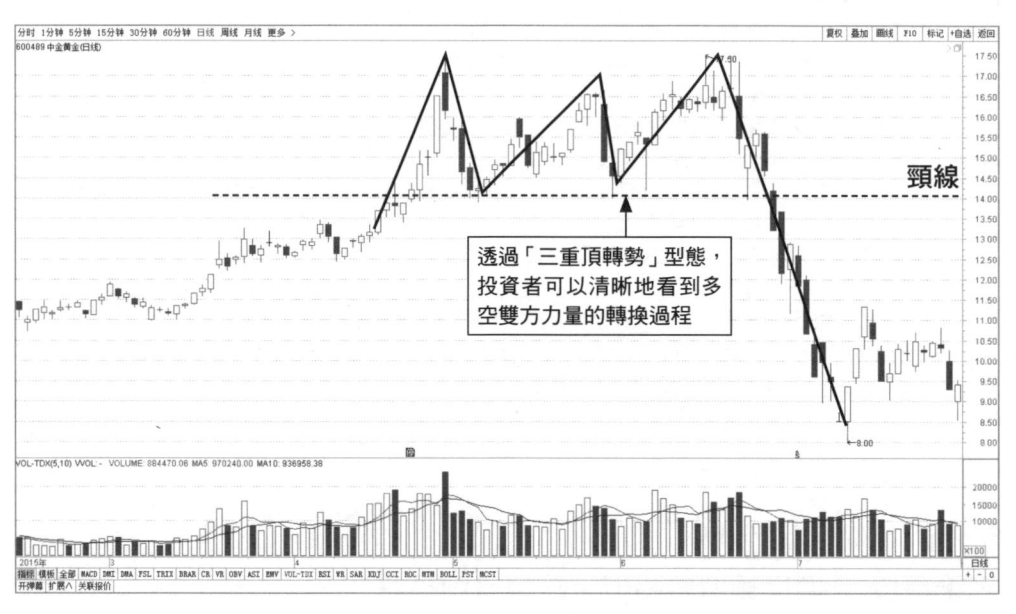

▲ 圖 6-19　中金黃金「三重頂」型態示意圖

　　任何「頭肩頂」型態，特別是頭部超越肩部不多時，就可稱為「三重頂」型態。「三重頂」型態和「頭肩頂」型態僅有的差異，在於它沒有「頭部」，它的 3 個峰，凹凸差別不大，常常使大家無法分辨是「頭肩頂」還是「三重頂」。

　　「三重頂」型態的第 3 個頂形成時，如果成交量十分小，則顯示出跌落的預兆。

6.2.4　第 90 日戰記
倒 V 形反轉會出現暴漲，務必及時出場避免股災

　　「倒 V 形反轉」型態也常稱為「尖頂」型態，經常出現在股價一路持續上漲，很少調整或只有微小調整，且股價在持續上漲的過程中又出現過價格跳空的市場中，先是股價快速上揚，隨後股價快速下跌。頭部為尖頂，就像一個倒寫的英文字母「V」字形狀，其型態如圖 6-20 所示。

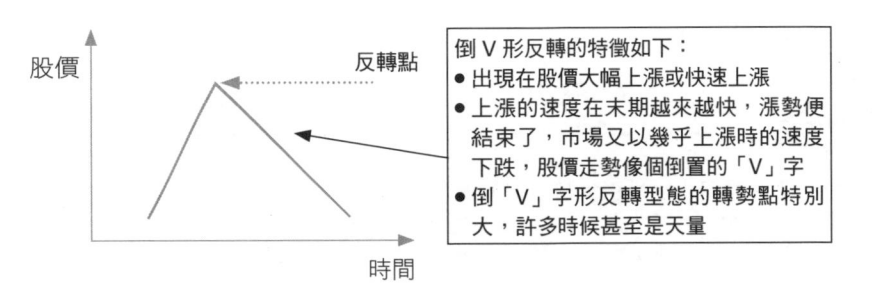

▲ 圖 6-20　「倒 V 形反轉」型態

　　下面舉例分析「倒 V 形反轉」型態的賣出訊號。

　　圖 6-21 所示為香梨股份（600506）2014 年 11 月到 2015 年 8 月期間的走勢圖。可以看到形成「倒 V 形反轉」型態，隨後股價持續快速下跌。在實際走勢中，「倒 V 形反轉」型態的個股比較常見，對於這類暴漲的個股，一旦發現暴漲後出現快速回檔，一定要及時清倉停損，否則將會遭受極大的損失。

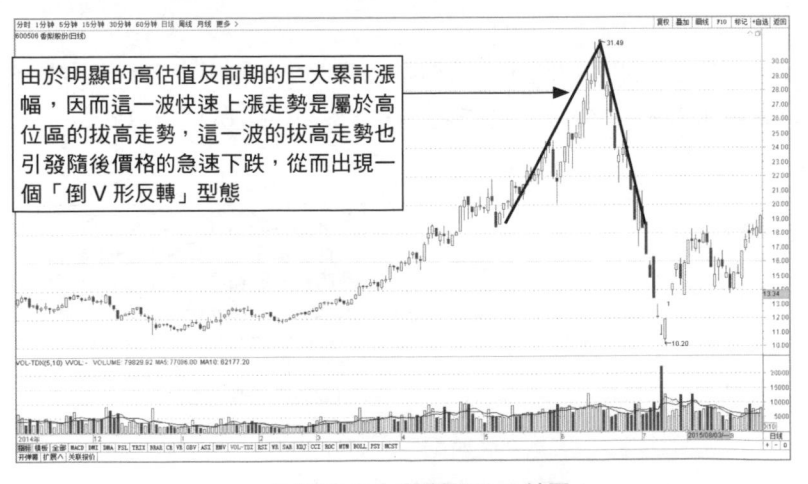

▲ 圖 6-21　香梨股份 K 線圖

「倒 V 形反轉」型態是一種暴漲暴跌的型態，很多時候人們常說的「股災」，都用此型態來表現。

「倒 V 形反轉」型態的轉捩點，通常以關鍵反轉日或島形反轉的形式發生。屆時市場陡然反轉，突然掉頭令人措手不及。識別「倒 V 形反轉」時，可以借助 K 線理論中出現的反轉訊號來輔助判斷。

例如，當 K 線走勢圖中出現「黃昏之星」「射擊之星」「吊頸」「烏雲蓋頂」「垂死十字」等型態時，都是明顯的頂部訊號。由於「倒 V 形反轉」型態多發生在較短的時間內，所以這時短暫時間出現的反轉訊號，便派上用場。另外，投資者還應結合短期上升趨勢線、移動平均線、成交量、乖離率等技術指標綜合分析。

專家心法

投資者在利用「倒 V 形反轉」型態操作時，應注意以下 3 點：
1. 「倒 V 形反轉」型態的頂部由於位於市場的頂部，其一旦完成，比「V 形底」的反轉要劇烈得多，僅幾天或一兩個星期股價就跌去大半，是常有的事。
2. 「倒 V 形反轉」型態還有一種變體叫「擴展倒 V 形頂」。在市場轉折後，馬上形成一個小平台，通常這個小平台會稍稍地斜向新趨勢的相反方向。當平台被突破時，趨勢反轉的過程也就完成了。短線投資者遇上此型態時，應把股價向下突破小平台當做最低賣點。
3. 短線投資者要結合短期上升趨勢線，來迴避「倒 V 形反轉」型態帶來的巨大風險，一旦發現股價在高位跌破短期下降趨勢線，就應立即賣出手中持股。

6.2.5　第 91 日戰記
我用圓弧頂反轉型態，得到選擇高位離場的警示訊號

「圓弧頂反轉」型態形似圓弧，這種型態清晰地勾勒出多空雙方力量的轉化過程，是投資者識別趨勢反轉的重要型態之一，其型態如圖 6-22 所示。

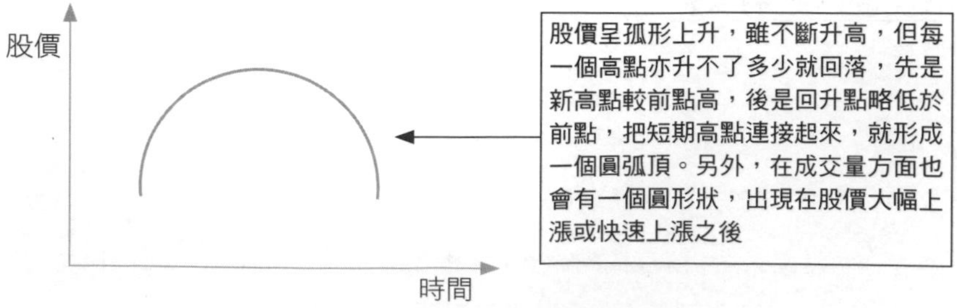

股價呈弧形上升，雖不斷升高，但每一個高點亦升不了多少就回落，先是新高點較前點高，後是回升點略低於前點，把短期高點連接起來，就形成一個圓弧頂。另外，在成交量方面也會有一個圓形狀，出現在股價大幅上漲或快速上漲之後

▲ 圖 6-22 「圓弧頂反轉」型態

「圓弧頂反轉」型態比較少見，它代表著趨勢平緩、逐漸變化，在頂部交易量隨著市場的逐步轉向而收縮，最後當新的價格方向佔據主動時，又相應地逐步增加。「圓弧頂反轉」型態在股價的頂部出現，等股價跌破前一次形成圓弧頂始點時型態才能確立。「圓弧頂反轉」型態的形成原理如下。

(1) 股價在經過一段買方力量強於賣方力量的升勢之後，買方趨弱或僅能維持原來的購買力量，使漲勢緩和，而賣方力量卻不斷加強，最後雙方力量均衡，此時股價會保持沒有下跌的靜止狀態。

(2) 當賣方力量超過買方力量時，股價就會開始回落，一開始只是慢慢改變趨勢，跌勢並不明顯，但後期則由賣方完全控制市場，跌勢便告轉急，說明一個大跌趨勢將來臨，未來下跌之勢將轉急變大。

(3) 當多空雙方拉鋸形成圓弧頂期間，影響股價的經濟、政治、市場人氣、突發消息等各種因素均沒有發生，市場只是被物極必反的轉勢心理佔據主導地位，個股則是「溫水煮青蛙」式的出貨情況。

當出現「圓弧頂反轉」型態後，投資者可以遵循操作策略：由於圓弧頂不像其他圖形有著明顯的賣出點，但型態耗時較長，有足夠的時間讓投資者依照趨勢線、重要均線及均線系統賣出逃命。

下面舉例分析「圓弧頂反轉」型態的賣出訊號。圖6-23所示為金龍汽車（600686）在 2015 年 9 月至 2016 年 3 月期間的走勢圖，此股在持續上漲後的高位區，出現「圓弧頂反轉」型態。投資者要注意及時出擊，把握好圓弧頂走勢中的賣點。一般來說，如果價格前期累計漲幅較大，且在高位區的一波走勢後有明顯的滯漲傾向，股價重心開始緩緩下跌時，即可減倉出場。

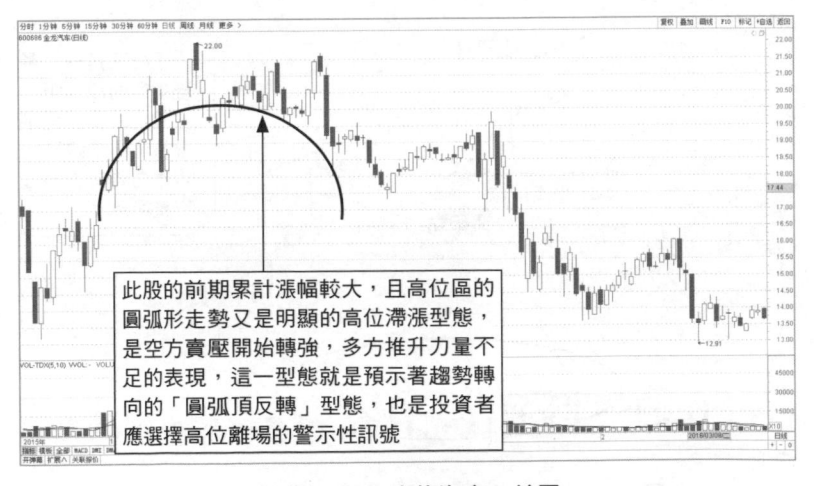

此股的前期累計漲幅較大，且高位區的圓弧形走勢又是明顯的高位滯漲型態，是空方賣壓開始轉強，多方推升力量不足的表現，這一型態就是預示著趨勢轉向的「圓弧頂反轉」型態，也是投資者應選擇高位離場的警示性訊號

▲ 圖 6-23　金龍汽車 K 線圖

> 有時當「圓弧頂反轉」型態的圓形頭部形成後,股價並不會馬上下跌,而是反覆橫向發展形成徘徊區域,此徘徊區稱作「碗柄」。一般來說,「碗柄」很快會被突破,股價繼續朝預期中的下跌趨勢發展。

6.2.6 第 92 日戰記
我用下降三角形型態,抓住兩次賣點訊號

「下降三角形」多出現在跌落的行情中,同樣是多空雙方在某價格區域內的較量表現,然而多空力量卻與「上升三角形」型態所顯示的情形相反。

「下降三角形」整理型態的形成原理為:「下降三角形」歸於弱勢盤整,賣方顯得較活躍,賣出意願激烈不斷將股價壓低,從圖形上構成壓力頸線,從左向右下方歪斜。買方僅僅將買單掛在必定的報價,構成在水平支撐線反抗,從而在 K 線圖中構成下降三角形形狀。因而,其主要特徵是高點逐漸往下移,可是每次跌落的低點都幾乎在同一水平方位上。

下面舉例分析「下降三角形」整理型態的賣出訊號。圖 6-24 所示為東方通信(600776)在 2015 年 10 月至 2016 年 2 月期間的走勢圖。從圖中可以看到,該股前期經過一輪的上漲之後,於 2015 年 11 月中旬至 2016 年 1 月初一個半月的時期,構築「下降三角形」型態。構成該型態之後,股價還有一個小幅回升的進程,結尾沒能向上突破,股價持續跌落。

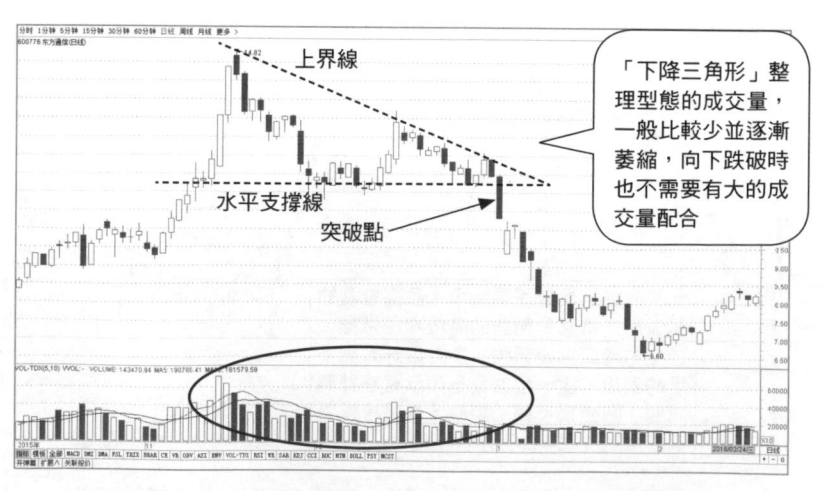

▲ 圖 6-24 東方通信「下降三角形」整理型態示意圖

　　「下降三角形」向下跌破水平支撐線時會呈現兩種狀況：一種是跌破支撐線之後，股價直接持續跌落，構成第一賣點；另一種是跌破支撐線之後，股價經過回升後才會再次跌落，構成第二賣點。

　　「下降三角形」整理型態的分析要點如下。

● 「下降三角形」一般見於整理型態。在下跌行情途中出現該型態，說明後市將繼續下跌。

● 「下降三角形」的成交量一般遞減，當股價放量跌破型態下限時，下跌的動能增大，即使無量配合，有效跌破下限仍會下跌。

● 在下跌行情底部，股價有效突破「下降三角形」的上限，並且有較大成交量配合時，下跌行情有可能反轉，投資者可以適當考慮買入股票。

6.2.7　第 93 日戰記
上升楔形型態，是跌後回升的技術性反彈

　　「上升楔形」是指股價經過一次下跌後，產生強烈技術性反彈，價格升至一定水準後又掉頭下落，但回落點比前次高，然後又上升至新高點再回落，在整體上形成一浪高於一浪的勢頭。

　　如果把短期高點、短期低點相連，則形成兩條向上傾斜的直線，且兩者呈收斂之勢。「上升楔形」表示一個技術性反彈漸次減弱的市況，常在跌市中的回升階段出現，顯示股價尚未見底，只是一次跌後技術性的反彈，如圖 6-25 所示。

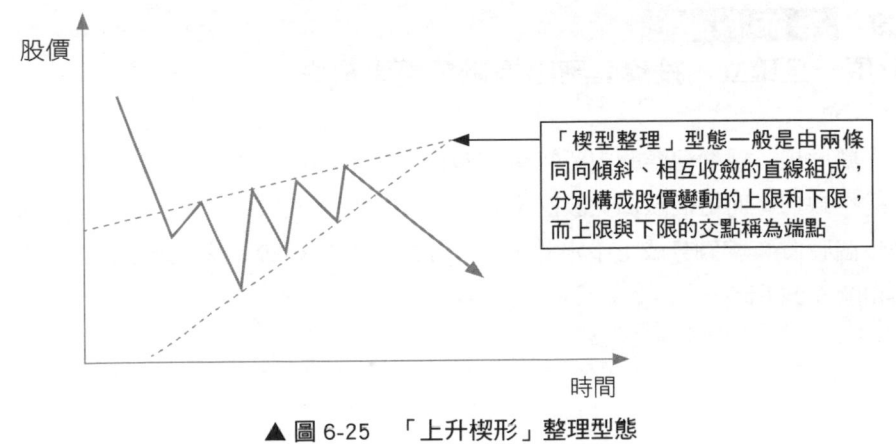

「楔型整理」型態一般是由兩條同向傾斜、相互收斂的直線組成，分別構成股價變動的上限和下限，而上限與下限的交點稱為端點

▲ 圖 6-25　「上升楔形」整理型態

6.2.8　第 94 日戰記
下降旗形出現後，要在跌破上升趨勢支撐線時賣出

當股價出現急速或垂直的下跌後，接著形成一個波動狹窄又緊密、稍微上傾的價格密集區域，像是一條上升通道，這就是「下降旗形」，如圖 6-26 所示。

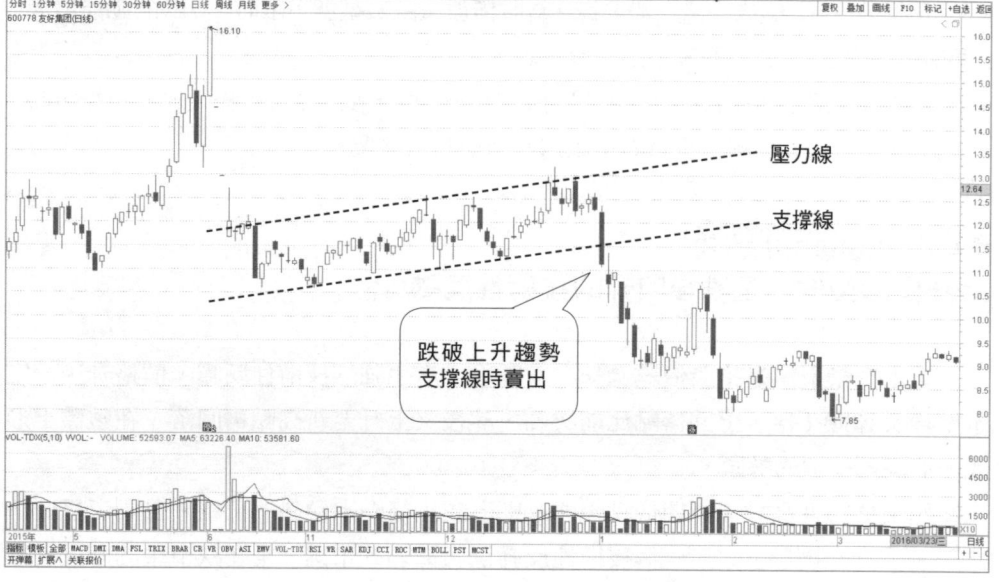

▲ 圖 6-26　「下降旗形」整理型態

6.2.9　第 95 日戰記
島形頂一旦確立，投資者應出場避免更大損失

「島形頂」轉勢型態的主要特徵為股價或大盤經過一段時間上漲，出現一個向下的跳空缺口，而這個缺口與該股上升時向上的跳空缺口，基本上處於同一區域，於是整個股價 K 線圖分成上下兩截，在上面的一部分 K 線就像遠離海岸的孤島，其型態如圖 6-27 所示。

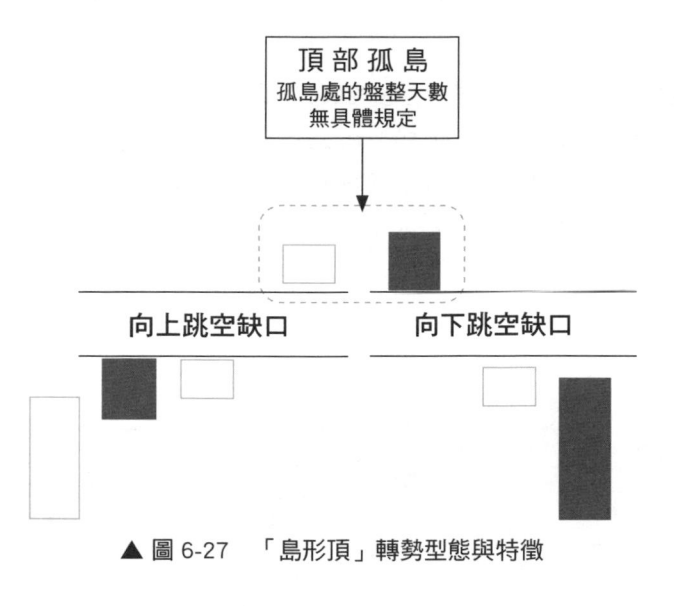

▲ 圖 6-27　「島形頂」轉勢型態與特徵

　　「島形頂」轉勢型態的特徵如下：

● 股價持續上升，市場氣氛樂觀。

● 日股價突然出現較大的向上跳空缺口，隨後在高位徘徊掙扎，股價幾天都在進行窄
　幅波動。

● 最後，股價又以向下跳空方式開始下跌。

● 前後兩缺口，基本上處於同一價位區域。

　　「島形頂」轉勢型態一旦確立，說明近期股價看空已成定局，此時持股的投資
者只能認輸出場，如果繼續持股必將受到更大的損失；而空倉的投資者近期最好也
不要再過問該股，即使中途有反彈也儘量不要參與，可關注其他有潛力的股票，換
股操作為宜。

6.2.10　第 96 日戰記
我用潛伏頂型態，看到最後的出場時機

　　「潛伏頂」是一種轉勢型態，可以出現在大中小行情的局部高點，形成短期或
長期頂部，圖形大小決定其作用大小。從實戰看，可以把「潛伏頂」理解成「平頂」，
即股價走了較長時間的平台之後向下突破，如果兩邊略有下沉，則可按圓弧頂操作。
「潛伏頂」的未來方向是向下的，投資者在股價突然出現向下突破時出貨比較好，

也是最後的時機。

下面舉例分析「潛伏頂」轉勢型態的賣出訊號。

圖 6-28 所示為珠海中富（000659）在 2015 年 9 月至 2016 年 3 月期間的走勢圖。從圖中可以看出心一此股在持續大漲後的高位區，出現寬幅震盪的「潛伏頂」轉勢型態，該型態的出現打破個股原有的上升趨勢，也是其滯漲的表現，更是空方力量開始逐步累積的過程。

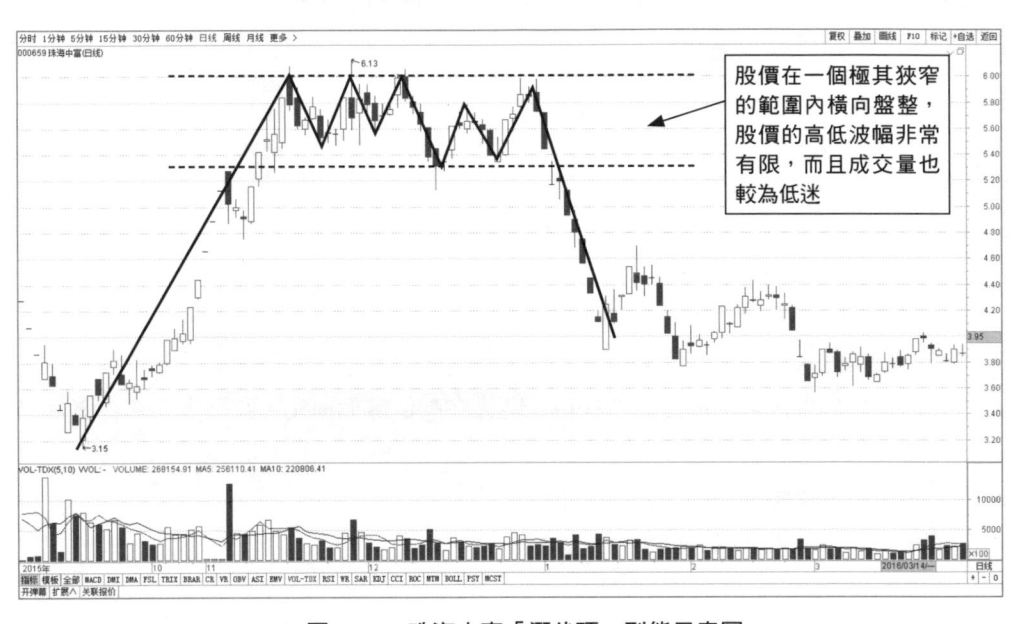

▲ 圖 6-28　珠海中富「潛伏頂」型態示意圖

第 **7** 章
結合 K 線與成交量，
讓你的勝率接近 100%！

7.1 成交量與 K 線的關係

在股市中,成交量是研判股市行情的重要依據,它可以反映股價走勢的強弱,即主力操盤的痕跡。藉由對成交量的分析,在一定程度上能幫助投資者提高判斷的準確性和可靠性。

7.1.1 成交量的 4 大常見型態

股市中有個說法叫「量在價先」,就是說成交量比股價還重要。成交量在股市中,不僅因為可以反映買賣數量變化而佔據重要地位,更重要的是透過成交量的變化,可以看出多空雙方的力量變化。

在進行量價分析之前,首先需要對成交量的基本概念有一定瞭解,包括成交、成交量、成交量值,其具體含義如表 7-1 所示。

雖然成交量也容易作假,但仍是最客觀、最直接的市場要素之一。因此成交量的型態變化,對行情研判也具有非常大的參考價值。

表7-1　成交量的相關概念

相關概念	基本含義
成交	買賣雙方報價一致,從而達成的交易行為
成交量	指定時間內成交的數量,其計算單位為張,1張等於1000股
成交量值	指實際成交金額(每股成交價×成交量),基本統計單位是元,在行情分析軟體上都是以萬元為統計單位

1. 放量

放量是指個股在某個階段的成交量與其歷史成交量相比，出現明顯增大的型態。在股價低價位區和高價位區中，成交量型態的意義不同，具體情況如表 7-2 所示。

表7-2　放量的型態分析

放量階段	型態分析
股價低價位區放量	當股價深幅下跌運行到低價區後，成交量出現放量型態，説明行情可能見底，後市看好，投資者可以低價建倉
股價高價位區放量	當股價大幅上漲運行到高位區後，成交量出現放量型態，説明行情可能見頂逆轉，投資者此時應該謹慎操作

2. 縮量

縮量是指個股在某個階段的成交量與其歷史成交量相比，出現明顯減少的型態。在不同行情中，成交量縮量型態的意義不同，具體情況如表 7-3 所示。

表7-3　縮量的型態分析

縮量階段	型態分析
上漲行情縮量	在上漲行情途中出現縮量型態，這主要是主力洗盤的一種手法，後市還會上漲，投資者可以在該階段逢低吸納。如果在高位出現縮量，説明上漲動能衰減，後市可能逆轉，投資者應出場
下跌行情縮量	在下跌行情途中，如果成交量出現縮量型態，説明後市還會繼續下跌，投資者應果斷賣出，離場觀望。待股價下跌到一個低價位出現放量後再介入，不失為一個有效的迴避風險方法

步驟 ① 圖 7-1 所示為天健集團（000090）2013 年 1 月至 2014 年 9 月期間的 K 線走勢圖。可以看到，股價位於底部橫盤整理區域，成交量也比較低迷。

步驟 ② 隨後該股出現了連續 3 個向上跳空突破缺口型態，同時第一根跳空 K 線收「一字漲停」，說明有大資金介入，成交量放量，如圖 7-2 所示。

步驟 ③ 該股上漲見頂後步入下跌行情，同時成交量縮量，後市看跌，如圖 7-3 所示，投資者應果斷賣出。

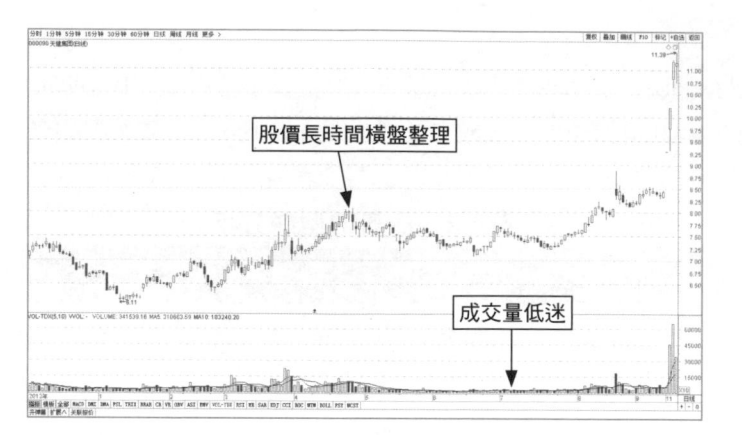

▲ 圖 7-1　天健集團 K 線圖（1）

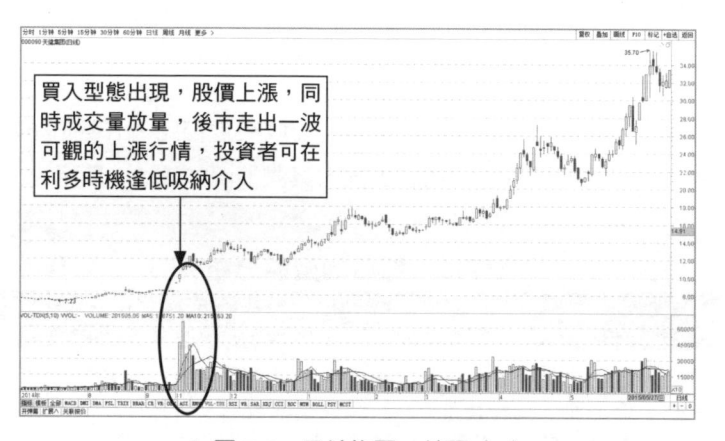

▲ 圖 7-2　天健集團 K 線圖（2）

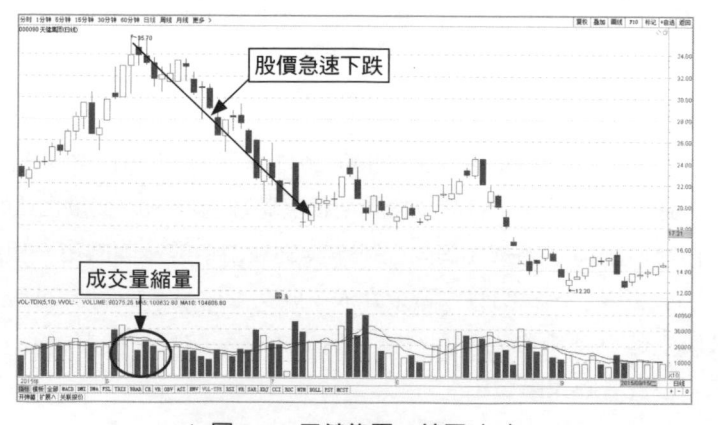

▲ 圖 7-3　天健集團 K 線圖（3）

3. 天量

　　天量是指股價在運行過程中突然放出一根巨大的量（至少是前一天成交量的兩倍以上），如圖 7-4 所示的金融街（000402）於 2016 年 8 月 19 日出現天量。

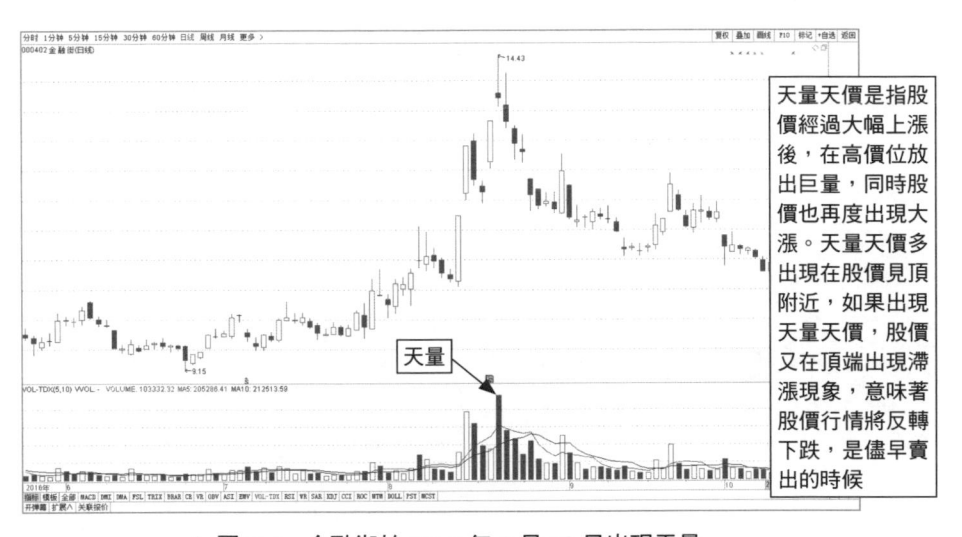

天量天價是指股價經過大幅上漲後，在高價位放出巨量，同時股價也再度出現大漲。天量天價多出現在股價見頂附近，如果出現天量天價，股價又在頂端出現滯漲現象，意味著股價行情將反轉下跌，是儘早賣出的時候

▲ 圖 7-4　金融街於 2016 年 8 月 19 日出現天量

　　天量出現的位置不同，其市場含義也不同，具體情況如表 7-4 所示。

表7-4　天量的型態分析

出現位置	型態分析	操作策略
股價的高價位區	此時可能是主力在高位放量出貨，預示股價見頂，後市可能出現行情逆轉，股市中常說的「天量天價」就是指這個階段的天量	當股價大幅上漲後出現天量，投資者應果斷出場，逃離風險
股價低價位區或上漲過程中	此時的天量是主力透過對敲手段製造的，其目的是清理浮籌	只要在出現天量後幾個交易日中，股價不跌破天量當日的低點，且股價超過前期高點，投資者就可以適當介入

4. 地量

　　地量就是指個股成交量呈現出極度縮小的狀態，而且一般還具有一定的持續性，如圖 7-5 所示。

 專家心法

地量通常出現在下跌行情的末期，是行情見底的重要反轉訊號。一般而言，成交量要縮至頂部最高成交量的 20% 以內，則估計有望見底；如果成交量大於這個比例，說明股價仍有下跌空間。

▲ 圖 7-5　個股地量

7.1.2　成交量與 K 線的關係

成交量與 K 線的關係，主要包括量價配合和量價背離兩方面，其具體內容如下。

(1) 量價配合：即成交量的增減與股價漲跌成正比，當股價上漲（K 線呈上升趨勢），成交量增大，表明投資者看好後市，放心做多；股價下跌（K 線呈下降趨勢），成交量減少，如圖 7-6 所示，表示投資者對後市充滿信心，持股惜售。

(2) 量價背離：即成交量的增減與股價漲跌成反比，當股價上漲（K 線呈上升趨勢），成交量卻減少或持平；股價下跌（K 線呈下降趨勢），成交量卻增大，如圖 7-7 所示。

結合 K 線和成交量的走勢型態進行分析，可提高判斷的準確性，也是取得成功的重要保證。

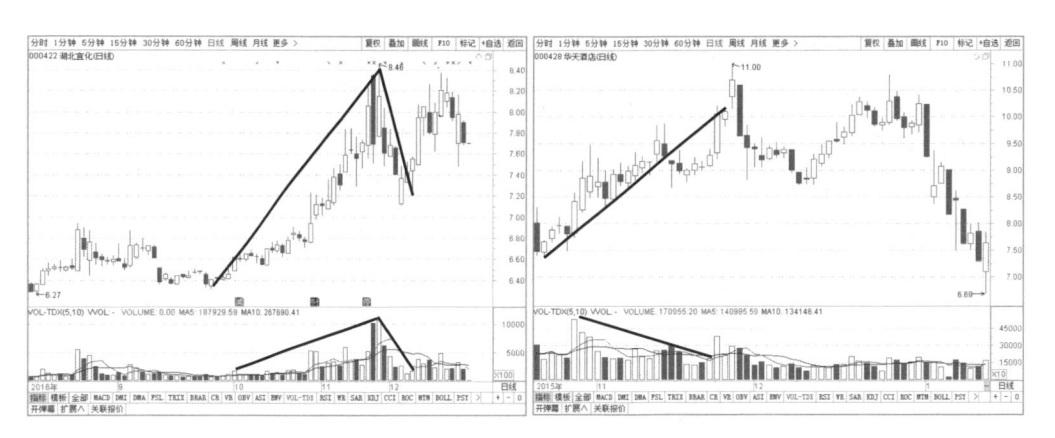

▲ 圖 7-6　量價配合　　　　　　　　▲ 圖 7-7　量價背離

7.1.3　K 線上升行情中的成交量特性

　　一般情況下，對於上升行情中的成交量特性的分析，投資者可以從以下 3 個方面入手。

　　(1) 識別頂部特徵： 當股價在上升行情中不斷升高，且成交量不斷增加的走勢持續一段時間之後，投資者需要隨時注意見頂的預兆，如圖 7-8 所示。

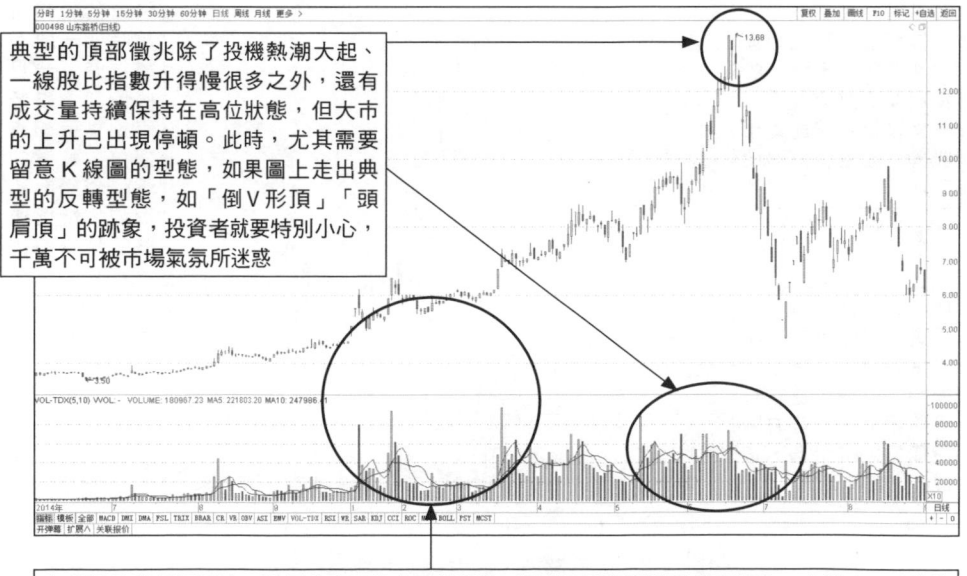

典型的頂部徵兆除了投機熱潮大起、一線股比指數升得慢很多之外，還有成交量持續保持在高位狀態，但大市的上升已出現停頓。此時，尤其需要留意 K 線圖的型態，如果圖上走出典型的反轉型態，如「倒 V 形頂」「頭肩頂」的跡象，投資者就要特別小心，千萬不可被市場氣氛所迷惑

在升勢的整個過程中，股價會出現幾次回落調整，區分回落調整與升勢見頂有一定難度，正常的強勢調整一般是跌幅有限，而且成交量在調整期間會減少

▲ 圖 7-8　K 線上升行情中的成交量特性

(2) **發掘「天量」與「天價」**：在上升行情中，成交量的變化一般都領先於價格的變化，所以大盤再創新高時，並不一定要求新的「天量」出現。通常，「天量」會早於「天價」出現，不過「天量」出現也往往意味著上升行情進入下半程。在此過程中，上升行情仍然是一個持續放量的過程，只是要求這個成交量足以推動大盤持續上行即可。

(3) **成交量放大有上限**：股市的上漲需要資金支援，每一輪上漲行情同時也是一個成交量持續放大的過程。但成交量不可能無限放大，達到一定水準（即「天量」）後就會難以為繼，股市繼續上漲的基礎也就發生動搖。一旦成交量由持續放大變為持續萎縮，往往都伴隨著整理行情的展開。

7.1.4　K 線下跌行情中的成交量特性

K 線下跌行情中的成交量特性可以分為以下 3 個階段。

(1) 下跌行情初期，成交量特性如圖 7-9 所示。

(2) 下跌行情途中，成交量特性如圖 7-10 所示。

(3) 下跌行情末期，成交量特性如圖 7-11 所示。

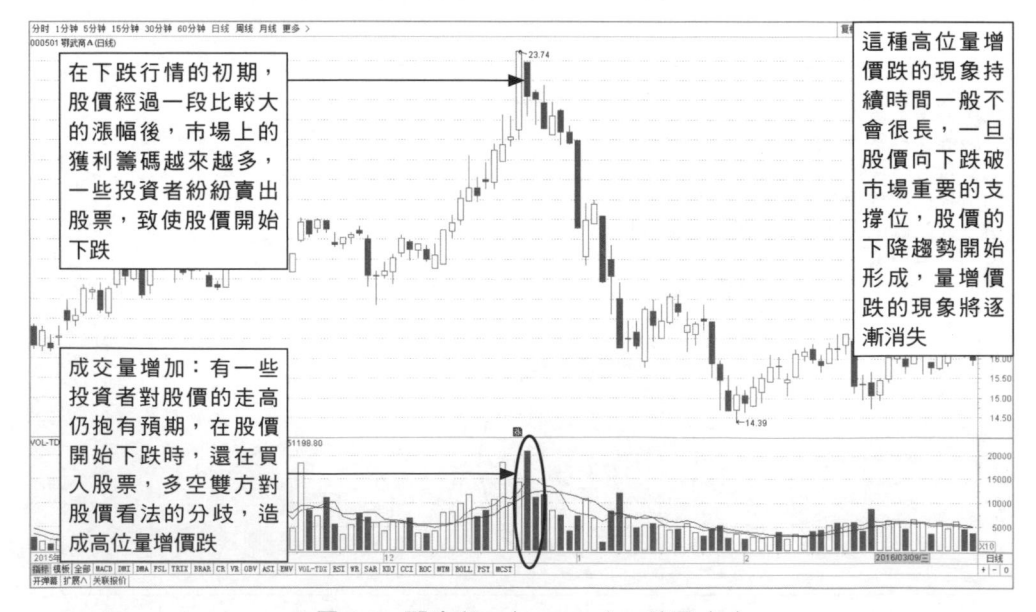

▲ 圖 7-9　鄂武商 A（000501）K 線圖（1）

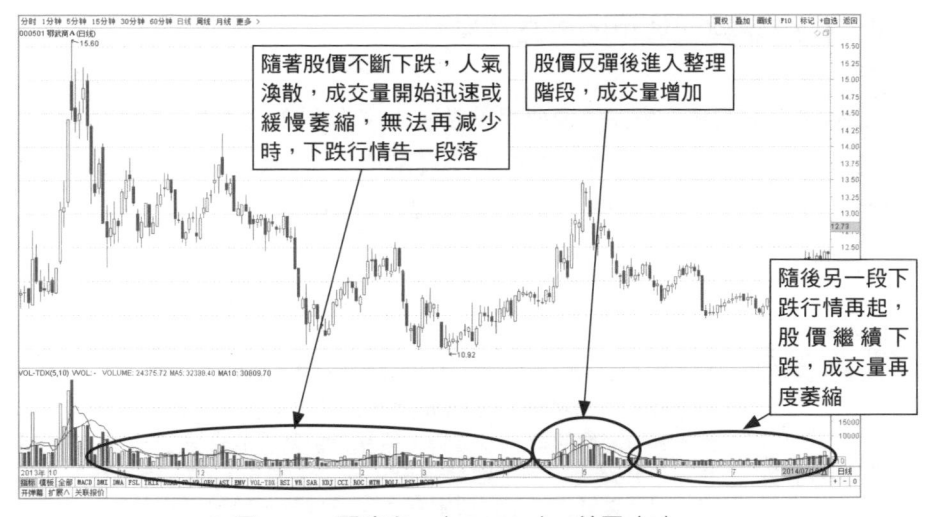

隨著股價不斷下跌，人氣渙散，成交量開始迅速或緩慢萎縮，無法再減少時，下跌行情告一段落

股價反彈後進入整理階段，成交量增加

隨後另一段下跌行情再起，股價繼續下跌，成交量再度萎縮

▲ 圖 7-10　鄂武商 A（000501）K 線圖（2）

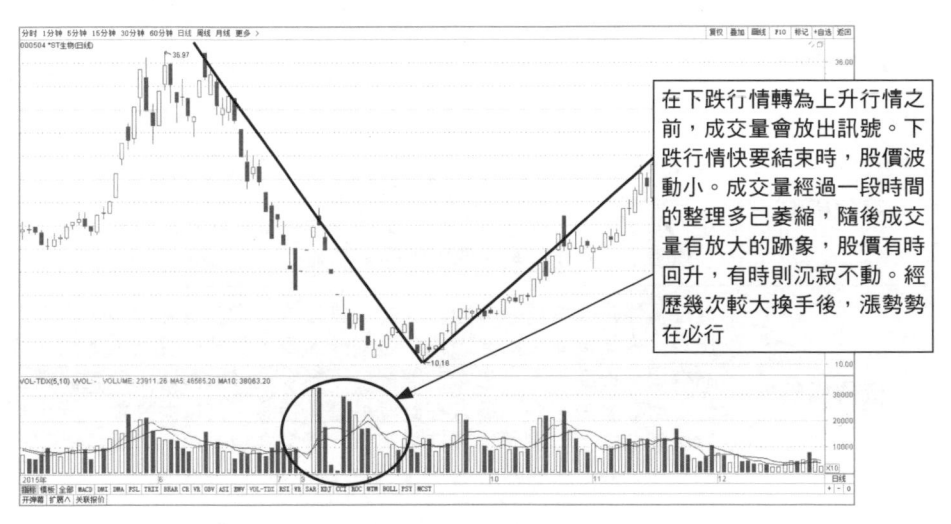

在下跌行情轉為上升行情之前，成交量會放出訊號。下跌行情快要結束時，股價波動小。成交量經過一段時間的整理多已萎縮，隨後成交量有放大的跡象，股價有時回升，有時則沉寂不動。經歷幾次較大換手後，漲勢勢在必行

▲ 圖 7-11　鄂武商 A（000501）K 線圖（3）

　　成交量是反映股市人氣聚散的一面鏡子，人氣旺盛才可能買賣踴躍，成交量自然放大；相反地，在人氣低迷時成交量必定萎縮。在實際操作中，成交量萎縮反映出許多問題，其中最關鍵的是說明籌碼安全性好，也就是說沒有人想賣出這檔股票，而股價如果同時不下跌，更說明市場賣壓窮盡。

7.1.5　K 線盤整型態中的成交量特性

在 K 線走勢圖中，橫盤整理型態不僅僅出現在頭部或底部，也會出現在上漲或下跌途中，根據橫盤出現在股價運動的不同階段，可分為：上漲中的盤整、下跌中的盤整、高位橫盤、低位橫盤 4 種情形，如表 7-5 所示。

表7-5　K線盤整型態中的成交量特性

階段	成交量特性
上漲中的盤整	此種盤整是股價經過一段時間急速的上漲後，稍作歇息，然後再次上行。其所對應的前一段漲勢，往往是弱勢後的急速上升，從成交量上來看，價升量增，到了盤整階段，成交量並不萎縮，雖有獲利回吐盤賣出，但買氣旺盛不足以擊退多方。該盤整一般以楔形、旗形整理型態出現
下跌中的盤整	此種盤整是股價經過一段下跌後，稍有止跌、略有反彈，然後再次調頭下行。其所對應的前一段下跌受利空打擊，盤整只是空方略作休息，股價略有回升，但禁不起空方再次進攻，股價再度下跌，從成交量看，價跌量增
高位橫盤	此種橫盤是股價經過一段時間的上漲後，漲勢停滯、股價盤旋波動，多方已耗盡能量，股價很高，上漲空間有限，主力在頭部逐步出貨，一旦主力撤退，由多轉空，股價便會一舉向下突破，從成交量來看，通常為量增價平。此種盤整一般以矩形、圓弧頂型態出現
低位橫盤	此種橫盤是股價經過一段時間的下跌後，股價在底部盤旋，加上利多的出現，人氣逐漸聚攏。市場資金並未撤離，只要股價不再下跌，就會紛紛進場，由空轉多。主力在盤局中不斷吸納廉價籌碼，浮動籌碼日益減少，上檔壓力減輕，多方在此區域蓄勢待發。當以上幾種情況出現時，盤局就會向上突破，從成交量來看，通常為量減價平。此種盤整一般會以矩形、圓弧底型態出現

╭─ 專家心法 ─────────────────

　　股價可以騙人，而成交量卻難以騙人，沒有成交量支持的股價運動，是空虛的價格運動。底部成交量放大、股價卻不大漲的個股，則只能是主力的壓價吸貨行為。將 K 線圖與成交量結合一併分析，會達到事半功倍的效果。

7.2　從成交量分析 K 線型態走勢

許多投資者對於成交量變化的規律認識不多，這是非常危險的，將 K 線分析與成交量的分析相結合，才能真正地讀懂市場的語言，洞悉股價變化的奧妙。成交量是價格變化的原動力，其在實戰技術分析中的地位不言自明。

7.2.1　放量拉升：股市上漲的可靠階段

放量拉升是股價上漲中比較可靠的一個階段，因為股價是放量拉升，所以通常出現在個股剛啟動時，實戰中看到有個股底部出現成交量放大、股價上漲時，應快速分析個股狀況，果斷進場操作。下面舉例分析放量拉升型態。

步驟 ❶ 圖 7-12 所示為紅太陽（000525）2016 年 3 月至 6 月期間的 K 線走勢圖。可以看到，股價在 4 月 11 日左右運行到高位後回落，成交量一度縮量至 5 日均量線下方，股價運行至底部後成交量出現放量，股價出現上漲趨勢。

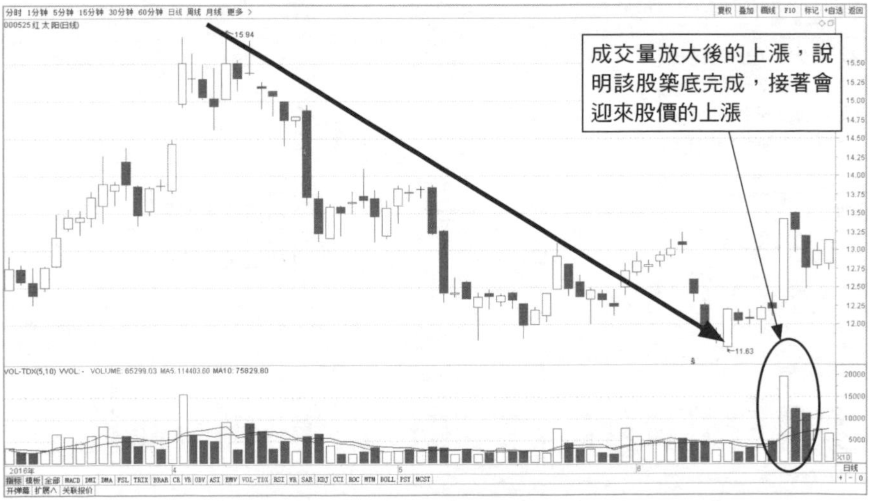

▲ 圖 7-12　紅太陽 K 線圖（1）

步驟 ② 如圖 7-13 所示，隨後該股確實展開一波上漲趨勢，股價處在上漲趨勢中，成交量也是逐漸放大的趨勢。

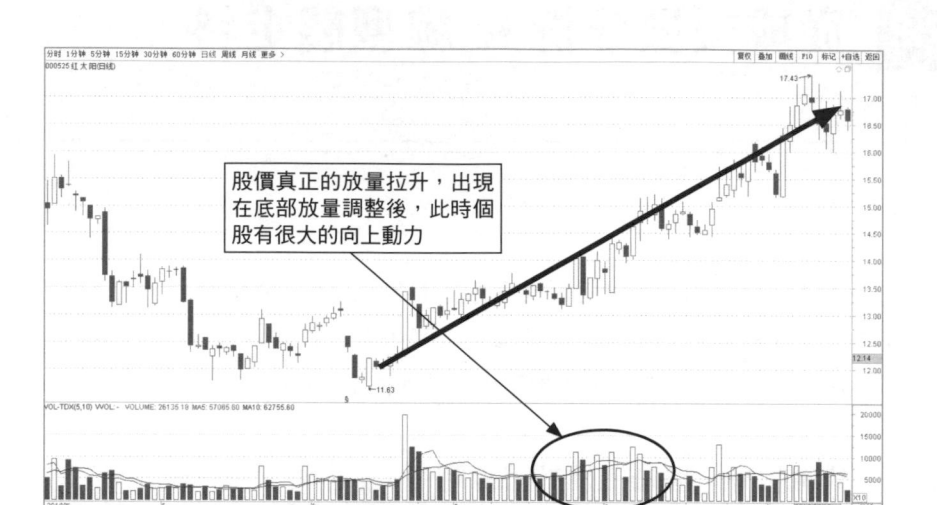

> 股價真正的放量拉升，出現在底部放量調整後，此時個股有很大的向上動力

▲ 圖 7-13　紅太陽 K 線圖（2）

7.2.2　縮量上漲：股價中心連續上行

縮量上漲型態是指股價重心連續上行，成交量卻對應逐漸縮小的過程，如圖 7-14 所示。這種現象說明成交的只是場內資金買盤，場外資金進場不積極。

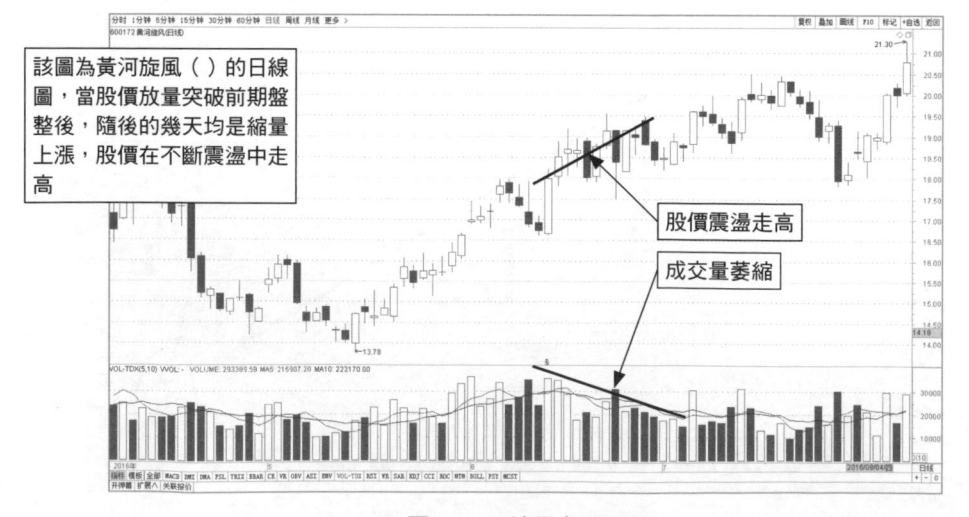

> 該圖為黃河旋風（ ）的日線圖，當股價放量突破前期盤整後，隨後的幾天均是縮量上漲，股價在不斷震盪中走高

> 股價震盪走高

> 成交量萎縮

▲ 圖 7-14　縮量上漲型態

　　若在相對低位出現縮量上漲型態，說明投資者觀望氣氛濃厚，空頭經過前期的打壓能量也消耗不少，多空對決，多方略勝一籌，接下來量能溫和放大，上漲的持續性值得期待。

專家心法

　　對於底部平台啟動的，或小幅拉升後縮量回檔後的再度放量突破前小高點的型態，或股價處於拉升初期的，這些位置的縮量上漲通常是股價即將加速的特徵，需要投資者特別關注。

　　若在相對高位出現縮量上漲型態，說明隨著股價的上漲，投資者變得謹慎，追高意願不強，一旦後續能量不能隨著股價的上漲有所放大，見頂回落的可能性較大。對於波段升幅較大，且股價縮量上升時 K 線實體越來越小的個股來說，通常是股價即將見頂的特徵。

　　對個股來說，出現縮量上漲型態有以下幾種情況。

- 開盤即漲停，持續至收盤，說明該股可能有重大利多被機構主力提早得知，在集合競價時即進入而持股者惜售。通常，這樣的漲停自然會出現縮量。

- 該股已經歷連續大跌，斬倉割肉盤基本上出場，剩下來的基本是意志堅定者，因此賣壓不大，買入推高股價輕而易舉，少量資金即可，於是出現縮量上漲型態。

- 行情低迷，大部分投資者做多做空意願不強，持股者和場外人士普遍持觀望態度，此時多數是縮量，有可能上升也有可能下跌，但幅度一般不大。

- 持續的縮量上漲意味著多空方向一致，主力控盤程度高。綜合來看，在相對高位，股價縮量上行比放量上行的風險要小得多。

7.2.3　量增價升：成交量不斷上升

　　量增價升是指股價隨成交量的不斷增大而上升，如圖 7-15 所示。如果股價逐漸上升，成交量也增加，說明價格上升得到成交量增加的支撐，後市將繼續看好。同時成交量的相應增大，也是市場上人氣聚積的具體表現。

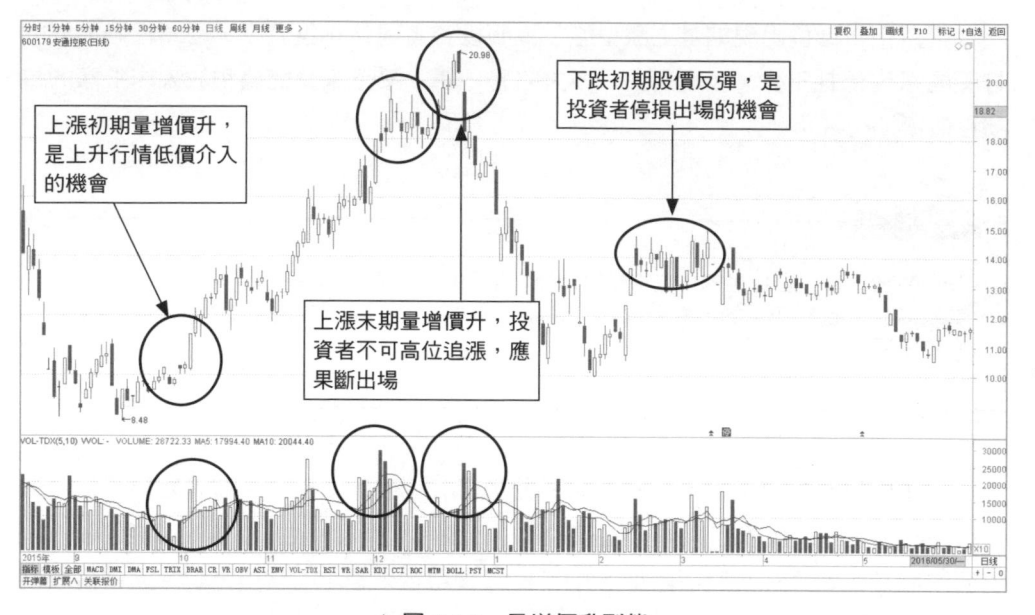

上漲初期量增價升，是上升行情低價介入的機會

上漲末期量增價升，投資者不可高位追漲，應果斷出場

下跌初期股價反彈，是投資者停損出場的機會

▲ 圖 7-15　量增價升型態

在不同階段出現的量增價升型態，其代表的市場意義也不同，如表 7-6 所示。

表7-6　量增價升型態的市場意義

階段	市場意義
上漲初期和上漲途中	在上漲初期或上漲途中出現量增價升型態，說明場外資金不斷注入，後市看漲，此時為明顯的買入訊號
上漲末期	在上漲末期出現量增價升型態，是主力高位出場的表現，後市看跌，待主力完全出貨後，行情將逆轉
下跌初期和下跌途中	在下跌初期或下跌途中出現量增價升型態，往往是股價反彈，當量能不足繼續放大時反彈結束，下跌行情將繼續
下跌末期	在下跌末期出現量增價升型態，股價不會立即大幅上漲，可能會經歷一個調整回落的階段

7.2.4　量增價平：股價在某個範圍內波動

量增價平型態是指股價隨著成交量的不斷增大，保持在某個價位範圍內波動，如圖 7-16 所示。它意味著多、空雙方的意見分歧比較大，或者大盤在成交量放大的情況下，指數卻沒有出現上漲，而是在原來的點位上下波動。

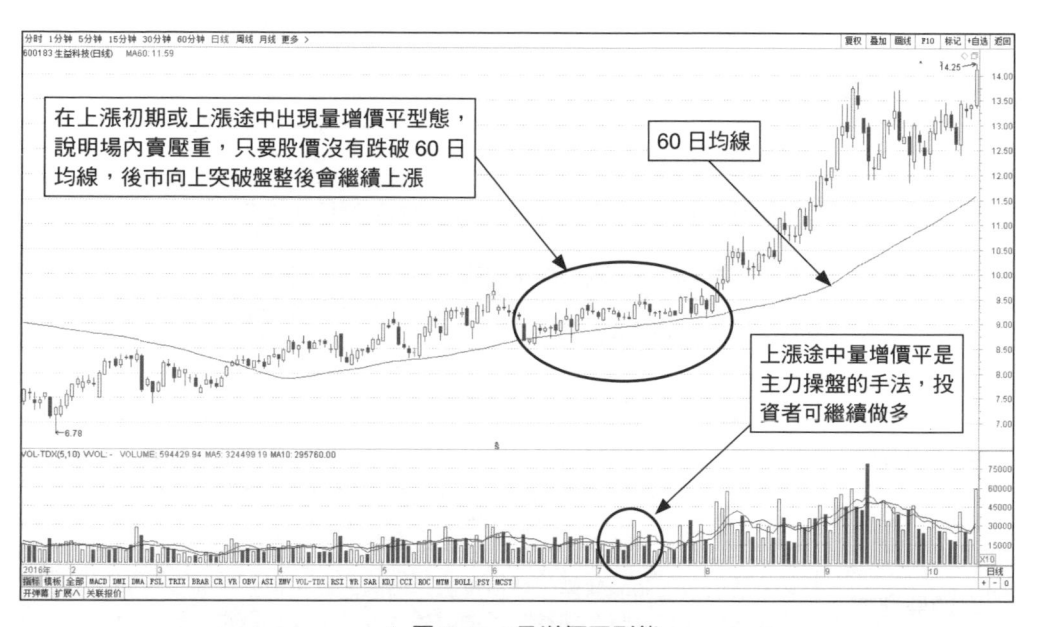

▲ 圖 7-16　量增價平型態

一般情況下，量增價平型態會出現在谷底時期、多頭初升段、多頭主升段、多頭回檔整理、多頭末升段、空頭主跌段、空頭盤整或反彈 7 種行情結構中，如表 7-7 所示。

表7-7　量增價平型態的市場意義

階段	市場意義
谷底時期	當股價下跌很深，量價關係轉為量增價平，代表股價有可能在此進行止跌見底的行為，但是股價不會立即上漲，因此投資者宜待底部型態確立後再伺機介入
多頭初升段	在股價上漲初期，量增價平為籌碼良性換手的現象，或是主力介入吃貨的跡象，投資者可以在此逢低承接

階段	市場意義
多頭主升段	若量增價平出現在多頭主升段的中、末期，投資者應持觀望態度，因為這種現象是屬於主力換手或是拉高出貨的先兆，不容易分辨，但往往是走勢回檔的徵兆，投資者應該注意賣出時機。尤其是股價上漲在測量的相對滿足點附近，代表賣壓已經漸漸轉強，行情可能出現止漲，進入盤跌走勢
多頭回檔整理	當股價進入漲勢滿足後的回檔整理階段時，有可能使走勢回升，也有可能因為久盤形成頭部，使股價反轉下跌。若是回升盤，在整理過程中，理應不會破壞多頭趨勢的支撐關卡，那麼在盤整過程中的量增價平，極有可能是主力的試單量；相對地，在整理過程中如果破壞多頭關卡，那麼量增價平就可能是出貨量
多頭末升段	當股價在上漲末期走勢減緩並呈現盤軟震盪時，如果伴隨成交量持續湧現，但是價格持平，即所謂的「量大不漲」，往往是股價反轉的徵兆。主要是主力在高位借助盤整型態趁機出貨，一旦主力出貨完畢，行情就會逆轉步入下跌行情。此時，沒有股票的投資者要持幣觀望，而持有股票的投資者則應考慮減倉或平倉
空頭主跌段	在下跌初期或下跌途中出現量增價平，表示逢低介入的短線買盤已經出現，有機會蘊釀短波段反彈，尤其是股價已經進入支撐區，但這只是短線多頭行情而已。有時根本不反彈卻再度破底，股價跌破型態後，後市會繼續下跌。所以出現此現象時，投資者切勿認為已經轉成回升，不妨等進入谷底期之後，再開始注意是否打出底部型態
空頭盤整或反彈	當股價進入空頭的盤整，或是反彈走勢階段時出現量增價平型態，尤其是量增幅度較大時，往往是反彈尾聲，大的成交量通常就是相對高點，投資者宜趁此時將短線多單順勢出脫

專家心法

在下跌末期出現量增價平型態，預示有大量資金介入該股，後市股市有望見底，行情可能會發生逆轉，投資者應密切關注、仔細分析，可在下跌行情的低位等待機會，做好買入準備。

7.2.5　量增價跌：典型的短線價量背離現象

量增價跌型態主要是指個股在股價下跌的情況下，成交量反而增加的一種量價配合現象，是一種典型的短線價量背離現象，如圖 7-17 所示。

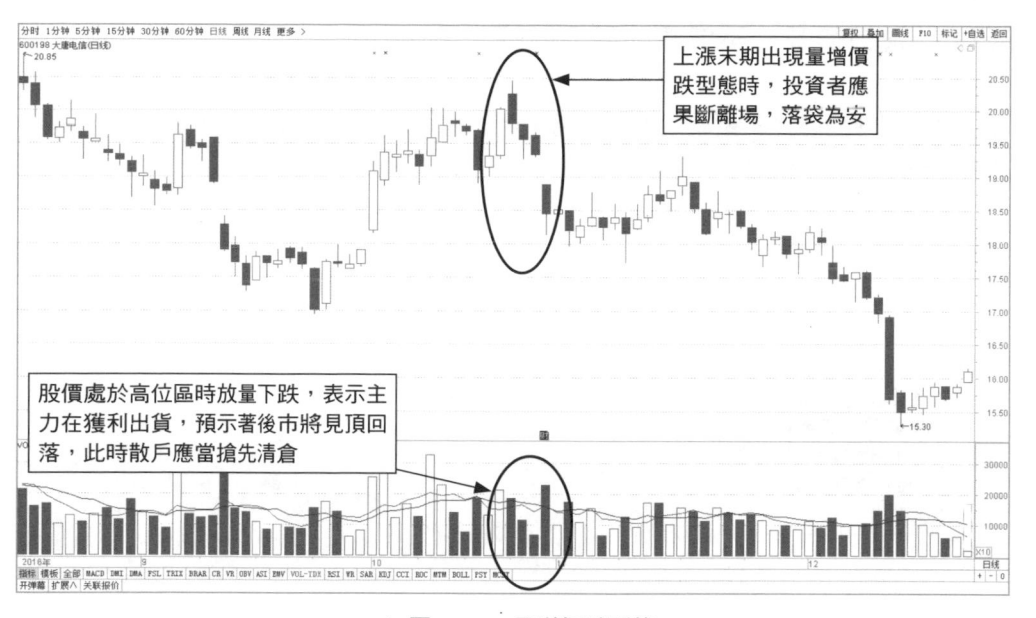

▲ 圖 7-17　量增價跌型態

量增價跌型態用在股市上表現為價格下跌，成交量反而上升，說明價格的下跌得到部分買家的認可大批購買，但也可能是主力在瘋狂出逃，所以要看成交量、消息面、大市行情的局面。在大家都瘋狂出逃時，也有人認為是建倉的好時機，價跌量增實質上是買賣雙方分歧較大的反應。

在不同階段出現的量增價跌型態，其代表的市場意義也不同，如表 7-8 所示。

表7-8　量增價跌型態的市場意義

階段	市場意義
上漲初期和上漲途中	在上漲初期或上漲途中出現量增價跌型態，主要是主力在此震倉洗盤，只要股價在均線位置獲得支撐回升，就會繼續上漲
上漲末期	在上漲末期出現量增價跌型態，說明做多量能衰減，股價上漲乏力，行情即將反轉，後市可能出現一波深幅下跌行情
下跌初期和下跌途中	在下跌初期或下跌途中出現量增價跌型態，主要是主力出貨完成，股價上漲失去主力依託，做空動能強，這是明顯的助跌訊號，後市看空
下跌末期	在下跌末期出現量增價跌型態，說明有資金接盤，尤其是出現快速放量下跌的狀態，往往是主力誘空，後期有望形成底部或產生反彈

7.2.6 量減價升：不健康的量價結構

量減價升型態是不健康的量價結構，股價隨著成交量的不斷減小而上升，屬於典型的背離現象，如圖 7-18 所示。

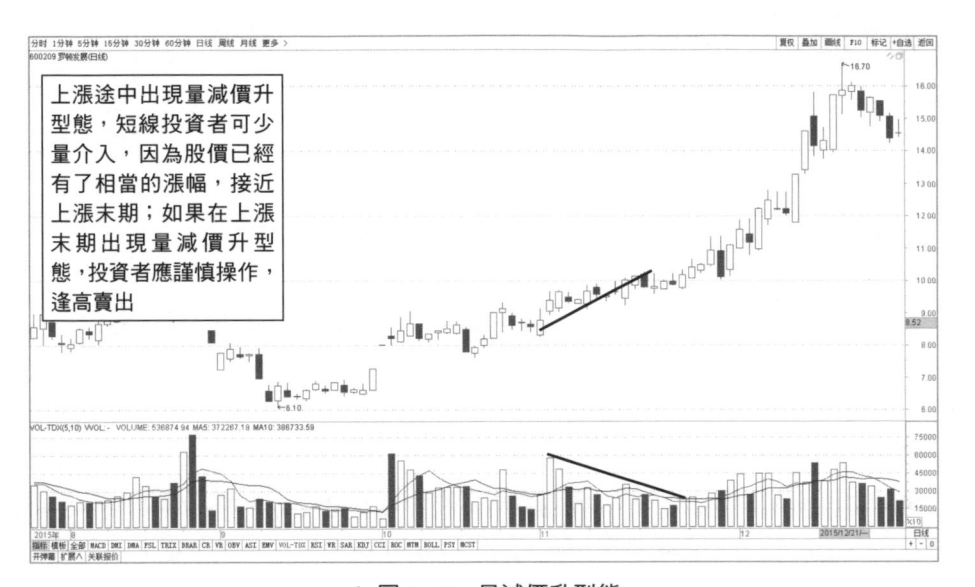

▲ 圖 7-18　量減價升型態

在不同階段出現量減價升型態，其代表的市場意義也不同，如表 7-9 所示。

表7-9　量減價升型態的市場意義

階段	市場意義
上漲初期和下跌末期	在上漲初期或下跌末期出現量減價升型態，股價上漲無成交量的配合，說明上漲高度有限，後市可能會出現股價回落下調或橫盤整理
上漲途中	在上漲途中出現量減價升型態，是主力大量吸籌後鎖倉拉升股價的表現，後市會繼續上漲。若在大盤中出現該型態，說明大盤走勢轉弱，投資者應謹慎做多
上漲末期	在上漲末期出現量減價升型態，這是明顯的量價背離型態，是強烈的行情逆轉訊號，後市將進入一段下跌行情
下跌初期和下跌途中	在下跌初期和下跌途中出現量減價升型態，說明價格會反彈，但是如果成交量不能繼續放大，股價反彈將結束，後市繼續看跌

　　除了以上幾種量價關係外，還有以下 4 種重要型態：

1. 量減價平：股價隨著成交量的不斷減小，保持在某個價位內波動。如果成交量顯著減少，股價經過長期大幅上漲之後，進行橫向整理不再上升，此為警戒出貨的訊號。此階段如果突發巨量天量並拉出大陽大陰線，無論有無利多利空消息，投資者均應果斷賣出。

2. 量減價跌：股價下跌，成交量減少，表示投資者惜售心理嚴重。如果出現在股價漲升初期，屬正常回檔，投資者可以逢低補倉；若發生在股價下跌初期，顯示跌勢仍將持續。若股價長期下跌後，跌幅略減，成交量也萎縮至最低，此時買盤雖還有顧慮，但賣壓也逐漸收斂，行情將止跌回穩。另外，對於出現價跌量縮的個股，投資者應密切關注大盤走勢，若大盤仍有上升空間，則個股可能會止跌向上；如果大盤向下，出現價跌量縮的個股，可能向下突破。

3. 量平價平：量平是大盤或個股的成交量，比前一個交易日的成交量幅度增加或減少在 10% 以內，稱為量平。價平是大盤當日上漲幅度較前一交易日，在 0.4% 以內或個股上漲幅度在 1% 以內。量平價平型態比較少見，通常會看見 20 日均量線呈現持平走勢，如果此現象維持超過一星期，形成一種常態，代表目前的趨勢將不會有重大轉變。

　　此格局發生在盤跌走勢的股票居多，另外一種常見的現象發生在狹幅盤整過程的股票，因為量平價平為多空不明的暗示，投資者宜保守觀望，等待量能增溫的現象出現再做考慮。

4. 量平價跌：隨著股價的持續性下跌，成交量卻沒能同步地有效放大，這說明市場投資者並沒有形成一種「一致看空」的空頭效應，多是控盤主力開始逐漸退出市場的前兆。由於成交量處於平穩運行狀態，容易使場外的散戶投資者產生僥倖的心理，並以為這種現象僅僅只是控盤主力洗盤的結果。

　　因此，他們不會輕易賣出自己手中所持的籌碼。然而，控盤主力正是利用他們這種心理，從容不迫地緩步清倉，直到自己所持的倉位不再十分沉重時，才會將自己的餘量部分一起賣出，從而加深、加快股價的下跌幅度和速度。

第**8**章

結合 K 線和趨勢線，
你也能賺到 3 次波段價差！

8.1 學會用趨勢線

趨勢線是股價運行的方向。在股價變化過程中,將逐步上漲的低點或者下跌的高點,用直線連接起來就形成了趨勢線。

8.1.1 認識上漲 & 下跌趨勢線

股票行情運行的趨勢一旦形成,股價就會順著這個方向繼續運行下去,直到出現明顯的轉勢訊號。趨勢線的趨勢方向主要有兩種,分別是上漲趨勢線和下跌趨勢線。

1. 上漲趨勢線

上漲趨勢線又稱為上漲支撐線,它是將 K 線行情運行過程中,逐漸上漲的多個低點,或者最具代表意義的低點連接後所形成的趨勢線,如圖 8-1 所示。當上漲趨勢形成後,表示市場中空方勢力逐漸衰弱,多方勢力正在逐步加強,後市看漲,投資者可以做多。

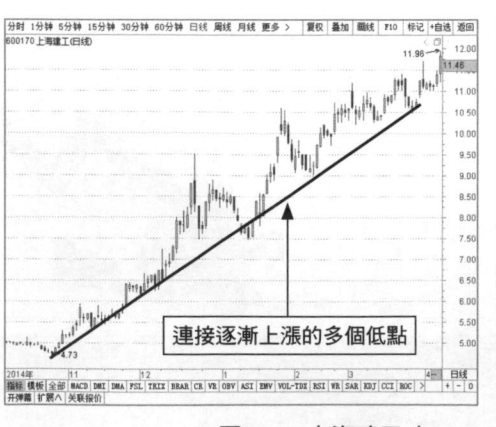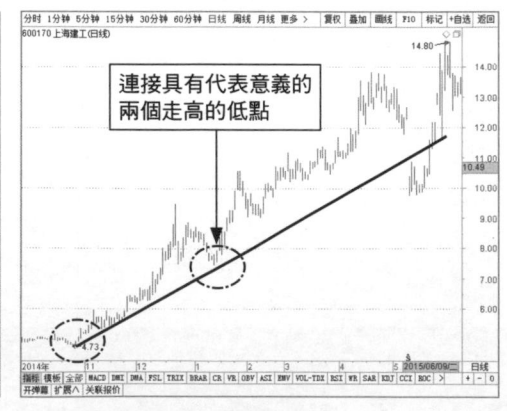

▲ 圖 8-1 上海建工(600170)K 線行情中的上漲趨勢線

專家心法

　　趨勢理論是指，一旦市場形成上升（或下降）的趨勢後，股價沿著上升（或下降）的方向運行，主要有以下 3 種趨勢。
1. **基本趨勢**：即股價廣泛或全面性上升或下降的變動情形。這種變動持續的時間通常為一年或一年以上，股價總升（降）的幅度超過 20%。對投資者來說，基本趨勢持續上升就形成多頭市場，持續下降便形成空頭市場。基本趨勢比較適合長期投資者，可以幫助他們盡可能地在多頭市場上買入股票，而在空頭市場形成前及時賣出股票。
2. **波段趨勢**：因為波段趨勢經常與基本趨勢的運動方向相反，並對其產生一定的牽制作用，因而也稱為股價的修正趨勢。這種趨勢持續的時間從 3 週至數月不等，其股價上升或下降的幅度，一般為股價基本趨勢的 1/3 或 2/3。波段趨勢比較適合想從股市中獲取短期利潤的投機者。
3. **短期趨勢**：短期趨勢反映股價在幾天內的變動情況。短期趨勢的重要性較小，且易受人為操縱，因而不便作為趨勢分析的對象。波段趨勢通常由 3 個或 3 個以上的短期趨勢所組成。

2. 下跌趨勢線

　　下跌趨勢線又稱為下跌支撐線，它是將行情運行過程中逐漸下跌的多個高點，或最具代表意義的高點連接後所形成的趨勢線，如圖 8-2 所示。當下跌趨勢形成後，表示市場中多方勢力逐漸衰弱，空方勢力正在逐步加強，後市看跌，投資者應立即設置停損。

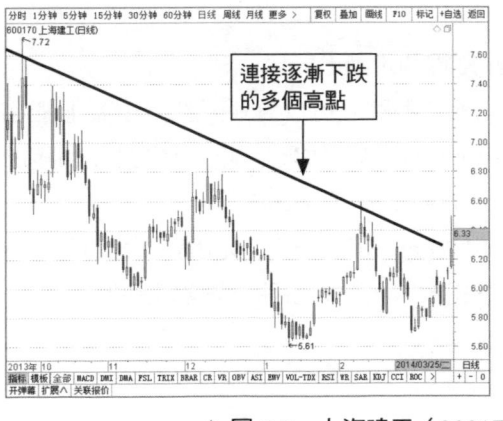
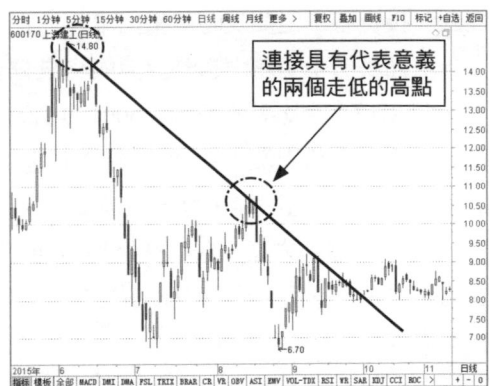

▲ 圖 8-2　上海建工（600170）K 線行情中的下跌趨勢線

8.1.2 利用單根趨勢線分析 K 線

趨勢線是預測行情運行方向的分析工具，趨勢的形成只能說明行情可能朝這個方向繼續運行。下面將具體介紹 4 種利用單根趨勢線分析 K 線走勢的技巧。

1. 趨勢線被有效突破

趨勢線被有效突破是股價發生逆轉的訊號。在上漲行情中，股價向下跌破上漲趨勢線後繼續走弱，此時視為一個賣出點；在下跌行情中，股價向上突破下跌趨勢線後繼續走強，此時視為一個買入點。

2. 趨勢線的時效性

如果股價順著趨勢線移動的時間越長，說明趨勢線越可靠，即上漲趨勢將繼續上漲，下跌趨勢將繼續下跌。

3. 利用趨勢線與成交量分析 K 線圖

不管趨勢線維持時間的長短，最終都會在某個位置反轉，尤其是在股價運行到頂部或底部的時候，投資者更要謹慎使用趨勢線。為了提高趨勢預測的準確性，投資者可以結合成交量做綜合分析，預測股票 K 線圖的走勢。

(1) **上漲趨勢末期**：在上漲趨勢末期，追漲盤和跟風盤盲目介入拉抬股價，主力則在高位順勢出貨，因此成交量呈現放量型態，此時說明上漲趨勢即將結束，後市看跌，投資者一定要及時停損出場。

下面舉例說明藉由趨勢線與成交量分析 K 線圖走勢。

圖 8-3 所示為金種子酒（600199）的 K 線走勢圖。可以看到，股價順著上漲趨勢線的方向一路上漲，在 2016 年 7 月左右，股價在高位放量下跌，股價見頂回落於 8 月初跌破上漲趨勢線，隨後股價繼續走弱，說明上漲行情結束。

(2) **下跌趨勢末期**：在下跌趨勢末期，套牢盤失去持股信心，見價就賣拉低股價，主力則在底部大量吸籌，因此成交量呈現逐步放大，此時說明下跌趨勢即將結束，後市看漲。

4. 頂部或者底部偏離趨勢線

對於趨勢是否達到末期，投資者還可以由高點或低點與趨勢線的偏離情況做判斷。在趨勢末期，股價通常都會加速上漲或下跌，其高點或低點大都遠離趨勢線。

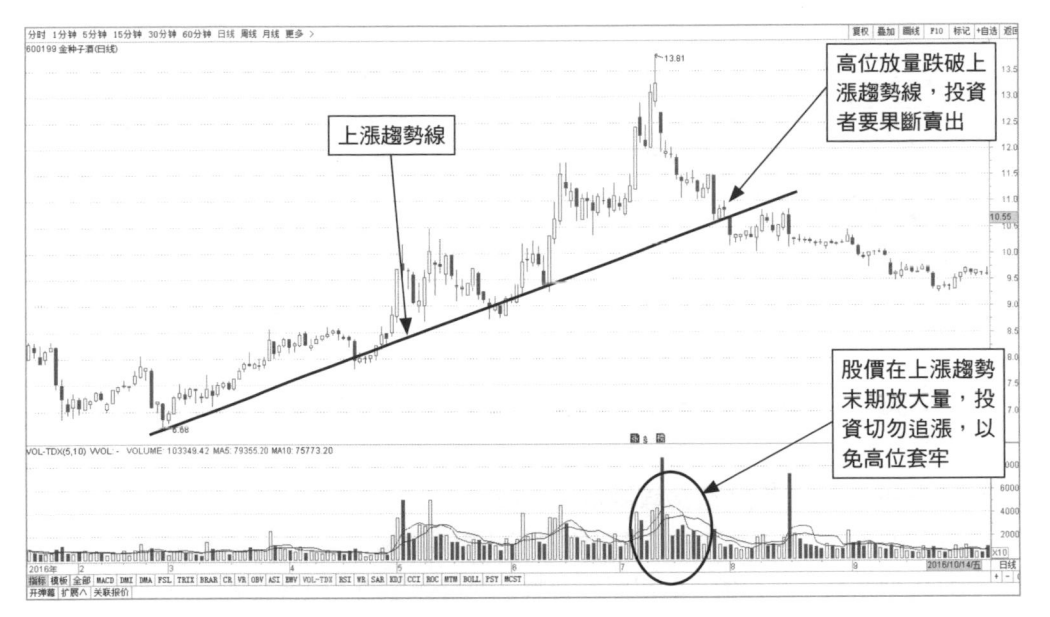

▲ 圖 8-3　金種子酒 K 線圖

8.1.3　利用組合趨勢線分析 K 線

在股市實際操作過程中，只用單根趨勢線不能準確判斷 K 線行情的發展趨勢，而且股價突破趨勢線有時候是暫時的，因此需要靠多根趨勢線做綜合分析，來提高趨勢分析的準確性和可靠性。

趨勢線的組合使用，主要是緩慢趨勢線和快速趨勢線的組合使用。下面將研究上漲行情中緩慢上漲趨勢線和快速上漲趨勢線的組合使用，以及下跌行情中緩慢下跌趨勢線和快速下跌趨勢線的組合使用方法。

1. 緩慢上漲和快速上漲趨勢線組合

在上漲行情中，緩慢上漲趨勢線和快速上漲趨勢線的組合，有如下 2 種情況。

(1) **先快後慢**：在上漲初期，股價急速上漲，隨後股價回落調整，暫時跌破上漲趨勢線創新低後反彈形成新趨勢，後市沿著這個趨勢繼續上漲，如圖 8-4 所示。

(2) **先慢後快**：在上漲行情途中，股價在原上漲趨勢上方急速上漲形成新趨勢，最終也會在原趨勢線獲得支撐回升，如圖 8-5 所示。

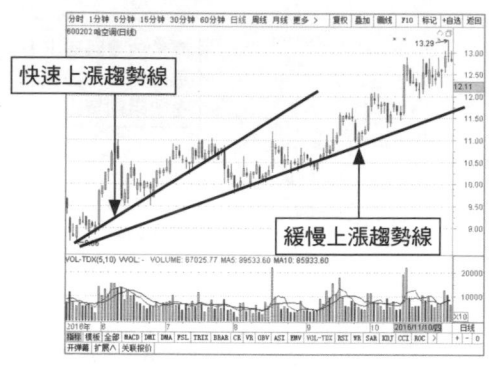

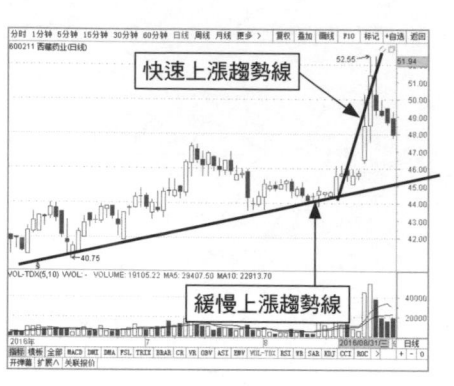

▲ 圖 8-4　先快後慢上漲趨勢組合　　▲ 圖 8-5　先慢後快上漲趨勢組合

2. 緩慢下跌和快速下跌趨勢線組合

在下跌行情中，緩慢下跌趨勢和快速下跌趨勢線組合，有如下 2 種情況。

(1) 先快後慢：在行情下跌初期，股價下跌趨勢急速，隨後股價反彈調整，暫時突破下跌趨勢線創新高後回落形成新趨勢，後市沿這趨勢繼續看跌，如圖 8-6 所示。

(2) 先慢後快：在下跌行情途中，股價在原下跌趨勢下方急速下跌形成新趨勢，即使股價反彈上漲突破新趨勢，最終也會在原趨勢線處上漲受阻回落，如圖 8-7 所示。

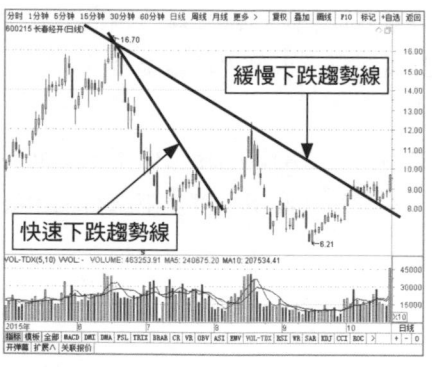

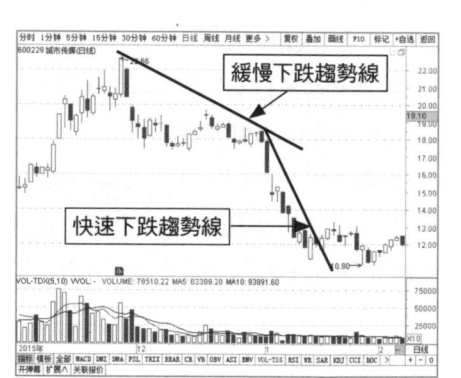

▲ 圖 8-6　先快後慢下跌趨勢組合　　▲ 圖 8-7　先慢後快下跌趨勢組合

專家心法

在上漲行情中，如果在緩慢上漲趨勢上方出現快速下跌趨勢，往往是主力洗盤的一種手段。因為股價整體重心向上，股價回落在時間和空間上有限，後市股價還會繼續上漲，此時投資者可以持股待漲，不要輕易看空、做空。

8.2　學會用軌道線

軌道線（channel line）又稱通道線或管道線，是基於趨勢線的一種方法。軌道線是趨勢線概念的延伸，當股價沿趨勢上漲到某一價位水準時，會遇到壓力，回檔至某一水準價格又獲得支撐，軌道線就是將股價的頂部和底部使用直線或曲線連接起來，從而形成一個通道。當軌道線確立後，股價就非常容易找出高低價位所在，投資者可依此判斷來操作股票。常用的軌道線包括直線軌道線和 ENE 軌道線，本節將分別介紹。

8.2.1　利用直線軌道線分析 K 線

在 K 線走勢圖中，將其頂部和底部分別用直線連接起來形成的軌道線，就是直線軌道線。直線軌道線是軌道線中最簡單的一種，可以方便查看行情變動的趨勢，其上下線是以 K 線的實體來界定，與 K 線的上下影線無關。

1. 直線軌道線的型態

直線軌道線有 3 種型態，分別是上升軌道、下降軌道和多級軌道。

(1) **上升軌道**：上升軌道是下軌線為上漲趨勢線的軌道，其下軌線對整個軌道形成強有力的支撐，是股價震盪上漲的向上助推力，如圖 8-8 所示。

(2) **下降軌道**：下降軌道是上軌線為下跌趨勢線的軌道，其上軌線對整個軌道形成強有力的壓力，是股價震盪下跌的向下慣性力，如圖 8-9 所示。

(3) **多級軌道**：在 K 線圖的實際操作過程中，股價不會永遠在一個軌道中運行，通常在中級波段上升行情中，主力至少會對股價實施二級或三級變軌，從而形成多級軌道，每次變軌都會促使股價進行加速上漲，如圖 8-10 所示。

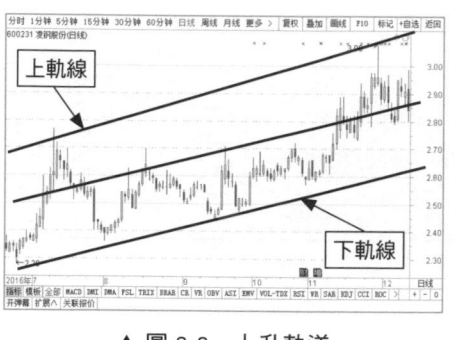

▲ 圖 8-8　上升軌道

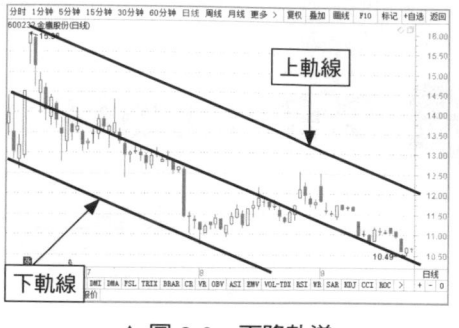

▲ 圖 8-9　下降軌道

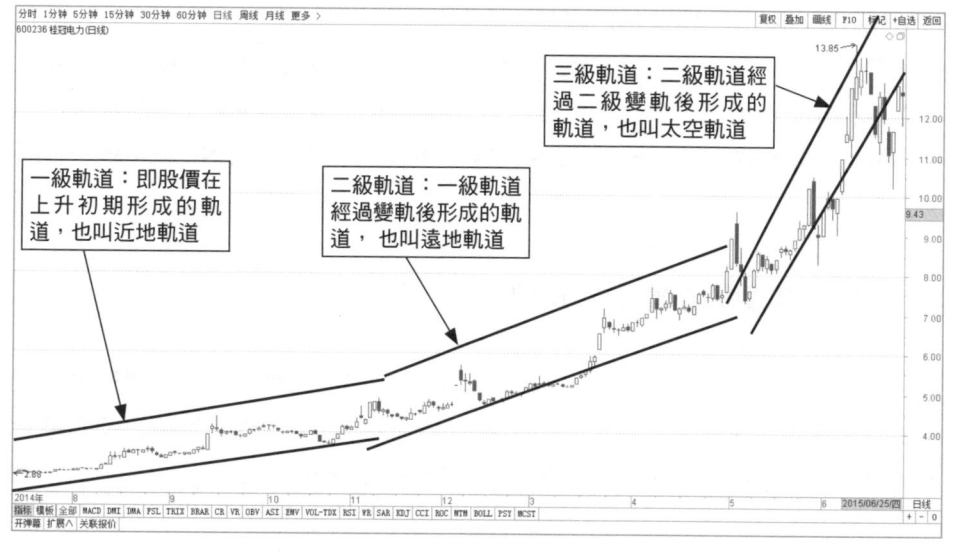

▲ 圖 8-10　多級軌道

　　一般上升或下降行情中，很難出現三級軌道，這主要是由於主力將股價維持在一個範圍內進行調整的結果，因此，當出現三級軌道時，行情通常都會發生逆轉。

2. 軌道線突破

　　一旦形成某個趨勢的軌道，股價就會在該軌道範圍內波動，一旦股價突破軌道線，行情就會發生相應的改變。軌道線突破的操作要點如表 8-10 所示。

表 8-1　軌道線突破的操作要點

軌道類型	股價範圍	軌道線突破	操作策略
上升軌道	上漲行情途中	股價向上放量突破上軌線時為有效突破，軌道可能發生變軌	投資者可以大膽介入
	上漲行情末期	股價向上縮量突破上軌線時，為假突破可能性大	説明上漲動能衰減，行情即將見頂
		股價向上突破上軌線後，又快速回落到上軌線下方	投資者應在中軌線附近做停損出場
	上漲初期或途中	股價回落後，在下軌線位置獲得支撐	投資者可以視為短期買入訊號
	股價在高價位區	股價上漲至上軌線附近，或者沒有到達上軌線時回落	投資者可視為短期賣出訊號
		股價向下跌破下軌線	説明行情有可能發生逆轉，若後市走弱，投資者應立即離場
下降軌道	下跌行情初期	股價向下跌破下軌線，軌道將發生變軌現象，股價也將加速下跌	後市可能出現深幅下跌行情，投資者應離場觀望
	下跌行情途中	股價在下軌線回升時	短線投資者可適當買入
		股價在中軌線或上軌線附近回落時	短線投資者應立即賣出
	下跌行情末期	股價放量向上突破上軌線	行情可能發生逆轉
		股價向上突破上軌線無量配合	後市可能出現橫盤

8.2.2　利用 ENE 軌道線分析 K 線

　　ENE 軌道線是系統內置的一種指標，由上軌線（UPPER）、下軌線（LOWER）及中軌線（ENE）組成，如圖 8-11 所示。ENE 軌道線的優勢在於不僅具有趨勢軌道的研判分析作用，也可以敏銳地覺察股價運行過程中方向的改變。

　　對於短線投資者而言，使用 ENE 軌道線分析買賣點的原則，如表 8-2 所示。

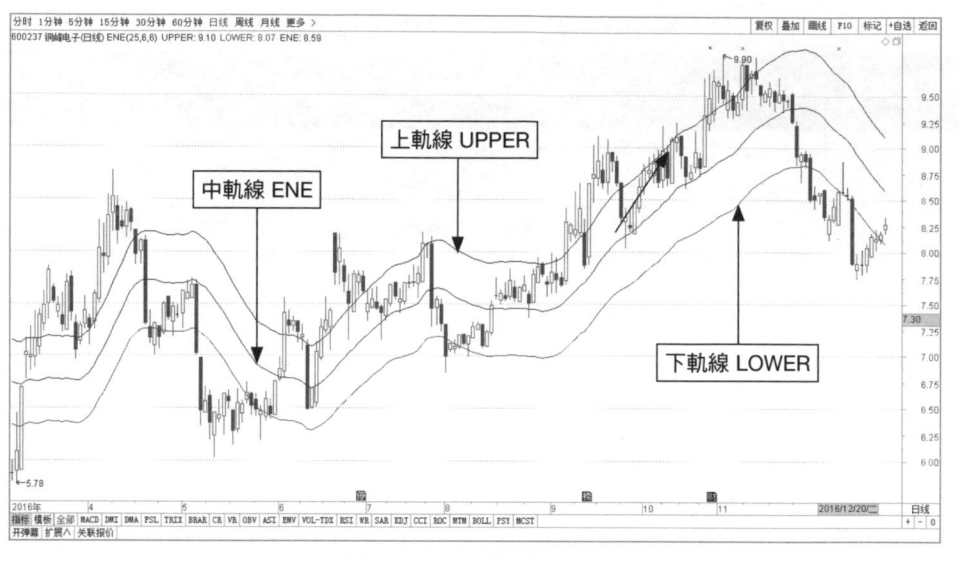

▲ 圖 8-11　ENE 軌道線

表 8-2　ENE 軌道線分析短期買賣點的原則

K 線趨勢	軌道線動態	操作策略
上升趨勢	股價回落下跌至下軌線附近獲得支撐位回升	短期買入訊號
	股價上漲至上軌線附近，遭到打壓回落	短期賣出訊號
	股價上漲始終在中軌線上方運行	可繼續持有
下降趨勢	股價在下軌線附近獲得支撐反彈	短期買入訊號
	股價上漲至中軌線或上軌線附近打壓回落	短期賣出訊號
	股價下跌始終在中軌線下方運行	持幣觀望

另外，ENE 軌道線在普通震盪的上升或下降行情中，也能夠準確地提示買賣訊號，但對於股價處於單邊上漲或者單邊下跌行情中，其買賣點分析就有些微差別，如表 8-3 所示。

表 8-3　特殊行情中 ENE 軌道線買賣點分析

K 線趨勢	軌道線動態	操作策略
單邊 上漲行情	上漲初期，股價不斷震盪變換	投資者可採取普通行情的買賣規則操作
	股價向上突破上軌線	投資者可大膽介入或加倉
	股價在高位區偏離上軌線的高位	投資者可賣出股票
	股價在高位區跌破下軌線，繼續走弱	投資者應果斷離場
單邊 下跌行情	下跌初期，投資者沒有在上漲頂部及時出場	可採取逢高賣出停損策略
	股價跌破下軌線走弱	投資者應堅決離場
	股價進入低位區	投資者可採取一般行情的買賣規則操作，即使賣出後股價繼續上漲，也可以在利多時機買入

8.3 6大K線操盤理論

在股市中想要更好地運用 K 線趨勢型態展開實戰，就應深入掌握原理，打好基本功。本節將帶讀者逐一領略技術分析領域的基本趨勢理論，力求從根源上挖掘操盤技術分析的精髓。

8.3.1 最可靠的指標：道氏理論

查理斯‧道（Charles Henry Dow）是美國最偉大的財經資訊公司——道瓊公司的締造者，也是《華爾街日報》的創辦人之一。直到 1902 年離開人世，查理斯‧道一直在《華爾街日報》擔任編輯工作。在生命的最後幾年裡，他寫過一些關於股票市場的評論文章，這些文章是查理斯‧道本人唯一現存的觀察股市規律的記錄。這些記錄是以股票每日價格平均波動為基礎，該指數的計算包括鐵路類和工業類的股票。

直到今天，許多成功的投資者都運用道瓊鐵路和工業指數，來分析股票價格乃至經濟走勢，該指標堪稱是迄今為止設計最為可靠的指標。人們通常把使用股票平均價格指數分析市場趨勢的方法，稱為道氏理論（Dow Theory）。

道氏理論主要講述股市的趨勢運行規律，它對於趨勢不同級別的劃分也極其重要。下面為道氏理論的主要內容。

(1) 道氏理論斷言，股票會隨市場的趨勢同向變化，以反映市場趨勢和狀況。股票的變化表現為 3 種趨勢：主要趨勢、中期趨勢及短期趨勢，如圖 8-12 所示。

① **主要趨勢**：持續一年或以上，大部分股票將隨大市上升或下跌，幅度一般超過 20%。

② **中期趨勢**：又稱為次級回檔趨勢，它與主要趨勢的方向完全相反，持續期多在幾週之內，幅度為基本趨勢的 1/3 至 2/3。次級回檔趨勢代表的是對主要趨勢的修正。牛市裡出現為中等程度的下跌或稱為「矯正」；熊市裡為中等程

度的上升或稱為「反彈」。

③ **短期趨勢**：又稱為小趨勢，只反映股票價格的短期變化，持續時間不超過 6 天，多由一些偶然因素導致，從道氏理論的角度來看，短期趨勢並無規律可循。

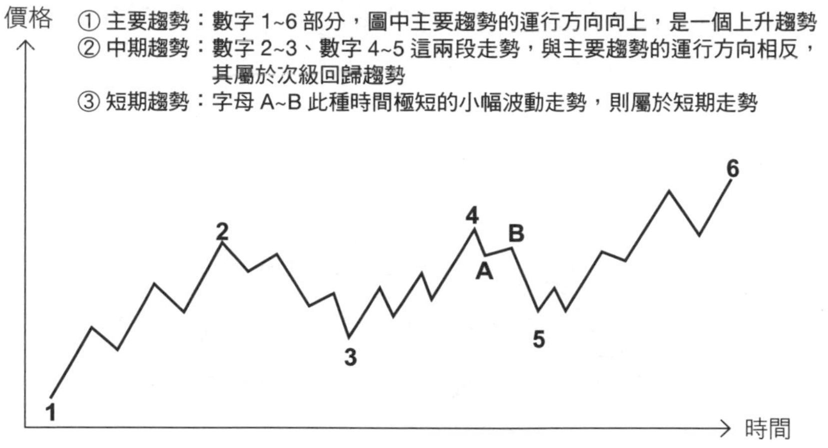

▲ 圖 8-12　主要趨勢、中期趨勢及短期趨勢型態示意圖

(2) 上升趨勢與下跌趨勢的運行過程各分為 3 個階段。

① **上升趨勢**：包括建倉階段（也稱為吸籌階段）、持續上漲階段、狂熱中見頂階段，它對投資者理解上升趨勢的運行過程十分有幫助。

② **下跌趨勢**：包括築頂階段（也稱為出貨階段）、持續下跌階段、恐慌中見底階段。

(3) 成交量可以驗證趨勢的運行。例如在下跌趨勢中，由於買盤力量始終無法大量湧入，而賣盤的賣壓又是以車輪式的方式出現，因而其整個運行過程往往呈現出典型的「縮量下行」型態。

(4) 基本趨勢會持續下去，直至發出明確的反轉訊號為止。當一個主要趨勢形成，通常會朝著既有的方向運動，除非有外部動力來改變其運動方向。市場永遠在發展變化，牛市不可能一直延續，熊市也早晚會觸及底部。

8.3.2　著名的波浪理論：用 5 升 3 降說明股市規律

股市裡有一句俗話：「道氏理論告訴人們何為大海，而波浪理論指導你如何在大海上衝浪。」美國證券分析家拉爾夫・納爾遜・艾略特（R. N. Elliott）利用道瓊

工業指數平均（Dow Jones Industrial Average，DJIA）作為研究工具，發現不斷變化的股價結構性型態反映自然和諧之美，提出一套相關的市場分析理論，並特別強調波動原理的預測價值，這就是久負盛名的艾略特波段理論（Elliott Wave Theory），又稱波浪理論。

艾略特波浪理論是股票技術分析的一種理論，認為市場走勢不斷重複一種模式，每一個週期由 5 個上升浪和 3 個下跌浪組成，如圖 8-13 所示。

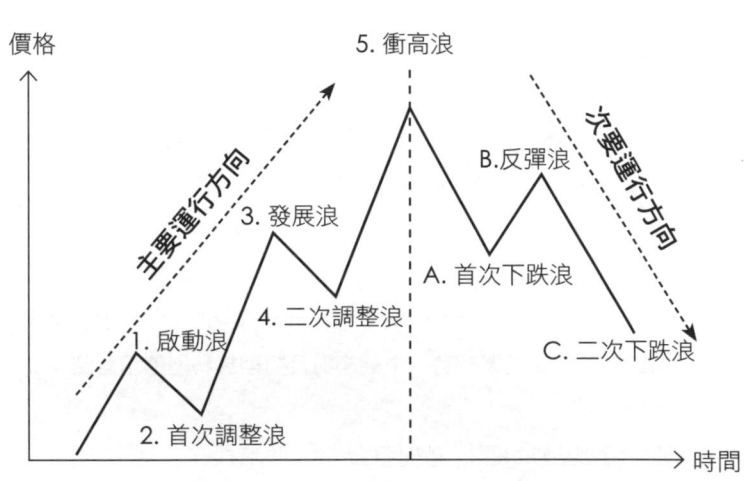

▲ 圖 8-13　波浪理論型態示意圖

前面 5 浪所組成的波浪是股市運行的主要方向，後面 3 浪所組成的波浪是股市的次要方向。波浪理論用「5 升 3 降」來揭示股票市場的趨勢運行規律，這 5 升 3 降的 8 浪運動過程，也是股票市場的一個完整循環過程。

- **推動浪**：在波浪型態中，推動浪指的是每一個上升的波浪，如圖 8-13 中的 1、3、5 浪。在整個大循環中，第 1 ～ 5 浪又是一個大推動浪。
- **調整浪**：在波浪型態中，調整浪指的是每一個下降的波浪，如圖 8-13 中的 2、4 浪。在整個大循環中，第 A ～ C 浪又是一個大調整浪。

8.3.3　量價理論：沒有成交量，價格不會變動

量價理論是一種衡量股價的理論，最早見於美國股市分析家葛蘭碧（Joseph E. Granville）所著的《股票市場指標》。葛蘭碧認為成交量是股市的元氣與動力，成交量的變動直接表現股市交易是否活躍、人氣是否旺盛，而且展現市場運作過程中供

給與需求之間的動態實況。沒有成交量的發生，市場價格不可能變動，也就無股價趨勢可言，成交量的增加或萎縮都表現出一定的股價趨勢。

基於這種認識，葛蘭碧經過研究，系統地總結 8 種量價配合關係，這 8 種量價配合關係就是經典的量價理論。

(1) 量價齊升的量價配合關係，說明漲勢仍將繼續。成交量上漲的同時，股價也跟著上漲，即所謂的有價有市。

(2) 量價背離的量價配合關係，說明漲勢即將見頂。量漲價漲，股價創新高，成交量卻沒有創新高，此時股價漲勢較可疑，股價趨勢中存在潛在的反轉訊號。

(3) 股價隨成交量遞減而回升，顯示出股價上漲原動力不足，股價趨勢存在反轉訊號。

(4) 顯示穩健的價升量增型態，然後成交量劇增，股價暴漲（井噴行情），隨後成交量大幅萎縮，股價急速下跌，這表示漲勢已到末期，上升乏力，趨勢即將反轉。反轉的幅度將視前一輪股價上漲的幅度大小，及成交量的變化程度而定。

(5) 放量滯漲的量價配合關係，預示階段性的頂部出現。股價隨成交量遞增而上漲的行情持續數日後，一旦出現成交量急劇增加而股價上漲乏力，在高檔盤旋卻無法再向上大幅上漲時，表示股價在高檔賣壓沉重，此為股價下跌的先兆。股價連續下跌後，在低檔出現大成交量，股價卻並未隨之下跌且小幅變動，則表示行情即將反轉上漲，是買進的機會。

(6) 長期的下跌後出現二次探底走勢，隨著股價回升，成交量卻沒因股價上升而遞增，股價上漲行情欲振無力，然後再度跌落至先前谷底附近（或高於谷底）時，如第二谷底的成交量低於第一谷底，則表示股價即將上漲。

(7) 股價向下跌破股價型態趨勢線或移動平均線等，具有中長期支撐作用的關鍵位置，同時出現大成交量，是股價下跌的訊號。

(8) 放量下跌的量價配合關係，若出現在深幅下跌後的低位區，預示著下跌行情的結束。股價下跌相當長的一段時間後，會出現恐慌性賣盤。隨著日益增加的成交量，股價大幅度下跌，往往預示著空頭市場的結束。

8.3.4　最多散戶使用：箱型理論

箱型理論是散戶使用最多的股票分析理論之一，產生於紐約華爾街，是由達韋斯．尼古拉（Darvas Nicola）在美國證券市場投資的過程中，所創造的一種理論。尼古拉認為，指數或股價的局部運動是以單個「箱子」的方式呈現出來的，而整體走

勢則是以一個箱子接著一個箱子的方式呈現出來的,如圖 8-14 所示。

指數或股價一般是在一定的範圍內波動,以此形成一個股價運行的箱子。當股價滑落到箱子的底部時,會受到買盤的支撐,當股價上升到箱子的頂部時,會受到賣盤的壓力。一旦股價有效突破原箱子的頂部或底部,股價就會進入一個新的股票箱運行,原股票箱的頂部或底部,將成為重要的支撐位和壓力位。因此,只要股價上揚並衝到了心裡所想像的另外一個箱子,就應買進;反之,則應賣出。

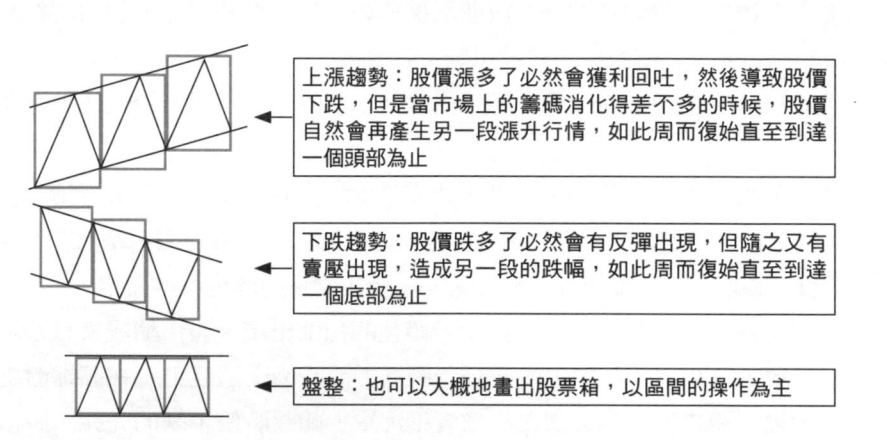

▲ 圖 8-14 「箱體」的移動方式

箱型理論的優勢在於不僅僅是以一天或幾天的 K 線數據為研究對象,而是以所有 K 線數據作為研究對象,因而決策的訊息量更大。

8.3.5 運用數學比例計算:黃金分割理論

黃金分割又稱黃金律,是指事物各部分間一定的數學比例關係,即將整體一分為二,較大部分與較小部分之比等於整體與較大部分之比,如圖 8-15 所示。

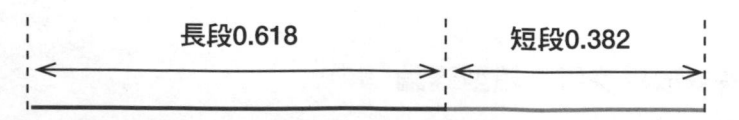

分成 0.618 與 0.382 兩部分,該數據有以下 2 個特徵:
● 長段與短段之比剛好等於整條線與長段之比,即 0.618÷0.382=1.618÷0.618
● 長段的平方等於全長與短段的乘積,即 0.618×0.618 ≈ 1×0.382

▲ 圖 8-15 黃金分割的基本特性

　　黃金分割理論在股市中的運用方法很簡單，當一輪上漲行情或下跌行情的漲幅或跌幅，達到黃金分割理論數值時（如 0.382、0.618 等），將會受到阻擋，此時原有的趨勢運行狀態將會出現回檔甚至反轉。

　　目前，絕大多數股票分析軟體上都有畫線的協助工具，黃金分割線的作圖很簡單，畫法如下。

　　(1) 首先，找到並選取分析軟體中的畫線工具。

　　(2) 接著在畫線工具列中，選擇「黃金分割」選項。

　　(3) 如果股價正處於見底回升的階段，以此低點為基點，按一下此低點，並按住滑鼠左鍵拖曳，使邊線對齊相應的高點，即回溯這一下跌波段的峰頂，鬆開滑鼠左鍵，系統即生成向上反彈上檔壓力位的黃金分割線。

　　(4) 如果股價正處於見頂回落的階段，以此高點為基點，按一下此高點，並按住滑鼠左鍵拖曳，使邊線對齊相應的低點，即回溯這一上漲波段的谷底，鬆開滑鼠左鍵，系統即生成黃金分割線。

專家心法

　　實際操作中還需注意：黃金分割線中最重要的兩條線為 0.382、0.618，在反彈中 0.382 為弱勢反彈位，0.618 為強勢反彈位；在回檔中 0.382 為強勢回檔位，0.618 為弱勢回檔位。

8.3.6　技術分析必懂：甘氏理論

　　甘氏理論（Gann Theory）是波浪理論以外，另一套完整且功效神奇的測市工具。對於大部分愛好技術分析的投資者來說，甘氏理論幾乎無人不知，它是 20 世紀初由威廉・甘氏（Willian D.Gann），綜合數學、幾何學、宗教、天文學的獨特分析方法和測市理論，結合自己在股票和期貨市場上的傲人成績和寶貴經驗提出的，其準確程度往往匪夷所思，因此使得甘氏理論蒙上一層厚厚的面紗。

　　甘氏認為，對於所有市場，決定其趨勢是最為重要的一點，至於如何決定其趨勢，學問便在裡面。甘氏認為，對於股票而言，其平均綜合指數最為重要，以決定大市的趨勢。此外，分類指數對於市場的趨勢亦相當有啟示性，所選擇的股票應根據大市的趨勢者為主。若將上面規則應用在外匯市場上，則「美元指數」將可反映外匯走勢的趨向。

利用甘氏回檔法則，投資者可以較準確地提前預知股市將出現回檔的位置區間。甘氏認為：不論價格上升或下降，在甘氏價位中，50%、63%、100% 最為重要，它們分別與幾何角度 45°、63° 和 90° 相對應，這些價位通常用來決定建立 50% 回檔帶。甘氏理論的主要買賣守則如下。

● 將資本分為 10 份，每次入市買賣，損失不會超過資本的 1/10。

● 入市時要堅決，猶豫不決時不要入市。買股票切忌只望收息。不要因為不耐煩而入市，也不要因為不耐煩而清倉。做多錯多，入市要等待機會，不宜炒賣過密。

● 買賣遭損失時，切忌加碼，謀求拉低成本，可能積小錯而成大錯。設下停損位，減少買賣出錯時可能造成的損失。入市時設下的停損位，不宜胡亂取消。

● 不應只做單邊。不可過量買賣，賠多賺少的買賣不要做。不讓所持倉位由盈轉虧。避免在不適當的時候金字塔式加碼。

● 不逆市而為，市場趨勢不明顯時，寧可在場外觀望。只在活躍的市場買賣，買賣清淡時不宜操作。

● 要在市場中買賣。如無適當理由，避免胡亂更改所持倉位的買賣策略。不要因為價位過低而吸納，也不要因為價位過高而看空。

● 在市場中連戰皆勝後，可將部分利潤提出，以備不時之需。可用停損位保障所得利潤。

第9章

結合 K 線和技術指標，
抓到進出場的漲跌訊號！

9.1 趨勢型指標實戰解析

在股市分析中，趨勢型指標主要包括指數平滑異同移動平均線指標（MACD）、簡易波動指標（EMV）、趨向指標（DMI）等，本節將逐一進行詳細介紹。

9.1.1 學會【MACD 指標】：適合新手投資者的技術分析

平滑異同移動平均線（Moving Average Convergence Divergence，MACD）是移動平均線派的技術指標，它對股票買賣時機具有研判意義，適合初涉股市的投資者進行技術分析。

MACD 是從雙移動平均線得來的，由「快的」移動平均線減去「慢的」移動平均線計算而來。在使用上，它比單純分析雙移動平均線更方便。圖 9-1 所示為 MACD 指標在盤面中的表現形式。

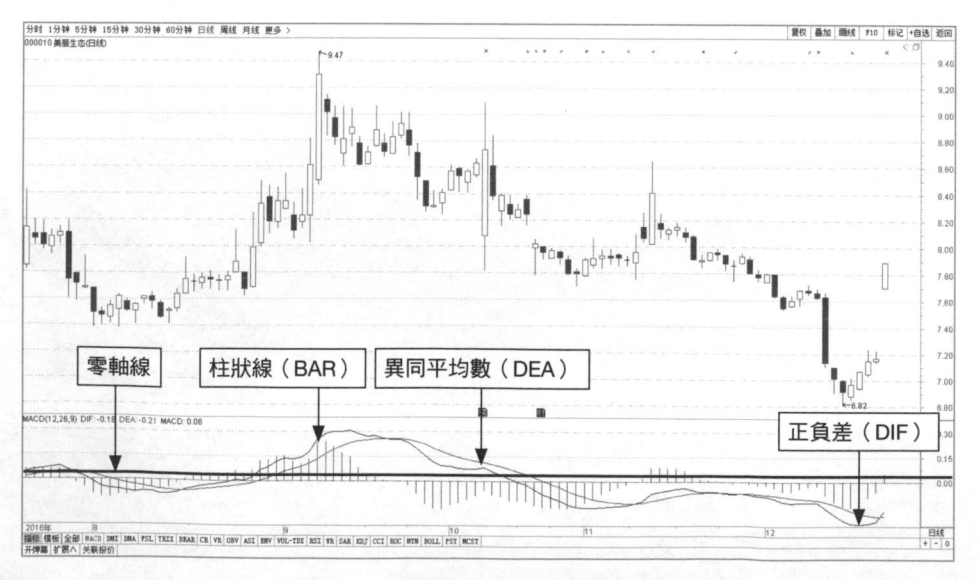

▲ 圖 9-1　平滑異同移動平均線（MACD）

MACD 由正負差（DIF）和異同平均數（DEA）兩部分組成。

(1) 正負差（DIF）。 DIF 是快速平滑移動平均線與慢速平滑移動平均線的差，快速和慢速的區別，在於進行指數平滑時採用的參數的大小不同，短期的移動平均線是快速的，長期的移動平均線則是慢速的。

(2) 異同平均數（DEA）。 作為輔助用，DEA 是 DIF 的移動平均，也就是連續的 DIF 的算術平均。

柱狀線（BAR） 則是 DIF 與 DEA 線的差，在指標走勢區呈現為彩色的柱狀線。紅色表示 BAR 值為正，綠色表示 BAR 值為負。由於 BAR 值是由 DIF 減去 DEA 再乘以 2 所得大因此投資者經常把 BAR 由綠變紅（即由負變正）時視為買入時機，將 BAR 由紅變綠（由正變負）時視為賣出時機。

- 當 DIF 向上突破 DEA 時是買入訊號。
- DIF 向下跌破 DEA 時只能認為是回檔，作獲利了結。
- DIF 和 DEA 均為正值時，屬於多頭市場。
- DIF 和 DEA 均為負值時，為空頭市場。
- DIF 向下突破 DEA 時是賣出訊號。
- DIF 向上突破 DEA 時只能認為是反彈。

專家心法

　　在繪製的圖形上，DIF 與 DEA 形成兩條快慢移動平均線，買進賣出訊號決定於這兩條線的交叉點。很明顯地，週 K 線 MACD 指標對中長線轉折的判斷準確性較高，可以作為中長線投資者的首選參考指標。

9.1.2　學會【EMV 指標】：測量股價波動的難易程度

簡易波動指標（EMV）是測量股價波動難易程度的指標，它是用相對成交量除以相對振幅，作為衡量股價中間價波動百分比的基數，來得到股價中間價的相對波動範圍。圖 9-2 所示為 EMV 指標在盤面中的表現形式。

EMV 指標是一個將價格與成交量的變化結合在一起的指標，其設計者認為，價格在上升趨勢的保持過程中，不會耗用太多能量，僅當趨勢發生轉折時，成交量才會放大。雖然這種說法與傳統價升量增的觀點相悖，但確實有獨到之處。

從 EMV 指標的設計理念來看，投資者應當高度重視其發出的訊號。因為該指標

可以依靠指標的變動情況，得出一個主力資金粗略的控盤程度。EMV 指標的應用法則如下。

● EMV 指標上升代表放量上升，在股價上升階段是正常訊號；EMV 指標下降代表縮量下跌，在股價下跌階段也是正常訊號。

● EMV 由下往上穿越零軸線時，視為中期買進訊號；EMV 由上往下穿越零軸線時，視為中期賣出訊號。

● MAEMV 穿越零軸線所發出的訊號，可信度較高，EMV 與 MAEMV 之間的交叉狀況仍然值得注意。

● EMV 指標應與趨向指標（DMI）配合使用。當 DMI 中的 ADX 低於 PDI 及 MDI 時，或者 ADXR 出現「指標失效」訊號時，應停止使用 EMV 指標。

● EMV 指標同樣適用於型態理論。

● EMV 指標反映的是價格運行全過程中，成交量的動態變化情況，因此指標對價格的中長期走勢更具有警示性。

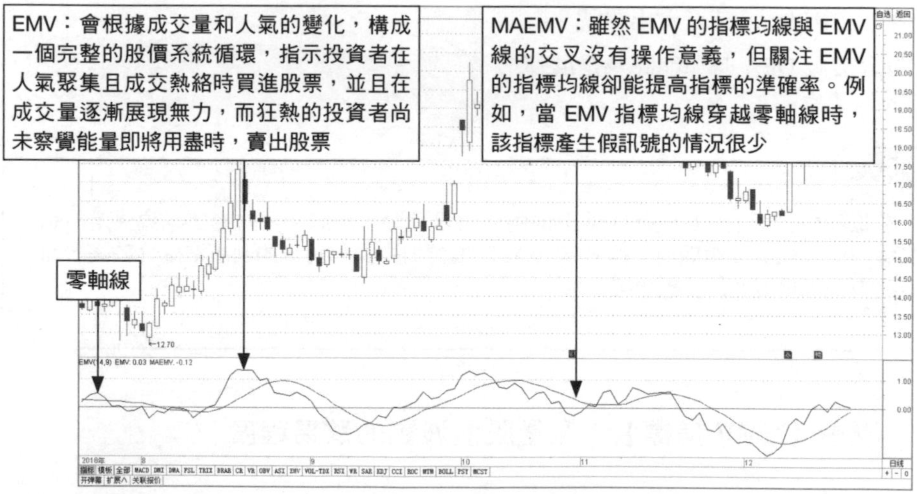

▲ 圖 9-2　簡易波動指標（EMV）

專家心法

　　任何技術分析工具都有優點與缺點，EMV 適合在價格波動有較明顯趨勢的行情中運用。因此，在趨向類指標表示行情處於「牛皮整理」時（即股價上下波動很小，上也上不去，下也下不來，就像被「牛皮糖」黏住一樣），應放棄使用該指標。

9.1.3 學會【DMI 指標】：更加準確反映行情走勢

　　趨向指標（Directional MovementIndex，DMI）又稱移動方向指數，是由威勒斯‧威爾斯（J.Welles Wilder）於 1978 年所提出，一種用於判斷行情是否已經發動的技術指標。DMI 是屬於趨勢判斷的技術性指標，其基本原理是透過分析股價在上升及下跌過程中供需關係的均衡點，即供需關係受價格變動的影響，而發生由均衡到失衡的循環過程，從而提供對趨勢判斷的依據。圖 9-3 所示為 DMI 指標在盤面中的表現形式。

　　DMI 指標是把每日的高低波動的幅度因素計算在內，從而更加準確地反映行情的走勢，以及更好地預測行情未來的發展變化。DMI 指標共有 PDI、MDI、ADX、ADXR 這 4 條線，也是它的 4 個參數值，分為多空指標（PDI、MDI）和趨向指標（ADX、ADXR）兩組指標。

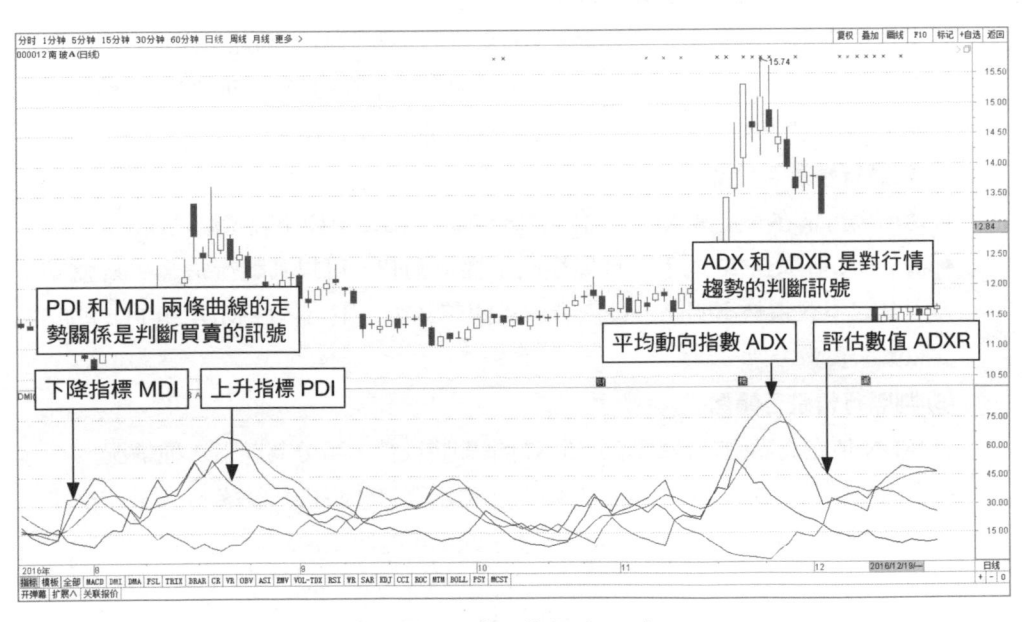

▲ 圖 9-3 趨向指標（DMI）

　　上升指標 PDI 和下降指標 MDI 的應用法則如下。

● 當股價走勢向上發展，PDI 上升、MDI 下降。因此，當圖形上 PDI 從下向上遞增交叉 MDI 時，形成黃金交叉，表示市場上有新多買家進場，為買入訊號；如果 ADX 伴隨上升，則預示股價的漲勢可能更強勁。

- 當股價走勢向下發展，MDI 從下向上遞增交叉 PDI 時，形成死亡交叉，表示市場上做空力量在加強，為賣出訊號；如果 ADX 伴隨上升，則預示跌勢將加劇。
- 當股價維持某種上升或下降行情時，PDI 和 MDI 的交叉突破訊號相當準確，但走勢出現牛皮盤整時，PDI 和 MDI 發出的買賣訊號視為無效。

　　ADX 為動向值 DX 的平均數，而 DX 是根據 MDI 和 PDI 兩數值的差和對比計算出來的百分比。因此，利用 ADX 指標能更有效地判斷市場行情的發展趨勢。

(1) 判斷行情趨勢

- 當行情走勢由橫盤向上發展時，ADX 值會不斷遞增。因此，當 ADX 值高於前一日時，可以判斷當前市場行情仍維持原有的上升趨勢，即股價將繼續上漲；如果 MDI 和 PDI 同時增加，則表示當前上升趨勢十分強勁。
- 當行情走勢進入橫盤階段時，ADX 值會不斷遞減。因此，判斷行情時，應結合股價走勢（MDI 和 PDI）進行判斷。
- 當行情走勢由盤整向下發展時，ADX 值會不斷遞減。因此，當 ADX 值低於前一日時，可判斷當前市場行情仍維持原有的下降趨勢，即股價將繼續下跌；如果 MDI 和 PDI 同時減少，則表示當前的跌勢將延續。

(2) 判斷行情是否盤整

- 當市場行情在一定區域內小幅橫盤盤整時，ADX 值會出現遞減情況。
- 當 ADX 值降至 20 以下，且呈橫向窄幅移動時，可以判斷行情為牛皮盤整，上升或下跌趨勢不明朗，投資者應以觀望為主，不可依據 MDI 和 PDI 的交叉訊號來買賣股票。

(3) 判斷行情是否轉勢

當 ADX 值在高點由升轉跌時，預示行情即將反轉，可分為以下 2 種情況。

- 在漲勢中的 ADX 在值高點由升轉跌，預示漲勢即將告一段落。
- 在跌勢中的 ADX 值從高位回落，預示跌勢可能停止。

9.2 均線型指標實戰解析

在股市分析中，均線型指標主要包括移動平均線指標（MA）、指數平滑均線指標（EXPMA）、多空指標（BBI）等，本節將逐一進行詳細介紹。

9.2.1　學會【MA 指標】：便於分辨趨勢終結或反轉

移動平均線指標（Moving Average，MA）具有趨勢的特性，它比較平穩，不像日 K 線會起起落落地震盪。MA 是一種趨勢追蹤工具，便於識別趨勢已經終結或反轉，新的趨勢是否正在形成。越長期的移動平均線越能表現穩定的特性，而且它不輕易向上向下，只有等到股價趨勢真正明朗，才會做出反應。

MA 是分析價格運行趨勢的一種方法，它是按固定樣本數計算股價移動平均值的平滑連接曲線，其直接載入在 K 線圖上，預設情況下顯示 5 日、10 日、20 日和 60 日移動平均線，如圖 9-4 所示。

對於 MA 指標而言，其黃金交叉和死亡交叉形成的型態和盤面意義如下。

(1) MA 黃金交叉：黃金交叉指股價在上漲的過程中，上升的短期移動平均線由下而上穿過上升的中、長期移動平均線形成的交叉。當黃金交叉出現時，表示後市看好，投資者可以介入持股待漲。

(2) MA 死亡交叉：死亡交叉指股價在下降的過程中，下降的短期移動平均線由上而下穿過下降的中、長期移動平均線形成的交叉就是死亡交叉。當出現死亡交叉時，表示後市看空，投資者可以離場觀望。

投資者研究移動平均線，若能正確掌握，再配合當日走勢的強弱，即可抓住買進和賣出的時機。投資者在選股的時候，可以把 MA 指標做為參考指標，它能夠反映出價格趨勢走向，所謂移動平均線就是把某段時間的股價加以平均，再依據這個平均值作出平均線圖像。投資者可以將日 K 線圖和平均線放在同一張圖裡分析，會更加直觀、明瞭。

▲ 圖 9-4　移動平均線指標（MA）

 專家心法

　　需要注意的是，MA 指標具有一定的滯後性。在股價原有趨勢發生反轉時，由於 MA 的追蹤趨勢特性，MA 的行動往往過於遲緩，調頭速度落後於大趨勢，這是 MA 的極大弱點。等 MA 發出反轉訊號時，股價調頭的深度已經很大了。

9.2.2　學會【EXPMA 指標】：利用快線慢線判斷買賣時機

　　指數平均線指標（EXPMA），是平均線的一種，它是利用快線和慢線的上下交叉訊號，來研究並判斷行情的買賣時機。EXPMA 的構造原理，是對股票收盤價進行算術平均，並根據計算結果進行分析，用於判斷價格未來走勢的變動趨勢，所以也可稱「趨向型指標」。

　　EXPMA 指標是對移動平均線的彌補，EXPMA 指標由於其計算公式中，著重考慮價格當天（當期）行情的權重，因此在使用中，可克服 MACD 其他指標訊號對於價格走勢的滯後性。同時，EXPMA 指標也一定程度消除了 DMA 指標在某些時候對於價格走勢所產生的訊號提前性，是一個非常有效的分析指標。EXPMA 指標由 EXP1 和 EXP2 組成，如圖 9-5 所示。

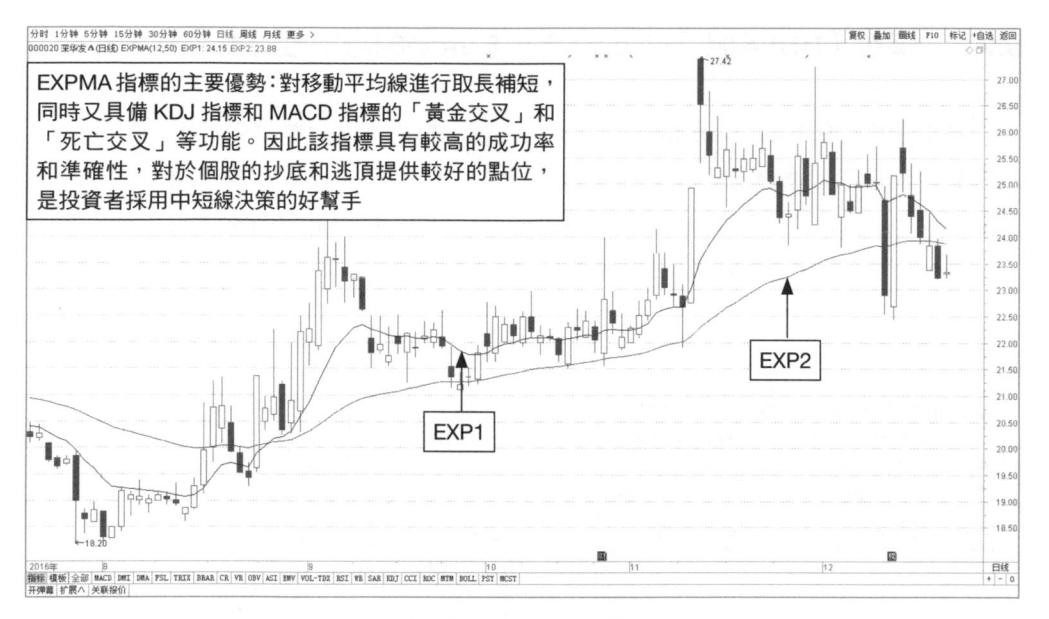

EXPMA 指標的主要優勢：對移動平均線進行取長補短，同時又具備 KDJ 指標和 MACD 指標的「黃金交叉」和「死亡交叉」等功能。因此該指標具有較高的成功率和準確性，對於個股的抄底和逃頂提供較好的點位，是投資者採用中短線決策的好幫手

▲ 圖 9-5　EXPMA 指標

- 當 EXP1 由下往上穿越 EXP2 時，股價隨後通常會不斷上升，那麼這 2 根線形成黃金交叉之日便是買入良機。
- 當一支個股的股價遠離 EXP1 後，該股的股價隨後很快會回落，然後再沿著 EXP1 上移，可見 EXP1 是一大支撐點。
- 當 EXP1 由上往下穿過 EXP2 時，形成死亡交叉，股價往往已經發生轉勢，日後將會以下跌為主，則這 2 根線的交叉之日便是賣出時機。

 專家心法

　　使用 EXPMA 指標時的注意事項如下：
1. EXPMA 指標一般為中短線選股指標，比較符合以中短線為主的投資者，據此訊號買入者均有獲利機會。但對中線投資者來說，其參考意義似乎更大，主要是因為該指標穩定性大，波動性小。
2. 若 EXP1 和 EXP2 始終保持距離地上行，則說明該股後市將繼續看好，每次股價回落至 EXP1 附近，只要不擊穿 EXP2，則這種回落現象便是良好的買入時機。
3. 對於賣出時機而言，投資者不要單純以 EXPMA 指標形成死亡交叉為根據，可以結合 K 線圖中的看跌訊號做判斷。

9.2.3 學會【BBI 指標】：更適合用於單邊的趨勢性行情

多空指標（Bulland Bear Index，BBI），是一種將不同日數移動平均線加權平均之後的綜合指標，屬於均線型指標，一般選用 3 日、6 日、12 日、24 日 4 條平均線，如圖 9-6 所示。在使用移動平均線時，投資者往往對選擇參數值有不同的偏好，而多空指標恰好解決了中短期移動平均線的期間長短合理性問題。

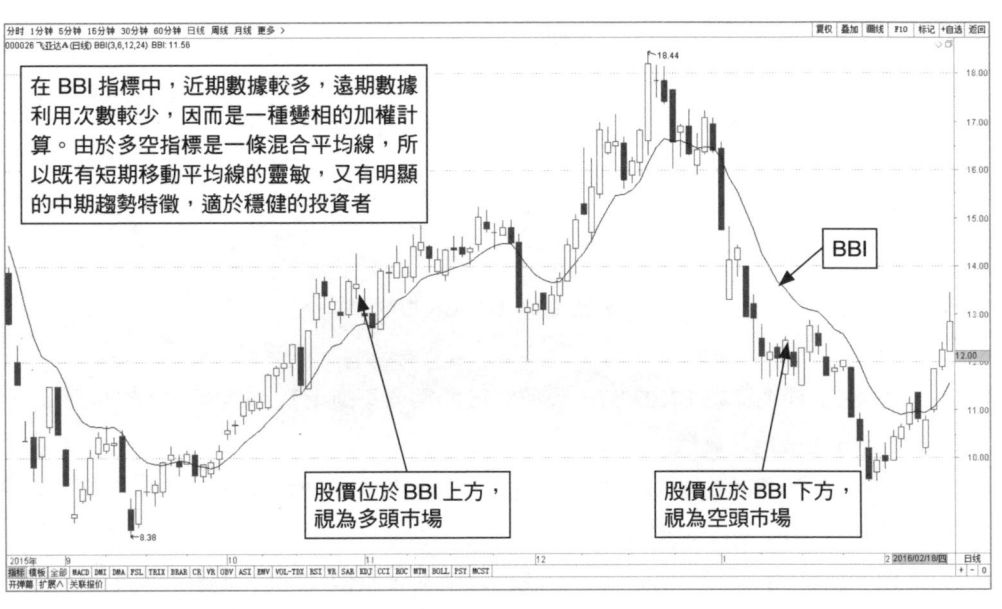

▲ 圖 9-6　BBI 指標

　　股價由升上穿 BBI 線，並跌穿 BBI 線，同時 BBI 線也開始轉為向下，說明股票牛市已經結束，接下來便是熊市的到來。股價在 BBI 指標以上運行的時間越久，表示跌穿 BBI 指標發出的賣出訊號越準確。

　　下面舉例分析 BBI 指標的買賣訊號。

　　圖 9-7 所示為上海普天（600680）2015 年 7 月至 2016 年 2 月的 K 線走勢圖。可以很清晰地看到圖中畫圈位置，K 線突破 BBI 線，到後市又開始跌破 K 線，BBI 指標先後指出買入和賣出訊號，投資者可以在這幾個交易點進行買入、賣出操作。

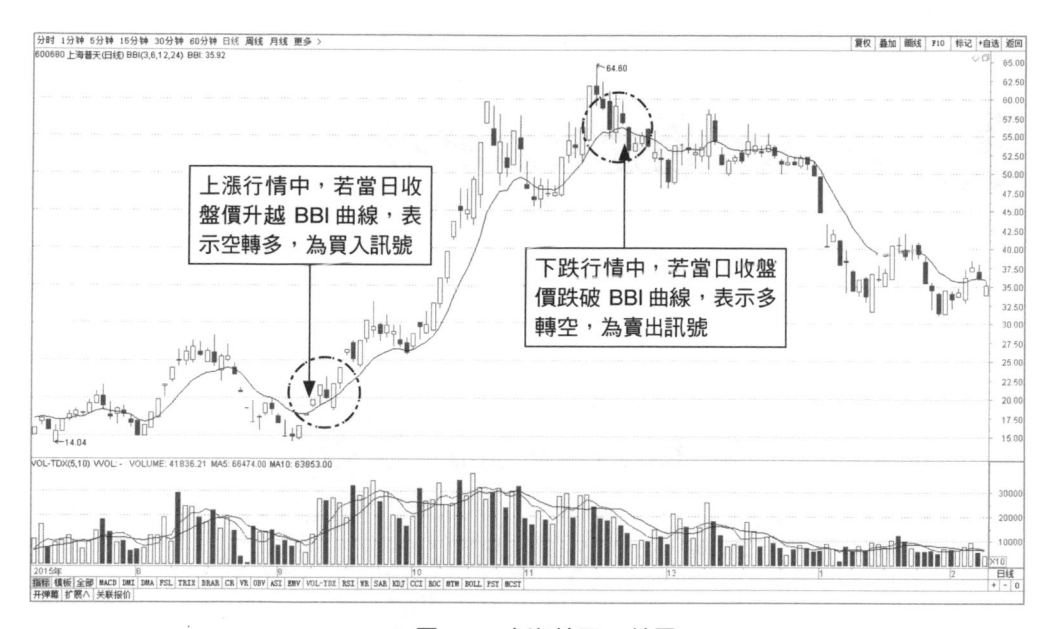

▲ 圖 9-7　上海普天 K 線圖

投資者在運用 BBI 技術指標時，應注意以下 4 點：

1. 本質上來說，BBI 技術指標與移動平均線差別不大，因此移動平均線的運用竅門，均適用於 BBI 技術指標。

2. BBI 技術指標更適合用於單邊的趨勢性行情，在盤整走勢中十分簡單地頻頻宣布買賣訊號。指標訊號的頻發現象，特別在趨勢不明朗時更為嚴重。

3. 相對股價變化，BBI 技術指標具有必定的滯後性，這一點在研判短期走勢時十分顯著。常常會發生股價已接近短期頭部時，BBI 才出現買入訊號；股價已接近短期底部時，BBI 才出現賣出訊號。

4. 在移動平均線指標 MA 中，設置了多條平均線，分成長、中、短期，並且同時應用、相互比對，非常有效地彌補單一平均線的缺陷。BBI 指標只設置一條平均線，僅發揮短期多空分水嶺的作用。

　BBI 指標剖析股票運轉趨勢有極好的參閱效果，但投資者在實際操作中，要結合技術指標一同判別，才能夠進一步提高準確性。

9.3 成交量類指標實戰解析

在股市分析中，成交量類指標主要包括成交量指標（VOL）、均量線指標
（MV）、量平滑異同移動平均線指標（VMACD）等，本節將逐一進行詳細介紹。

9.3.1 學會【VOL 指標】：看出股票活躍度

VOL 指標即成交量指標，在股票交易中是股票活躍度的表現，VOL 指標的不同
型態，預示不同的行情，有助於投資者掌握股票趨勢。VOL 是成交量類指標中最簡
單、最常用的指標，它以成交量柱線和三條簡單平均線組成，如圖 9-8 所示。VOL
指標的分析方法如下。

(1) 量增價漲：當價格隨成交量的遞增而上漲，為市場行情的正常特性，此種量
增價漲的關係，表示股價將繼續上升。

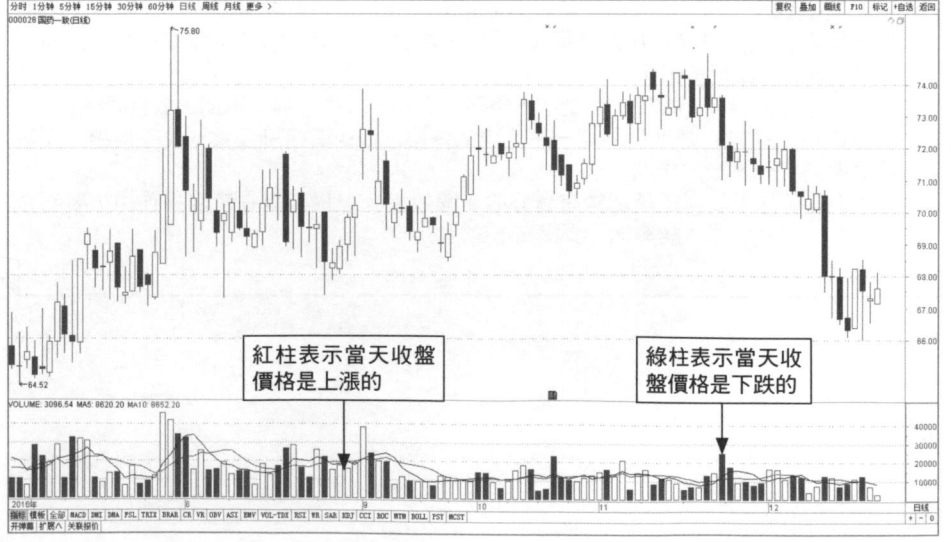

▲ 圖 9-8　VOL 指標

(2) **量增價跌**：股價下跌，向下跌破股價型態、趨勢線、移動平均線，同時出現大成交量，是股價將深幅下跌的訊號，強調趨勢的反轉。

(3) **直上直下**：股價隨著緩慢遞增的成交量而逐漸上漲，接著走勢突然成為垂直上升的爆發行情，成交量急劇增加、股價暴漲，緊接著成交量大幅萎縮、股價急劇下跌，表示漲勢已到末期，有轉勢的可能。

(4) **溫和放量**：這種情況一般出現在市場的底部區域，並且在這之前股價出現一波下跌或是整理行情。在出現溫和放量之前，成交量大多是持續低迷的。隨著市場發生變化，成交量開始不斷放大，成交量柱狀線像一座座小山似地逐步堆積起來，呈現連續放量的型態。溫和放量時的成交量一定是逐步地放大，而不是突然放出巨大的成交量，因此也稱溫和放量為「量堆」。

一般情況下，個股在底部區域出現溫和放量之後，股價會逐步攀升。相反地，如果在底部區域出現縮量現象時，股價一般會處於整理或是橫盤震盪的走勢。

下面舉例分析 VOL 指標的買入訊號。圖 9-9 所示為曲江文旅（600706）2015 年 9 月至 2016 年 1 月期間的 K 線走勢圖，該股在上漲初期就出現溫和放量的現象。股價經過一波下跌行情之後，在底部出現橫盤整理的走勢。在股價整理過程中，成交量呈現低迷的狀態，盤中的買賣也比較清淡。股價經過橫盤整理後，便出現溫和放量的現象，股價也隨之緩慢攀升。

個股經過一波下跌行情之後，如果在底部區域出現溫和放量的現象，一般表示有場外資金進入。但溫和放量並不意味著股價馬上會進入拉升階段，因此投資者不可一看到底部出現溫和放量，就盲目進入。

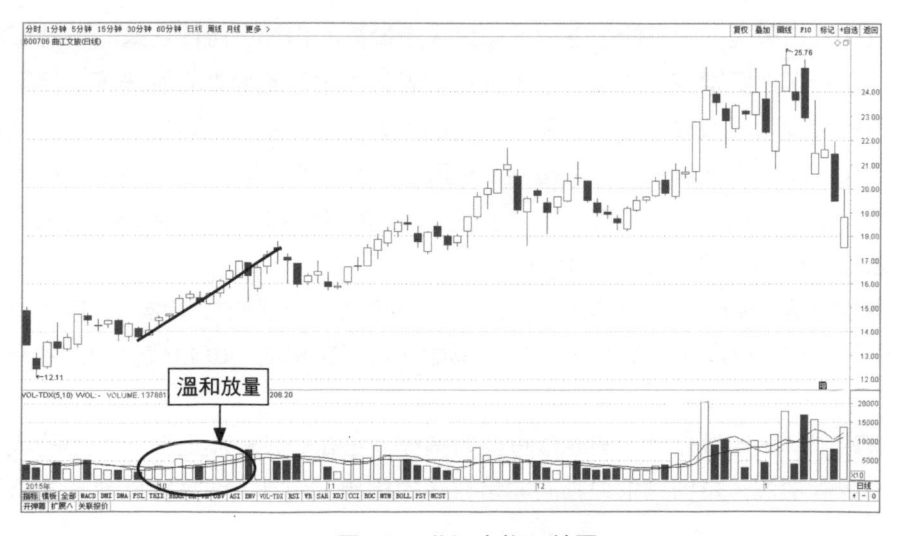

▲ 圖 9-9　曲江文旅 K 線圖

(5) 突放巨量

● 如果股價經歷了較長時間的上漲過程後放巨量，通常表示多空分歧加大，有實力資金開始出貨，後市繼續上漲將面臨一定困難。

● 經歷深幅下跌後的巨量，一般多為空方力量的最後一次集中釋放，後市繼續深跌的可能性很小，反彈或反轉的時機近在眼前。

● 如果股市整體下跌，而個股逆勢放量，在市場一片喊空聲之時放量上攻，造成十分醒目的效果。這類個股往往持續時間不長，隨後反而加速下跌。

另外，成交量也有型態，當成交量構築圓弧底，而股價也形成圓弧底時，往往表示該股後市將出現較大的上漲機會。

　　VOL 指標在預測股票動向時不能單一使用，應結合股票價格綜合考慮。
1. 成交量與股價同時上漲，預示後續能量強勁。
2. 股價處於低谷，成交量劇增，預示上漲行情在即。
3. 大幅放量後成交量收縮，股價隨之下降，預示下跌行情在即。
　　一般而言，投資者在注意成交量變化的同時，應該多注意成交金額的變化。觀察成交金額的變化比觀察成交張數更具意義，因為成交張數並未反映股價漲跌後所應支出的實際金額。

9.3.2　學會【MV 指標】：交投趨勢的技術性指標

　　成交量指標是一項不能被主力或市場大手操縱的指標，而且它還能準確反映市場的供求情況、買賣雙方的強弱，以及投資者對未來外匯變動的看法等。但是，由於單日的交投情況取決於一些複雜多變的因素，在成交量顯示圖上，會出現跳躍式變動現象，使技術分析派無法正確判斷。因此，在成交量圖上引進移動平均線的概念，將一定時期內的成交量相加後平均，在成交量的橫條圖中形成較為平滑的曲線，即均量線（MV）指標，如圖 9-10 所示。

　　均量線是一種反映一定時期內市場平均成交的情況，即交投趨勢的技術性指標，一般情況下均量線以 5 日和 10 日為準，其中 5 日代表短期、10 日代表中期的交投趨勢。

　　客觀來講，均量線是一個非常重要的指標，它在一定程度上反映主力的成本和持倉多少等情況，是監控主力動向非常有效的指標。而且，均量線反映一定時期內

▲ 圖 9-10　MV 指標

市場的成交情況。在有均量線的成交量圖中，可以看出均量線在成交量的柱條圖之間穿梭波動，從而反映出股價變動的趨向。均量線的運用方法如下。

● 均量線在成交量的圖形之間波動，從而推動股價變動之趨勢。在上漲行情初期，均量線隨股價不斷創新高，顯示市場有人氣；行情進入尾聲時，儘管股價再創新高，均量線若衰退，即說明股價接近峰值。

● 在上漲行情初期，均量線隨股價不斷創出新高，顯示市場人氣的聚集過程。行情進入尾聲時，儘管股價再創新高，均量線多已衰退疲軟，形成價量分離，這時市場追高跟進意願發生變化，股價接近峰頂區。

● 在下跌行情初期，均量線一般隨著股價持續下跌，行情接近尾聲時，股價不斷創新低，而均量線已經走平或有上升跡象時，說明股價見底，可以考慮買進。

● 10 日與 30 日均量線上方有繼續上揚的跡象時，行情將會保持上漲；反之，跌勢將繼續。

● 均量線不論是向上還是向下轉向，都預示行情可能轉勢。

● 10 日與 30 日均量線交叉，並出現移動平均線中的黃金交叉或者死亡交叉時，是在確認行情轉勢，此時要配合其他技術指標一起判斷。

● 10 日與 30 日均量線相互纏繞時，市場是整盤；但若是 10 日向上或向下破 30 日均量線時，則可預示行情打破僵局，是一種較為準確的突破指標。

9.3.3　學會【VMACD 指標】：取用的數據源為成交量

量指數平滑異同移動平均線（Vol Moving Average Convergenceand Divergence，VMACD），是從雙移動平均線發展而來，由快的移動平均線減去慢的移動平均線，如圖 9-11 所示。VMACD 的意義和 MACD 基本相同，但 VMACD 取用的數據來源是成交量，MACD 取用的數據來源是成交價格，這是它們之間最大的區別。

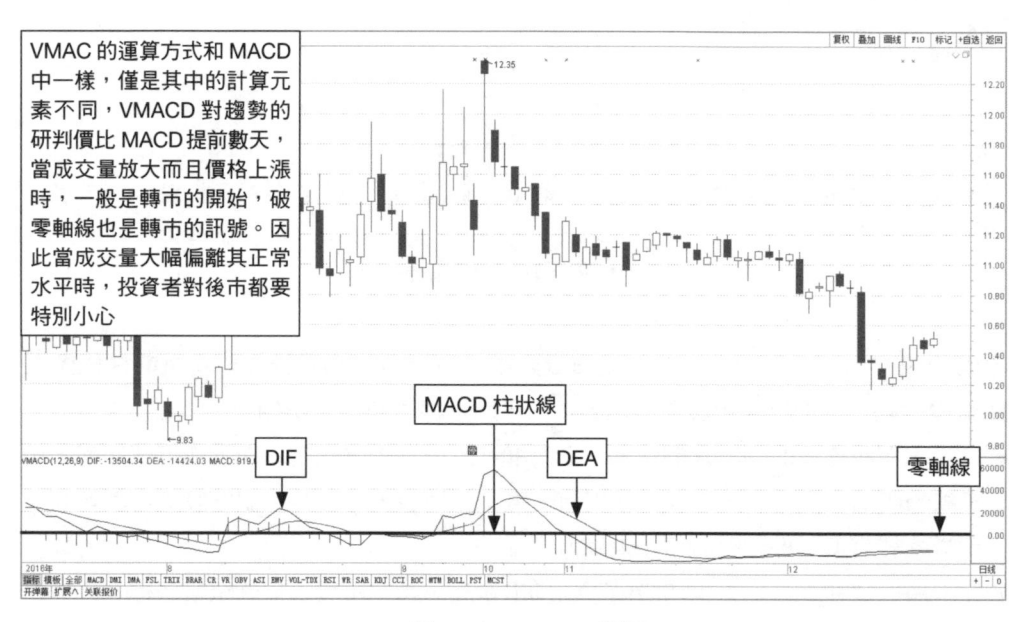

▲ 圖 9-11　VMACD 指標

MACD 的應用技巧如下：

- DIF 與 DEA 均為正值，兩者均在零軸線之上時，DIF 向上突破 DEA 為買入訊號；DIF 與 DEA 均為負值，兩者均在零軸線之下時，DIF 向下跌破 DEA 為賣出訊號；DIF 與 DEA 均為負值時，常常會兩線長期黏合，當兩線有效分離且 DIF 在上時，為中線買入訊號。
- DEA 線與 K 線趨勢發生背離時，為行情反轉訊號。
- 分析 MACD 柱狀線，由紅變綠正變負為賣出訊號；由綠變紅為買入訊號。
- VMACD 指標和隨機指標 KD 及 KDJ 相互配合使用，可以確定中線的買賣點，準確判斷出每一波段的高低位置。

9.4　其他常用指標實戰解析

為了更準確地預測股票價格的未來趨勢，以及買賣股票的適合時機，經過前人不斷地研究股價走勢，產生很多方法。現在大多數投資者都採用技術分析和基本分析法，來預測股市的走勢，本節將介紹其他常用的技術分析指標。

9.4.1　學會【KDJ 指標】：是一個超買超賣指標

隨機指標（KDJ）是由喬治‧萊恩（George Lane）首創，它是一個超買超賣指標，經由當日或最近幾日最高價、最低價及收盤價等價格波動的波幅，反映價格趨勢的強弱。

KDJ 指標有 3 條曲線，分別是 K 線、D 線和 J 線，如圖 9-12 所示。

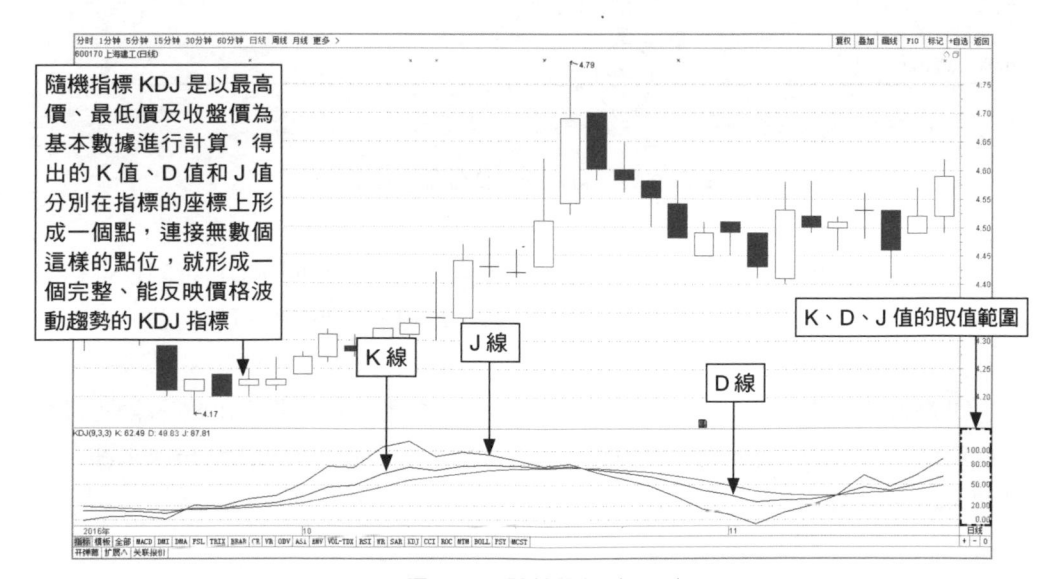

▲ 圖 9-12　隨機指標（KDJ）

其中，K、D 和 J 值的取值範圍都是 0 ～ 100。當 K、D、J 的值在 20 線以下為超賣區，視為買入訊號；K、D、J 的值在 80 線以上為超買區，視為賣出訊號；K、D、J 的值在 20 ～ 80 線之間為徘徊區，投資者應觀望。

　　在 KDJ 指標中，當 J 線和 K 線幾乎同時向上突破 D 線形成的交叉即為黃金交叉，根據黃金交叉出現的位置不同，其盤面意義也不同。

　　(1) 低位黃金交叉：當股價大幅下跌運行到低位，KDJ 曲線在 20 線附近徘徊形成黃金交叉，股價放量向上突破中長期均線，說明行情即將逆轉，此時的 KDJ 黃金交叉就是低位黃金交叉，投資者可考慮買入，如圖 9-13 所示。

▲ 圖 9-13　KDJ 指標低位黃金交叉

　　(2) 中位黃金交叉：當股價經過一段較長時間的中位盤整期，KDJ 曲線在 50 線附近徘徊形成黃金交叉，股價放量向上突破中長期均線，說明行情可能轉強，此時的 KDJ 黃金交叉就是中位黃金交叉，中短投資者可建倉介入。

　　(3) 高位黃金交叉：當股價大幅上漲後在中高位盤整，KDJ 曲線在 80 線附近徘徊形成黃金交叉，並伴隨放量，說明股市處於強勢之中，股價短期內將再次上漲，此時的 KDJ 黃金交叉就是高位黃金交叉，短線投資者可介入獲利。

専家心法

　　在 KDJ 指標中，當 J 線和 K 線幾乎同時向下跌破 D 線形成的交叉即為死亡交叉，根據死亡交叉出現的位置不同，其盤面意義也不同。

1. 中位死亡交叉：當股價經過較長時間的下跌後，股價反彈在中長期均線下方受阻，KDJ 曲線向上未突破 80 線，最終在 50 線附近徘徊形成中位死亡交叉，表示行情處於極度弱市，股價將繼續下跌，投資者應離場觀望。

2. 高位死亡交叉：當股價大幅上漲運行到高位，KDJ 曲線處於 80 線附近形成死亡交叉，同時股價向下跌破中短期均線，表示上漲行情即將結束，此時形成高位死亡交叉，投資者應逢高賣出。

9.4.2　學會【OBV 指標】：統計成交量變動來推測股價

　　能量潮指標（OBV）也叫成交量淨額指標、累積能量線，它是經由統計成交量變動的趨勢，來推測股價趨勢的一種技術指標，如圖 9-14 所示。

OBV 指標包含 OBV 線和 MAOBV 線。其中，OBV 線是某段時間內 OBV 值的連接線〔OBV（30）表示該 OBV 指標以 30 個交易日為週期計算〕；MAOB 線是某段時間內 OBV 的平均值的曲線連接

▲ 圖 9-14　能量潮指標（OBV）

　　OBV 指標與股價之間的關係主要包括價升 OBV 升、價升 OBV 跌或平、價跌 OBV 升或平、價跌 OBV 跌或平等。

　　(1) 價升 OBV 升：股價在上漲初期或途中，OBV 線同步緩慢向上運行，形成價漲量增型態，後市看好。若股價和 OBV 線在短時間內暴升，說明能量即將耗盡，股

價將反轉。

(2) 價升 OBV 跌或平：股價大幅上漲後期，OBV 線卻向下，或水平運行形成背離現象，表示股價上漲動能不足，繼續向上趨勢難以維繫，後市看空，投資者可及時出貨，獲利了結。

(3) 價跌 OBV 升或平：股價大幅下跌後，OBV 線卻向上、或水平運行形成背離現象，說明買方旺盛，股價有望止跌回升，後市看好，投資者可逢低吸納抄底。

(4) 價跌 OBV 跌或平：股價下跌初期或途中，OBV 線同步向下或水平運行，是下跌動能增加的訊號。尤其 OBV 線水平運行，意味著股價將持續縮量下跌，投資者此時最好設置停損位，及早預防風險。

9.4.3 學會【BOLL 指標】：利用波帶顯示股價的安全高低價位

BOLL 即布林通道，是由約翰·布林（John Bollinger）創造，他利用統計學原理，求出股價的標準差及其信賴區間，從而確定股價的波動範圍以及未來走勢。圖 9-15 所示為布林通道在盤面中的表現。

BOLL 指標是利用波帶顯示股價的安全高低價位，因此稱為布林通道，其上限範圍不固定，隨著股價的滾動而變化。當股價漲跌幅度加大時，帶狀區變寬；當漲跌幅度減小時，帶狀區變窄。因其靈活、直觀和趨勢性的特點，BOLL 指標已成為市場上廣泛應用的熱門指標。

▲ 圖 9-15 布林通道（BOLL）

在 BOLL 指標中，股價通道的上下軌，是顯示股價安全運行的最高價位和最低價位。上軌線、中軌線和下軌線都可以對股價的運行達到支撐作用，而上軌線和中軌線有時則會對股價的運行達到壓力作用。當布林通道的上、中、下軌線幾乎同時處於水平方向橫向運行時，則要看股價目前的走勢處於什麼樣的情況下來判斷。

BOLL 指標中的上、中、下軌線所形成的股價通道，其移動範圍是不確定的，通道的上下限隨著股價的上下波動而變化。在正常情況下，股價應始終於股價通道內運行。如果股價脫離股價通道運行，則意味著行情處於極端的狀態下。

BOLL 指標開口變小代表股價的漲跌幅度逐漸變小，多空雙方力量趨於一致，股價會選擇方向突破，開口越小，股價突破的力度就越大。最佳的買入時機是在股價放量向上突破，BOLL 指標開口擴大之初。

下面舉例分析 BOLL 指標的買入訊號。圖 9-16 所示為深圳機場（000089）2014年 11 月至 2015 年 6 月期間的 K 線走勢圖。可以看到，股價經過較長時間的窄幅整理，BOLL 指標的上限和下限空間越來越窄，說明一輪大行情可能正在醞釀途中，一旦成交量增大、股價上升，布林通道開口擴大，上升行情即宣告開始。

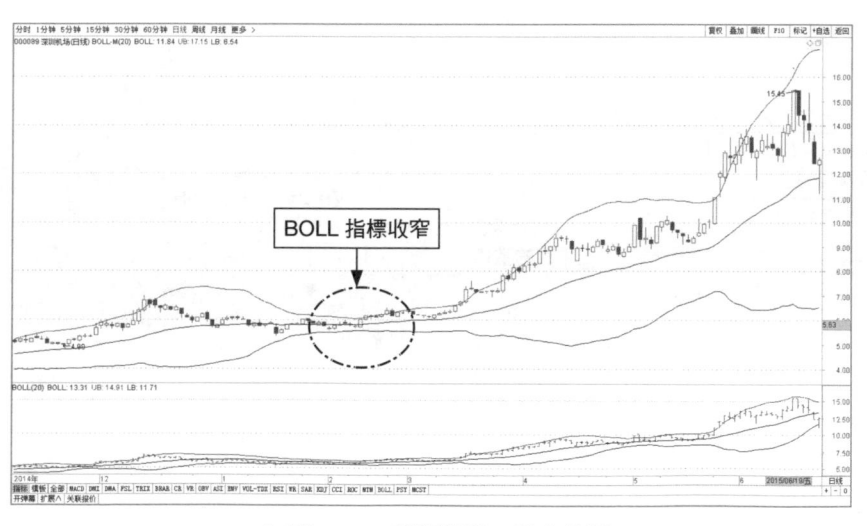

▲ 圖 9-16　深圳機場 K 線走勢圖

9.4.4　學會【WR 指標】：利用震盪點來判斷股價的超買超賣

　　WR 即威廉指標，又稱威廉超買超賣指標，經由分析一段時間內股價最高價、最低價和收盤價之間的關係，利用震盪點來判斷股價的超買超賣，該指標反映的是一種短期走勢，如圖 9-17 所示。

　　WR 包含兩條線，分別是 WR1 和 WR2，WR 為測量行情震盪的指標，引用「遇強則買、遇弱則賣」的原理，屬於分析市場短期買賣走勢的技術指標，提供投資者交易參考的依據。

● 當 WR 指標線高於 85 時，表示市場處於超賣狀態，行情即將見底。

● 當 WR 指標線低於 15 時，表示市場處於超買狀態，行情即將見頂。

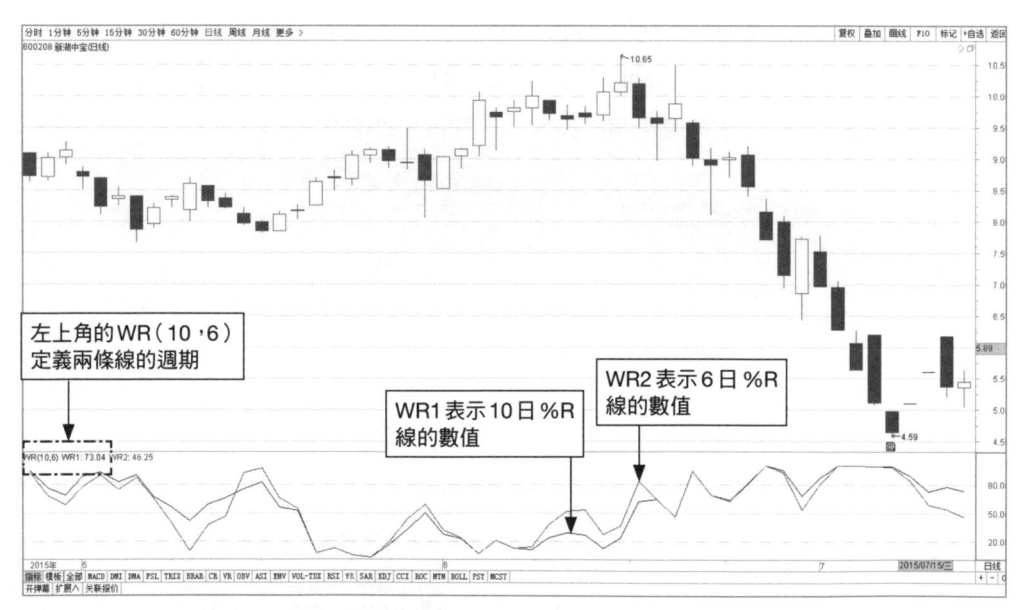

▲ 圖 9-17　威廉指標（WR）

　　使用 WR 指標作為測市工具，既不容易錯過大行情，也不容易在高價區套牢。但由於該指標太敏感，在操作過程中，最好能結合相對強弱指數等較平緩的指標一起判斷。例如，WR 指標與動力指標配合使用，在同一時期的股市週期內，可以確認股價的高峰與低谷。

　　WR 指標的曲線形狀分析如下。

- 在 WR 指標線進入高位後一般要回頭，如果這時股價還繼續上升，就產生背離，這是賣出的訊號。

- 在 WR 指標線進入低位後一般要反彈，如果這時股價還繼續下降，就產生背離，這是買進的訊號。

- WR 指標線連續幾次撞頂（底），局部形成雙重或多重頂（底），則是賣出（買進）的訊號。

- WR 指標線下穿 50 為強勢區域，上穿 50 為弱勢區域，所以 50 為 WR 指標強弱勢的分水嶺。

國家圖書館出版品預行編目（CIP）資料

300 張圖學會 K 線實戰：股票、期貨或匯率，都能用一張線圖賺波
段！／龍飛著. -- 第二版. -- 新北市：大樂文化有限公司，2024.01
240面；17×23公分. --（優渥叢書 Money；067）

ISBN　978-626-7148-94-5（平裝）
1. 股票投資　2. 投資技術　3. 投資分析
563.53　　　　　　　　　　　　　　　　　　　　　112017854

Money 067

300 張圖學會K線實戰（熱銷再版）

股票、期貨或匯率，都能用一張線圖賺波段！

（原書名：300 張圖學會 K 線實戰）

作　　者／龍　飛
封面設計／蕭壽佳、蔡育涵
內頁排版／王信中、思　思
責任編輯／林育如
主　　編／皮海屏
發行專員／張紜蓁
發行主任／鄭羽希
財務經理／陳碧蘭
發行經理／高世權
總編輯、總經理／蔡連壽

出 版 者／大樂文化有限公司（優渥誌）
　　　　　地址：220 新北市板橋區文化路一段 268 號 18 樓之一
　　　　　電話：（02）2258-3656
　　　　　傳真：（02）2258-3660
　　　　　詢問購書相關資訊請洽：2258-3656
　　　　　郵政劃撥帳號／50211045　戶名／大樂文化有限公司

香港發行／豐達出版發行有限公司
　　　　　地址：香港柴灣永泰道 70 號柴灣工業城 2 期 1805 室
　　　　　電話：852-2172 6513 傳真：852-2172 4355

法律顧問／第一國際法律事務所余淑杏律師
印　　刷／韋懋實業有限公司

出版日期／2021 年 7 月 26 日 第一版
　　　　　2024 年 1 月 30 日 第二版
定　　價／320元（缺頁或損毀的書，請寄回更換）
Ｉ Ｓ Ｂ Ｎ／978-626-7148-94-5